U0894928

公共事务与国家治理研究丛书

# 治理的中心—边缘结构

张桐◎著

南京大学出版社

# 序

张桐的《治理的中心—边缘结构》是在他的博士学位论文的基础上改写而成，现在已经是一部成熟的书稿。值此出版之际，我想简单地写几句予以推荐。这也是作为他的博士学位论文指导老师的一项责任。

在张桐攻读硕士和博士学位期间，我们有着愉快的合作经历，一道发表了十多篇文章，就“中心—边缘”的问题进行了研究，并形成了《世界的中心—边缘结构》一书，由中国社会科学出版社出版。根据我们自己的感觉，这本书出版后的反响还是不错的。不过，我们在研究这个问题的时候，心中的判断是中美两国大约会在十年后遭遇冲突，没有想到的是，这种冲突来得这么快，在不到我们估计的一半时间，就以贸易冲突的形式出现了，而且是一场几乎除了军事之外的全面冲突。正是所谓“中美贸易战”，带火了我们那本《世界的中心—边缘结构》，许多人打电话或发邮件给我，说买不到那本书，这说明市场需求还是很大的。

在《世界的中心—边缘结构》一书的后记中，我简要介绍了关于“中心—边缘结构”问题研究的缘起。大致是从这个世纪初起，我开始考虑社会科学的研究是否需要一个新的视角的问题，经过一段时间的思考，我感到“中心与边缘”的关系可以构成一个研究视角，它对理解人际关系、国际关系等广泛的社会关系都具有很强的适应性，但是，在很长一段时间内，创建行政伦理学这门学科的任务，以及服务型政府、组织模式变革等一系列理论探索的任务，压得我喘不过气来，没有能够就“中心—边缘结构”问题进行系统的研究，而是仅仅在各类学术会议上向学者们提出建议，希望大家从这个视角去开展社会科学研究。记得在南京召开的一次中国政治学会的会议上，我在做主题发言时专门就这个问题谈了一些想法，《中国社会科学报》的记者做了记录，并在这份报纸上报道了我的会议发言内容。张桐在跟随我读硕士的时候，就表达了研究这个问题的愿望，这让我一时兴奋不已。我鼓励他并下了和他一起做这项研究的决心，而且也感觉到中国在崛起的过程中必须直面这个问题，这也意味着关于这方面的研究已经刻不容缓了。所以，就有了后来我与张桐的合作成果。对我来说，与张桐的合作研究也是拓展知识面的过程，正是在张桐作出的文献梳理中，我了解到这一研究视角在20世纪的社会科学研究中是占有一席地位的，它并不是我们的新发现。

张桐在读硕士期间去英国学习了一年，并取得了英国的一个硕士学位，回国后开始谋划写作中国人民大学的硕士学位论文时，提出要研究“中心—边缘结构”的问题。所以说，他从写作硕士论文开始，就围绕着这一主题开展研究了。可以说，这本书既是他长期研究的心得，也是对我们合作研究的领域性扩展。张桐的硕士学位论文获得了中国人民大学的优秀硕士论文，这也证明在学校这个小圈子里，教授们对这一主题的研究是给予肯定的。进入博士阶段后，我与张桐就博士期间的学习以及未来的学术道路进行了多次认真的讨论，形成了一个想法，就是希望他将对此问题的研究作为学术志业对待。从博士学位论文以及毕业后的表现来看，张桐是走在了我们原先设计的学术道路上的，相信他能够在这方面的研究中不断地取得新成果。

张桐的博士论文题目是《社会治理体系的中心—边缘结构研究：工业社会治理体系的一个分析视角》，相比《治理的中心—边缘结构》的书名，我认为，博士论文的题目可能更加精确和严谨，也更有助于读者的理解。首先，结构一定是某个体系的结构；反过来，一个稳定的体系也必然会呈现出一种稳定的结构形态。所谓“世界的中心—边缘结构”，更确切地说，就是世界体系的中心—边缘结构，正如伊曼纽尔·沃勒斯坦谈论的是现代世界体系的中心—边缘结构一样。尽管我们在《世界的中心—边缘结构》中对沃勒斯坦的论点和论证是持批判态度的，但就体系与结构的关系而言，沃勒斯坦的表述是正确的。回到治理的问题，同样如此。一旦明确了一种治理体系，就明确了该体系中的单元，进而，各个单元在体系中的位置就比较清楚了，这些位置及其相互间的关系就构成了某种结构。之所以要明确这一点，是因为许多讨论“治理结构”的学者都把“结构”当作一个十分模糊的概念在使用。我曾在许多地方指出，就治理的性质而言，我们可以把人类社会治理的历史划分为统治型社会治理、管理型社会治理和合作型社会治理，但是，有些学者直接在此基础上提出了统治型治理结构、管理型治理结构等表述。细看他们的论述，基本上是在谈论治理的性质问题而非结构问题。我认为，类似的表述是无助于我们公共管理学的知识积累与更新的。显然，我们需要探讨工业社会的管理型社会治理体系的结构问题，但这到底是一种什么结构，则是一个与治理性质不同的研究命题。对此问题，张桐的博士论文提供了一个较为明确的答案，即用“中心—边缘结构”来描述它。这是值得肯定的。

另外，我为张桐的博士论文拟了一个副标题：“工业社会治理体系的一个分析视角”。这是为了将中心—边缘结构限定在工业社会这个历史阶段上。因此，论文除了要将工业社会治理体系阐释为一种中心—边缘结构，同时要探讨前工业社会的治理结构，并构想后工业社会的治理结构。张桐将前者称为一种“立体结构”，它同时包含了人们所熟知的等级制以及经常被人们所忽略的混沌特征。现代人在观察和分析前现代的历史时总会自觉或不自觉地使用许多现代概念和视角，对前现代社会的混沌特征的忽视就是由这种倾向导致的。在农业社会的立体结构崩塌之后，社会治理被要求在同一个平面上展开，但其结果仅仅是一种形式上的平等，各个单元最终被结构化为一种有着中心与边缘之分的格局。这就是“中心—边缘结构”这个概念的意思。也就是说，在形式上，中心与边缘同处于一个平面上，但在实质上，中心与边缘之间形成了一种不平等的关系。一旦中心—边缘结构形成，就会表现出强大的力量，不仅中心努力维护这一结构，大多数边缘也不会提出打破结构的要求，他们要么因为在同中心的交往中有所收获而乐在其中，要么努力向中心靠拢。所以，在中心—边缘结构中所产生的不平等会被不断地强化，而这正是今天大量涌现的治理问题的主要原因之一。许多试图解决这些问题的西方理论也显现出了无效的状况。这是因为，它们没能摆脱中心—边缘的线性思维。例如，被国内学界大力推崇的所谓“参与式治理”，就试图通过赋予某些主体以参与权来改善社会治理，实际上，在中心—边缘结构不发生改变的情况下，它无非是将结构外的“外围”吸纳进结构之中，这样做，并不能使边缘本身的地位发生变化。也就是说，在将外围转化为边缘时，决策权仍然属于“中心”，中心—边缘结构本身没有丝毫的改变，反而因为将“外围”吸纳了进来而使得中心更加稳固。同时，中心—边缘结构也排斥了合作的可能，中心与边缘之间是不平等的，边缘与边缘之间是被割裂的，甚至中心与中心之间也只能是基于利益谋划的协作。

在探寻后工业社会的治理结构时，我们首先要明确的是提出打破中心—边缘结构的要求。为实现这一点，张桐也提出了一些设想。其中之一就是关注边缘的价值。这一方面是指边缘由于在体系中处于被边缘化的位置，其福祉与感受通常是被忽略的，只有真正给予其关注才可能破解中心—边缘结构。另一方面，边缘所处的特殊位置也决定了边缘中可能蕴藏着与传统观念或主流观念不同的东西，而这些东西恰恰可能成为我们提出打破旧结构的思想源泉。这一点在那些被边缘化了的知识分子那里体现得最为明显，尤其是那些保持着自我独立性的知识分子，他们中有的是被边缘化了的“边缘”，而有的甚至是被排斥在结构之外的“外围”。正是这种独特的位置，使他们具有独特的视野来观察这个世界。不过，反过来说，可能也正是因为这种特殊性或特立独行让他们被结构边缘化了。总的说来，要实现对中心—边缘结构的破解，就必须另辟蹊径，耽于中心—边缘的思维模式中所产生的任何方案，都是无法打破这一结构的，甚至会走在不断地强化这一结构的道路上。这就是在社会科学研究中确立中心—边缘结构视角的价值，它既是批判性的，也是建设性的。

我们所做出的理论构想是消解中心—边缘结构，事实上，从20世纪80年代以来的情况看，全球化、后工业化运动是包含着一种“去中心化”的力量的，我们今天已经能够明显地感受到中心—边缘结构在许多领域呈现出了弱化的迹象，尽管还有许多试图强化这一结构的力量存在，甚至有时表现得很强大。在此，我们必然会提出一个问题，那就是未来的治理体系将是何种结构？我们相信，历史必然是进步的，未来的社会及其治理肯定是无法回到农业社会的立体结构中的，也同样不是工业社会中心—边缘结构的延续，甚至不可能是许多学者所谈论的所谓“多中心”结构。我们认为，未来的治理体系可能不会出现某种固定的结构形态，而是多种结构形态并存的。在某时某地，若干节点之间可能呈现出一种形态，但在下一个时刻，有些节点退出了，有些节点加入了，节点之间可能呈现出另一种形态。总体来看，整个治理体系就将是一种没有中心也没有边缘的构成形态，甚至中心与边缘的区分也将失去意义。在一些文章中，我也用“网络结构”来描绘那种情况。

张桐告诉我，在这本书即将付梓时，他编译的一本书《中心—边缘结构：一个社会科学研究的新视角》也正在出版过程中。这是他为此所做的另一项努力，也希望张桐能够将中心—边缘结构问题的研究一直继续下去。另外，我还想说一点，学术研究是需要一个环境的，这种环境也可以说是一种氛围，也就是说，它不应是一个单打独斗的事，而是需要有一批人一道开展研究。我认为关于中心—边缘结构的研究是非常有意义的，也期望更多的人投身这项研究，与张桐一道相互激荡思想，以取得更大进展。

**张康之**

**2019 年 6 月**

# 前　言

本书是在我的博士学位论文基础上修改而成的。“中心—边缘结构”是我从硕士阶段起就确立的研究议题，该议题涉及国际关系、区域发展、组织管理、复杂网络与复杂系统等多个学科与领域，我的硕士学位论文就是对不同领域中有关中心—边缘结构研究的粗略概述。博士一年级开始，我首先选择国际关系领域的中心—边缘结构进行钻研，这一阶段的研究是恩师张康之教授与我合作完成的，其成果是《世界的中心—边缘结构》一书；随后就到了博士论文的选题阶段，作为一名公共管理专业的博士研究生，专业特色结合自己的研究兴趣自然就产生了“治理的中心—边缘结构”这个主题。不过，与其他领域相比，公共管理领域中有关中心—边缘结构的研究还相当不足，本专业的许多研究者甚至都没有听说过“中心—边缘”的概念，以至于我在博士论文中不得不声明，这个概念并不是我为了博人眼球而自主创造或信手拈来的。本研究的最低目标就是让更多的研究者认识和了解中心—边缘结构的概念与视角，如果研究者能尝试性地将这一概念或视角应用于自己的研究中，那再好不过了；而更高的目标则是希望将中心—边缘结构建构成一个社会科学研究的新视角（与本书同时出版的一本译著标题即为《中心—边缘结构：一个社会科学研究的新视角》）。因此，我也希望其他学科的研究者不要因为书名中的“治理”一词而将此书拒之门外。

关于研究背景的介绍就到此为止，更多的学术背景会在书中交代。接下来我将简要介绍本研究的部分结论，以为那些不愿细读专著却想尽快把握观点的人提供便利。简言之，本研究认为，工业社会的社会治理体系所呈现出的是一种“中心—边缘结构”。以“前工业社会—工业社会—后工业社会”的三阶段划分作为基础分析框架，本研究认为，前工业社会在总体上是一种混沌未分化的状态，同时严苛的身份等级制又为此时的统治型治理提供了基础，结合这两项特征，前工业社会的治理结构应当被称为一种立体（等级）结构。到了工业社会，这一立体结构崩塌，（形式）平等则成为一切制度和行动的基本出发点，整个社会的治理也被要求在同一个平面上展开，但这并没有促成真正的实质性平等，而是被结构化为一种“中心—边缘结构”。

关于工业社会治理结构的现有研究都没能提出一个简明而令人信服的结构名称，而“中心—边缘结构”的概念具有诸多优势。“中心—边缘”的词组首先反映出的就是所有单元都处于同一个平面，但在实质上，这些单元之间存在着中心与边缘的不平等区分。因此，“中心—边缘结构”这一名称准确地反映了工业社会治理体系的两个重要面向：形式平等与实质不平等。

本研究采取真正的结构视角来分析社会治理体系的结构，即专注于单元在结构中所处的“位置”（及其对单元之观念、行为和结果的影响），而不是单元自身的属性或者单元间的相互关系，后两者是与前者不同的分析层次。“中心—边缘”的概念则忠实地反映了这一结构视角：中心或边缘首先指向结构本身，即中心（或边缘）首先是结构的中心（或边缘），然后才指向了它们相互之间的关系。少数单元正是由于在结构中处于中心的位置掌握了稀缺资源并稳固地占有权力，而其他单元则被边缘化。这种位置分布的格局最终导致：中心支配边缘，边缘依附中心；在利益输送方面，中心从周围的边缘吸取利益；在危机应对方面，外层边缘则成了其中心的保护带。

本研究选取了政府—社会关系、官僚制组织和社会关系三个层面具体分析了工业社会治理的中心—边缘结构。在政府—社会关系中，本研究指出，虽然在理论上存在所谓“政府主导”vs“社会主导”的争论，或者有关政府与社会强弱关系的争吵，但在现实的社会治理运行中，工业社会的政府总是处于中心的位置，而社会则处于边缘，这种位置分布不同于前工业社会的统治型治理中统治者与被统治者间的上下等级关系。对于官僚制组织而言，正如“金字塔”比喻所反映的那样，关于官僚制的传统认知过于强调其层级节制的特征，而本研究认为，官僚制组织不是一种简单的纵向层级结构，而是一种"规则—核心雇员—边缘雇员"的中心—边缘结构，正是这种结构让官僚制具备了有限的弹性，能够"消化"一些不确定因素。例如官僚制的正式组织能够容纳组织中的非正式交往，却将其置于边缘化的位置，组织中的不平等现象也能沿着从中心到边缘的方向向其管理对象扩散，进而巩固了社会的阶层分化。对于社会关系而言，进入工业社会以后，人们拥有了多重身份与角色，个体的生活变得碎片化和符号化，社会交往的基础从习俗转变为契约，社会交往的形式从互助转变为协作，这些变化为社会关系的中心—边缘结构的形成提供了条件，因此将"社会分层"阐释为纵向分层的传统观念可能难以完整地表述工业社会的社会关系，这一社会关系的结构应当是一种中心—边缘式的横向分层结构。

在以上三个分论的基础上，本研究为工业社会的总体性的中心—边缘结构建构并绘制了一个理想形态，这一理想形态包括四项基本的结构化特征：(1) 中心—边缘结构是一种多层复合结构，工业社会治理的某个方面不仅总体上是一种中心—边缘结构，而且在中心内部和边缘内部存在着中心与边缘的区分，因此，本研究阐述的中心—边缘结构并不是一种单层分布的结构，也不是一种简单多层分布的结构。(2) 中心之间达成了一致，这不仅包括相同层级的中心之间，也包括中心的中心与边缘的中心之间的媾和，边缘的中心帮助中心的中心控制边缘，并帮助中心的中心从边缘那里攫取利益，自己则从中分得一杯羹。(3) 中心与边缘内部的分化不均，边缘内部要比中心内部分化得更为严重，这使得中心的边缘更倾向于中心的中心，而不是倾向于边缘的边缘，尽管它们都处于边缘的位置。(4) 所有上述特征都造成了边缘间的深度割裂，这不是简单的单层割裂，而是结构化的复合割裂，这使得边缘之间的实质性联合极为困难。另外，本研究还讨论了对秩序的追求、对制度的信奉和对单一标准的依赖等工业社会的价值观念与其中心—边缘结构之间的关系，讨论了导致上述结构化特征的三种内在机制，包括中心对边缘的"依分而治"、边缘之间的"竞相逐心"，以及结构对边缘的"有限宽容"等。

关于工业社会之中心—边缘结构的生成，本研究提供了从"差异"到"偶尔的优势—劣势"，到"稳定的优势—劣势"，再到中心—边缘式的"位置强势—弱势"的一种可能的解释路径，其中，"重复互动"与"单一标准"发挥了重要的强化作用。在中心—边缘结构生成后，这一结构通过单元的更新换代与创新垄断等机制进行自我巩固，同时通过将“外围”单元不断纳入结构并将其置于“边缘”位置的方式实现了结构的扩张。因此，中心—边缘结构不仅关系到中心与边缘，也关系到结构的外围单元的命运。理论上，外围面临“脱钩”和成为边缘两种选择，边缘由于距离中心更近而拥有挤进中心、与中心交换、维持边缘和“脱钩”四种选择，但实际上，外围和边缘的选择都十分有限，只有中心在整个结构中具有相当的自主性。

本研究除了描述和分析中心—边缘结构本身，也尝试将这一结构建构成一个观察和理解工业社会治理体系的分析视角，这一结构视角包含如下基本特征：(1) 形式平等与实质不平等。前者是工业社会区别于前工业社会的一项重要特征，也是工业社会治理的基础，但这种平等仅仅是形式化的，工业社会在实质上并没有实现真正的平等，二者对于完整认识和理解工业社会缺一不可。(2) 整体性与差异性。结构首先是一个整体，其内部单元之间不是也不可能是孤立的；但同时，中心与边缘之间又存在本质差异，不能简单地认为二者是同质的，并寄希望于边缘在既有的由中心确定的框架内谋求发展。(3) 位置的不平等性。“中心”所在的位置为边缘提供了形式平等，这一位置有利于中心对边缘的监视，有利于中心的行动效率，也有利于中心吸取边缘的丰富资源和利益；而“边缘”的位置则意味着边缘只能接收中心释放出的有限利益，同时也决定了边缘要充当中心与外界环境之间的保护带与缓冲带。(4) 结构化力量。工业社会的中心—边缘结构具有强大的结构化力量，不仅单元属性的改变和单元间关系的变动无法改变结构自身，而且单元的排列方式或位置的(有限)变动也难以撼动整个结构，相反，结构本身——单元在结构中的位置分布——却决定了单元的属性以及单元间的关系。这种结构化力量也使得工业社会的不平等是一种结构化的、温和的、隐蔽的不平等。

中心—边缘结构的分析视角仅仅适用于工业社会，而不适用于前工业社会和后工业社会。人类进入后工业化进程以来，中心—边缘结构已经表现出许多弱化的趋势，虽然这一结构竭尽所能巩固自身。自 20 世纪 80 年代以来，人们对后工业化进程中的治理变革进行了许多理论思考和实践尝试，但大都是在既有的中心—边缘结构内谋求小修小补。例如，西方的参与治理理论未能认识到工业社会治理体系的中心—边缘结构，所谓参与，实际上是那些处于治理“外围”的单元被卷入结构，却最终被置于“边缘”的位置，这样的参与就只能是形式化的参与，而中心可以控制参与的全过程；多中心治理理论虽然部分地认识到了中心—边缘结构，却仅仅反对“单一中心”而不是反对整个结构，它们在对“单一中心”的反对中提出的“多中心”构想实质上仍然属于一种中心—边缘结构。后工业社会的社会治理将是一种完全不同于工业社会治理的新格局，因此，面对工业社会治理体系强大的中心—边缘结构，后工业化进程中的治理变革必须首先明确提出打破这一结构的要求，重新认识和评估边缘的价值，让社会治理回归社会。未来的社会治理将是一种“处处是中心，无处是边缘”的网络形态，其中，某些网络节点在此时此处可能处于某种中心的位置，但在随之而来的彼时彼处则处于某种边缘的位置，而就整个结构而言，就不再有中心与边缘的区分，任何节点或单元都不可能长期稳固地占据某种垄断资源和掌握权力的位置，这将是一种“无中心”也“无边缘”的真正平等的社会。

# 目　录

# 图表索引

# 第1章　导　论

## 1.1　主题陈述

### 1.1.1　研究的缘起

本研究问题的提出至少源于以下两个方面。首先，关于“结构”——无论较为宽泛的“社会结构”“治理结构”或“结构转型”等表述，还是在一些具体议题中涉及的“结构”——的表述异常之多。① 有时，人们似乎习惯于用“结构”去表达某种模糊的与结构内的单元所不同的观念；而有时，人们只是用“结构”去表达某种神秘的含混力量。概念的流行所带来的这种模糊性在一定程度上已经影响了学术研究与学术表达。

研究者大多也是在日常表达的意义上模糊而随意地使用“结构”这一概念，却很少表明结构的分析层次或视角与其他研究取向有何不同，也很少清晰地指出他们所说的到底是一种什么样的结构。对公共管理或社会治理等研究领域来说，同样如此。例如，在关于政府与社会关系的讨论中，人们通常使用“国家—社会”二元结构、“国家—市场—社会”三元结构等等模糊表达，却没有明确指出这些单元在结构中处于什么位置；在谈到官僚制组织时，人们可以说“官员处于一种与公众和其

---

① 尤其在转型时期的当代中国，“供给侧结构性改革”“调结构”“结构升级”“结构优化”“结构变革”等词组在政治表达和社会沟通中的频繁出现，使得“结构”及其转型已经成为十分流行的语词甚至口号。

他官员（无论是上级还是下级）形成的固定的结构化的关系（structured relationship）当中"[①]，却没有说明这是一种什么样的结构化关系。类似的研究者并没有给出一个确切的结构名称，只是将"结构"视为某种神秘含混的（类似于"看不见的手"）的力量，这种力量将结构内的各个单元聚集（物理意义上的集合）或整合在一起（以达到某种目的），但是，这些所谓的结构是一种什么样的结构，我们能否用一种明确的结构称呼来指称和描述这些结构，就像用"金字塔"这种简单而清晰的比喻来指称官僚制组织的结构一样（尽管我们在本研究中批判了这种比喻的合理性）。另外，结构不仅被用来称呼和描述某些既存的现实图景，在有关变革的讨论中，越来越多的研究者和实践者都急切地呼吁人类需要或声称人类正在经历某种"结构转型""结构调整"或"结构变革"。显然，如果我们无法清楚地表述（给予其一个简明的称呼）和描述（给予其一系列复杂的阐述）一个旧的结构，就不可能说清楚它将转向何方，也就不可能知道这些结构转变究竟意味着什么。[②]

更为重要的是，我们不仅须要针对某个特定的分析对象或领域（例如本研究涉及的政府与社会的关系、官僚制组织，以及社会交往）提出明确的结构称呼，还要问

---

① Bensman, Joseph, and Bernard Rosenberg. "The Meaning of Work in Bureaucratic Society." In *Identity and Anxiety: Survival of the Person in Mass Society*, edited by Maurice Robert Stein, Arthur J. Vidich, and David Manning White. New York: The Free Press, 1960. p. 182.

② 这方面的例子不胜枚举。例如，丹尼尔·贝尔（Daniel Bell）在其著名的《后工业社会的来临——对社会预测的一项探索》一书中大量使用了"结构"这一词语：有时只是在日常表达意义上的随意使用而并无特别所指，例如"基础结构"（basic structure）、"结构特征"（structural features）、"结构轮廓"（structural lineaments）等；有时又似乎被当作一些重要的概念被提出，例如他特别强调的"中轴结构"（axial structure）（第9—10页），还有模糊的"社会结构"（social structure）概念。从定义上来看，他所说的"社会结构"可能指一种"技术—经济秩序"（前言第18页），"经济、职业体制、阶层体制"（序第20页）或是"经济、技术和职业制度"（正文第12页），还会包括"理论与经验"的关系（第12页），被定义为"一种概念性图式的'反映'"（第8页），又或者是"一个旨在协调个人行动达到特殊目的的职能结构"（第13页）。总体上，它是区别于"政体和文化"的另一个要素，但贝尔几乎同时指出，包含社会结构的这三个要素又被"一个共同特性的结构"（第12页）（a common character structure）联系在一起。不仅如此，作者在这本声称主要为了探讨"社会结构内部的社会变化"的著作中一直没能简明地指出这究竟是一种什么样的结构以及要向什么结构转变，尽管他在这个问题上大费笔墨。似乎一切变化都可以被称为某种"社会结构的变化"，以至于"社会结构"看来与"社会"这个同样模糊的概念并没有什么差别。英文版参见 Bell, Daniel. *The Coming of Post-Industrial Society: A Venture in Social Forecasting*. New York: Basic Books, 1973。中文版参见［美］丹尼尔·贝尔：《后工业社会的来临——对社会预测的一项探索》，高铦等译，北京：新华出版社1997年版。S. F. 纳达尔（S. F. Nadel）指出人们滥用"社会结构"一词："对它的用法十分广泛甚至毫无限制。它可以被用来指代与社会构成相关的任何特征；它直接成了系统、组织、复合体、图景、类型的同义词，甚至与'整个社会'没什么两样。"见 Nadel, Siegfried Frederick. *The Theory of Social Structure*. London: Cohen and West, 1957. p. 2。

一个更具野心的问题:是否存在一种总体性的结构,或者说我们能否找到或提出一个结构名称来指称包含上述三个方面的所有方面的结构形态,进而将其定义为一种社会的总体性的(治理)结构。特别是如果我们接受前工业社会、工业社会和后工业社会的历史划分或分析框架,那么是否存在一种总体性的工业社会的结构,以区别于农业社会和后工业社会的结构。这应当是一个有意义的,或者说,至少是一个可欲的问题。

显然,选择一个词语去指称工业社会的(治理)结构,这个词语必须能够反映工业社会的基本特征,或者反过来说,这个词语不应忽略工业社会的某项不应被忽略的重要特征。例如,如果我们认同许多学者指出的"形式平等与实质不平等"是现代社会或工业社会的一个重要特征的话①,类似"等级结构"这些我们最常听到和最常使用的结构称呼,因为其过分强调后者而忽略前者,就显得缺乏合理性了,正如"层级节制"或"金字塔"比喻在被用来描述现代官僚制组织时所表现出的尴尬情景一样。既然如此,我们能否赋予这种提供了平等的(形式)基础但同时产生了(实质)不平等的社会一个简明的结构名称呢?

其次,本研究的选题源于"中心—边缘"这组使用极为广泛的表述(无论作为一组日常用语,还是一组学术概念、一个分析视角、一个解释框架,甚至一种理论)。在国际关系、区域发展、人际交往、组织管理、复杂网络等众多现实层面,都广泛存在着一种被称为"中心—边缘"的结构;而在相关的研究领域中,中心—边缘结构的概念或视角都得到了不同程度的讨论。鉴于此,一个合理的提问就是:是否可能将这些被工业社会的专业分工割裂的众多领域中关于中心—边缘结构的分析方法与研究成果提升为一种观察整个工业社会治理体系的总体视角,进而提出"工业社会的治理体系是一种中心—边缘结构"的总体判断?

也就是说,这也是我们必须首先表明的,这里使用的"中心—边缘结构"概念并

---

① 例如,马克思对这一问题做了大量重要的论述,他曾说:"正如基督徒在天国一律平等,而在人世不平等一样,人民的单个成员在他们的政治世界的天国是平等的,而在人世的存在中,在他们的社会生活中却不平等。"见《马克思恩格斯全集》第一卷,北京:人民出版社 1956 年版,第 344 页。雷蒙·阿隆(Raymond Aron)指出,这一平等与不平等的"矛盾是马克思考虑问题的出发点"。阿隆则将这种矛盾表述为"法律上的平等和事实上的不平等"或"政治上或形式上的平等和社会地位不平等"之间的矛盾,见[法] 雷蒙·阿隆:《阶级斗争——工业社会新讲》,周以光译,南京:译林出版社 2003 年版,第 10 页。

不是什么特别新颖的东西——尽管对于研究一国治理问题的学者,尤其是从事行政学或公共管理学研究的许多学者而言,可能是新颖的。[①] 因此,作为一本行政学专业的专著,我们有必要在一开始就对此做特别的交代:本研究不是要提出一个新鲜的吸引人眼球的概念,而是希望将这一组流行语发展成一个较为系统的观察和解释工业社会治理体系的分析视角。本研究所使用和建构的"中心—边缘结构"概念和视角不仅得益于学术研究者对于"中心—边缘结构"的严肃分析(事实上,很多时候也只是随意地使用),而且——甚至可以说,更加——得益于那些生活于这一工业社会结构之中的众多个体在日常经验中所体会到的"被边缘化""围绕着某中心"的感受以及对这一组词语的日常使用。[②] 事实上,恰恰是后者坚定了我们选用这一术语来描述工业社会的总体结构的决心[③],而前者为本研究提供的仅仅是部

① 在行政学领域,已经有个别研究者涉及了中心—边缘结构的问题,例如:Andrew, Simon A. and Richard C. Feiock. "Core-Peripheral Structure and Regional Governance: Implications of Paul Krugman's New Economic Geography for Public Administration." *Public Administration Review* 70, No. 3 (1 May 2010): 494 - 499。作者倡议将保罗·克鲁格曼(Paul Krugman)的中心—边缘结构理论应用于公共行政的相关研究中;张康之在一些著作中讨论了工业社会的治理与官僚制组织中的中心—边缘结构,例如张康之:《关注"中心—边缘"结构,积极探讨重大问题》,《中国社会科学报》2010年10月7日,张康之:《论社会以及组织结构的"非中心化"》,《江海学刊》2008年第1期;孔繁斌在有关多中心治理的考察中论及了中心—边缘结构的问题,参见孔繁斌:《公共性的再生产——多中心治理的合作机制建构》,南京:江苏人民出版社2008年版。但总体来说,这一视角在许多领域并没有得到系统的阐述,其理论潜力也没有得到足够深入的挖掘,尤其在行政学研究中还未得到足够的重视。从工业社会的学科体系的划分来看,本研究也可以被视为将其他领域的研究视角和成果借鉴到行政学领域的一次尝试;但撇开这种学科划分不谈,本研究则完全是一种关于工业社会的整体观察和思考。

② 尤其在文学作品中,被世界、社会、组织或群体边缘化的人及其生活状态成了许多作家观察和描写的对象,例如伊丽莎白·乔丽(Elizabeth Jolley)的作品。而这些作家的灵感又通常源于其个人的生活体验,出生于英国的乔丽曾在自传中这样说:"在一定意义上,我一直生活在边缘(edge),我生长在一个讲德语的家庭,在当时,社区邻里对外国人怀着一种既好奇又敌对的复杂情感,我不是贵格会教徒,却被送到一个贵格会的寄宿学校。"见 Jolley, Elizabeth. "Elizabeth Jolley: An Autobiography." In *Contemporary Authors Autobiography Series*. Gale Group, 1991。转引自梁中贤:《边缘与中心之间——伊丽莎白·乔利作品的符号意义》,上海:上海外语教育出版社2009年版,第62页。同样,张康之在《世界的中心—边缘结构》一书的后记中这样说:"个人的生活境遇必然会反映在研究工作中,作为一个边缘人,而且作为一个做出了种种努力都无法改变自己的边缘命运的人,是对自己命运的思考而开始关注世界中心—边缘结构的。"见张康之、张桐:《世界的中心—边缘结构》,北京:中国社会科学出版社2016年版,第308—314页。

③ 在这个方面,阿瑟·烈文斯顿(Arthur Livingston)所引述的贝内德托·克罗齐(Benedetto Croce)的观点是值得一提的,即学者的"原创性不依赖于他们看到了别人没有看到的东西,而经常在于他们时而强调这个、时而强调那个平常事物",参见[美] 阿瑟·烈文斯顿"英译本前言",载[意] 加塔诺·莫斯卡:《统治阶级(政治科学原理)》,贾鹤鹏译,南京:译林出版社2002年版,第3页。因此,我们也无须创造一个新词,而只须再现大多数人在日常生活中"观察到"的和感受到的"关系和事实",并将其理论化。

分的知识积累和思想启示。

如果我们认同一些后现代主义者关于现代性是一项总体工程的判断，那么在这个总体工程的各个子项目的建设中，采取某种共同的或类似的设计和施工手段就是可能的，这些子项目最终呈现出某种共同的结构也就是可能的。既然许多观察者在各自领域都不约而同地发现，相应的子项目呈现出的是一种中心—边缘结构，那么整个现代性的总体工程可能就是一种中心—边缘结构，至少，中心—边缘结构可以成为我们描述和理解整个工业社会及其治理体系的一个结构视角。其实，正如纳达尔就社会结构指出的，从众多具体现象中抽象出一种总体结构不仅是可能的，而且是结构视角本身所必须的，也就是说，只要研究者将这一抽象的工作做得足够好，那么只需一个恰当的结构性概念就足以适用于各种不同的具体现象。①这就意味着，就结构视角及其理论的抽象能力或特质而言，完全有可能用同一个结构名称及其理论去描述和解释同一个阶段（例如工业社会）及其具体的不同领域，而无须更换不同的结构名称。

### 1.1.2 问题的提出

因此，本研究的研究问题可以表述为：在“前工业社会—工业社会—后工业社会”的分析框架下，工业社会的治理体系是（或呈现出）一种什么样的独特结构？不仅要就结构问题做繁复的讨论，而且要给予这种结构一个简明形象的称呼。在一定意义上，后者在重要性上不亚于前者。具体而言，这一研究问题可以分为三个层次。首先，工业社会的社会治理体系是否存在一种总体性的结构，它存在于或渗透社会治理体系的各个领域和层面。这种结构是什么？为什么用这样的词语去指称这一结构？其次，这一结构具有什么样的总体性质和内在特征，结构内各个单元之间是如何（被）排列或分布的，这种分布格局导致单元间什么样的关系，什么样的机制促使这些结构特征和关系得以显现。最后，在三阶段的历史框架下，这一结构是如何与前工业社会的治理结构不同的，是如何在工业社会中生成和自我巩固的，又

① Nadel, Siegfried Frederick. *The Theory of Social Structure*. London: Cohen and West, 1957. pp. 104 - 105.

是如何在后工业化进程中走向衰弱继而让位于一种新的结构的。

### 1.1.3 选题的意义

如果本研究能够恰当地回答上述问题，它首先将是对（工业社会）治理体系的结构（研究者通常将其简化为“治理结构”）这一主题的理论补充，不仅是通过确立一种分析视角而对相关复杂的讨论增补一种新的可能，同样重要的是，它将提出并确立一种明确的结构名称。一个简明的结构名称，正如任何一个明确的概念一样，对于知识与理论的传播，进而对于相关议题的争论都将是有益的。如此一来，当我们再次讨论某个重大的结构转型时，例如从工业社会向后工业社会的治理结构转型，我们就有了一个明确的结构术语。而不是像一些研究者那样频繁强调结构转型甚至繁复地探讨这一问题，却从不指明是从何种结构转向何种结构。富永健一在论及社会转型的问题时曾说：“当问到社会变迁是什么在变迁时，我们就会回答，变迁的是社会结构。”[①]我们可以在此之后加上同样的一句：“当问到社会结构到底如何变迁时，我们就可以回答，从××结构（例如‘中心—边缘结构’）转向××结构（例如‘网络结构’）。”

其次，就中心—边缘结构这一视角的理论发展而言，本研究将是从有关中心—边缘的具体讨论中归纳和抽象出一种总体的系统的分析视角的一次有益尝试。在某种意义上，寻求工业社会中某种普遍的治理结构（例如“中心—边缘结构”）与社会网络分析视角（作为社会关系研究成熟的一个重要标志，也是中心—边缘结构视角发展最为充分的领域之一）的发展过程可能具有某种相似性，或者说，后者在知识积累和理论发展方面的历程可能反映甚至预示了任何一个关注结构性思维的一般研究领域的生成过程。社会网络分析的重要奠基人之一克莱德·米切尔（Clyde Mitchell）在回顾这一领域的发展时指出，在20世纪50年代，有一些研究者尝试用结构性的方法或思维去开展一些具体的研究，而米切尔正是从这些具体的研究项目中看到了结构性方法可能具有的一般意义，于是他开始尝试将结构性思维从对

① ［日］富永健一：《社会结构与社会变迁——现代化理论》，董兴华译，昆明：云南人民出版社1988年版，第22页。富永健一尽管确实“对现代产业社会的社会结构是什么的问题给出一幅示意图”，也就是说他明确指出了结构内的单元以及单元间的关系，但他仍然没能给出一个明晰的结构称呼。

具体对象的特殊研究中抽象出来，并将其建成一种更具一般性的研究视角，直到发展成为今天流行的社会网络分析。① 如果中心—边缘结构这种结构性思维的总体视角须要经历类似的发展过程，那么，现在它正处于须要我们从特殊研究中加以抽象的阶段。②

最后，尽管本研究的主要任务在于描述和分析工业社会的治理状况，即它所呈现出的中心—边缘结构，然而研究的最终指向仍然在于后工业社会的治理问题。从中心—边缘的结构视角来看，本研究主张，向后工业社会治理格局进发的首要任务就是要在思维与实践上打破中心—边缘结构，而不是在既有的被深深结构化了的现实与思维中谋求微调。也就是说，这应当是一场打破旧结构、生成新结构的"结构变革"，而不是简单的所谓"结构调整"。正如本研究在最后一章所力图展示的，20世纪中后期以来(也是人类进入后工业化时期，或者说，从工业社会向后工业社会过渡的时代)尽管是对工业社会治理问题进行深入反思的时期，然而许多流行的所谓治理变革理论依然是在近代所确立起来的中心—边缘结构框架内进行的理论思考，它们未能认识到中心—边缘结构的存在，也就未能提出打破这一结构的要求，但是，要做出上述批判的前提就是要去系统地建构和阐述一个关于社会治理的中心—边缘结构的理论。因此，本研究的另一重意义在于，它所提供的另一种可能的分析框架不仅是用来观察和描述工业社会治理体系的视角，同时也是帮助我们思考和建构后工业社会治理的视角。

## 1.2 相关研究与研究指向

本节将对两个方面(与"研究的缘起"中的两点相对应)的相关研究情况做简要说明。其主要目的，并不像严格意义上的文献综述那样对既有文献做系统而深入

---

① 参见[美] 林顿·弗里曼：《社会网络分析发展史》，张文宏、刘军、王卫东译，北京：中国人民大学出版社2008年版，第3—4页。

② 或者说，如果作为一般性研究视角的中心—边缘结构在未来的某一天得以确立，那么回过头来看，本研究就扮演了类似米切尔的角色。当然，将结构性思维加以一般化进而生成社会网络分析的故事仅仅发生在社会关系领域，如果将众多领域或层面的具体研究抽象成一种更为普遍和一般的结构视角(例如关于整个工业社会的结构视角)，其难度可能更大，其一般化的过程也可能更艰难。

的梳理和评价，而在于指出本研究的方向。[①] 在“治理结构”方面，我们力图阐明，现有的关于治理结构的大部分讨论都没能采取一种真正的结构视角，并回答我们需要什么样的结构和结构视角；在“中心—边缘结构”方面，我们大致展现了关于这一结构视角的既有讨论，尤其是那些存在于其他领域却对我们思考治理问题有重要启示意义的研究成果。

### 1.2.1 治理结构：一种独特的视角

虽然以“治理结构”为主题的研究不在少数，然而，其中的绝大多数事实上都没有（能）采取一种真正的结构化视角，即使一些研究者声称他们要做的就是一种结构化分析。这些以“结构”为名的研究在研究路径上通常采取以下两种中的一种。

第一种常见做法是将治理结构等同于治理问题本身，或者说并不在二者之间做明确的区分，如此一来，以“治理结构”为名的研究事实上就是关于整个治理议题的研究。这类研究通常将治理议题划分为几个不同的主题（而不是结构内的不同组成部分），例如价值、制度、目标、工具手段等，然后分别探讨这些主题在不同治理模式下的表现或特征，或者将这些主题的不同组合解读为不同的结构以契合“结构”一词。[②] 例如，有学者在分析现代治理体系的所谓结构问题时，借用组织结构的分析框架，将整个治理体系的所谓“结构”划分为价值与理念、组织体制、运行机制和方法与技术手段四个部分。[③] 有学者将“国家治理体系”界定为由目标体系、制度体系和价值体系构成的“结构性功能系统”。[④] 也有学者将“城市治理结构”界定为一种包含主体与客体、治理理念、制度体系、权力体系、运行，以及评估的复杂体系。[⑤] 类似的研究路径确实为治理描绘了某种简化的分析框架，也因此为区分不同的治理模式提供了有益的视角，但严格地讲，它们总体上都是关于社会治理体

① 因此，本节的标题从初稿的“文献综述”改为“相关研究与研究指向”，即出于合理化本研究主题和研究视角的目的对既有研究进行编排与评述，而一个独立的文献综述背后可能没有这种预设。

② 它们说“组合”的时候仍然强调的是各主题的不同特征，而非各主题之间的“关系”或“组合方式”。只有后两者，甚至只有最后一个才是真正的结构视角。

③ 施雪华：《论传统与现代治理体系及其结构转型》，《中国行政管理》2014 年第 1 期。

④ 何增科：《理解国家治理及其现代化》，《马克思主义与现实》2014 年第 1 期。

⑤ 孙柏瑛：《我国政府城市治理结构与制度创新》，《中国行政管理》2007 年第 8 期。

系的某种"分析框架"的研究[1],而不是关于治理"结构"的研究,尽管这些可辨识的主题也是探讨治理结构所不可回避的。[2] 相较之下,有学者提出的"文化—体制—结构"的总体分析"框架"则表明[3],"结构"只可能作为某个分析框架的部分存在,而不应被理解为分析框架本身。

第二种做法更为普遍,它在完全不同于第一种做法的意义上使用"结构",表面上也更符合"结构"一词的含义,那就是讨论结构内各个"单元"或"组成部分"的属性及相互关系。[4] 尽管对结构的讨论不可避免地会涉及单元及其相互关系,正如任何关于单元间关系的讨论必然会讨论单元自身的属性一样,但是,必须指出的是,结构视角并不是向单元或单元间关系这些次级分析单位的简单还原。在这个方面,被称为结构现实主义代表人物的肯尼思·华尔兹(Kenneth Walts)所采取的结构方法对于我们认识结构和结构视角具有重要意义。华尔兹在单元、单元间关系和结构三个分析层次之间做了明确的区分,他鲜明地指出,关于结构的讨论应当完全剔除另外两个分析层次,即"结构的定义必须将单元的属性和联系加以省略","如果不能做到这一点,那么它就根本不是系统方法或系统理论"[5],也就不是真正

---

① 何增科就将他所谓的"结构性功能系统"称为一种"国家治理体系框架",参见何增科:《理解国家治理及其现代化》,《马克思主义与现实》2014年第1期。

② 例如,当贝尔说"如果资本与劳动是工业社会的主要结构特征,那么信息和知识则是后工业社会的主要结构特征"时,他只是在强调,工业社会中的某些要素更为重要,而并不是在说一个社会的结构问题。也就是说,严格地讲,应该删去上述表达中"结构"一词,甚至贝尔所谓"中轴结构"这个核心的概念也是如此。参见[美] 丹尼尔·贝尔:《后工业社会的来临——对社会预测的一项探索》,高铦等译,北京:新华出版社1997年版,前言第9页。

③ 韩庆祥:《面向"中国问题"的马克思主义哲学》,武汉:武汉大学出版社2010年版,第583—592页。

④ 除了"单元"或"组成部分",人们通常也将结构内的各部分称为"行动者"或"参与者"等等。在本研究中,除了在某些特殊的时候对个别概念有选择地使用,我们通常使用"单元"或"组成部分"。粗略地说,"行动者"一词由于对行动的特殊强调因而容易引起混淆,例如加尔通(Johan Galtung)在讨论帝国主义的结构问题时,在"相关方"(parties)与"行动者"(actors)之间做了区分,他认为"行动者"只有清楚地认识到自己的处境后才可能采取某种具有特别目标的行为,即才可以被称为"行动者",而在这个方面,中心与边缘之间存在着差别,参见 Galtung, Johan. "A Structural Theory of Imperialism." *Journal of Peace Research* (1971): 81－117,即"行动者"通常与中心者而非边缘者相关;"参与者"一词则容易与我们在后文讨论的参与治理中的"参与者"概念相混淆,在参与治理中,"参与"(或"权利")一词更多地被用于那些通常没有加入某种决策或行为中的单元,也就是说,更多地与外围和边缘(而非中心)相关。这几个相关词语都可能与某种特别的属性或价值相关,而"组成部分"或"单元"(英文 units,华尔兹使用的)、"要素"(富永健一使用的)等词语则只是对结构内的各部分的一种简单的价值无涉的称呼。

⑤ [英] 肯尼思·华尔兹:《国际政治理论》,信强译,上海:上海人民出版社2003年版,第54页。

的结构视角或结构理论，因为只有采取这种方法，我们才可能区分出哪些事实或结果是结构导致的，而哪些是单元或单元间关系这些次级层次所导致。尽管这种论点显得过于极端也因此备受争议①，但它清楚地表明，"结构"是与"单元"以及"单元间关系"相当不同的分析层次和视角，我们在力图分析"结构"因素时就应当努力在它与其他分析层次之间做出区分。

在这个意义上，目前几乎所有关于社会治理结构的讨论都只是在讨论结构中的单元②，或者单元间的关系，进而将某些关系的性质冠以某某"结构"之称，或者将这些关系的简单加总称为一种结构。例如有研究者从中央与地方间关系的角度提出"集权化社会治理结构"等表述③，有学者根据政治—行政—公民三个部分之间的关系提出了"统治型结构""授权型结构"和"管理型结构"等结构名称。④ 对结构的这类命名以及这种命名所限定的讨论仅仅反映结构中某些单元之间的某种关系属性，而我们认为，以这种方式讨论甚至命名社会治理的特征或性质是完全可行的，但是用其命名一种治理"结构"则是缺乏合理性的。也就是说，本研究认同并使用了关于社会治理模式的"统治型—管理型—服务型"解释框架，统治、管理和服务是以不同时期治理模式的主要性质来命名的，但这并不意味着，我们探讨这些治理模式或体系的结构问题时，就可以简单地在某某性质后面缀上"结构"一词，进而创造一个新的概念。或者说，我们可以讨论诸如"管理型社会治理的结构"这类问题，但直接地称其为"管理型结构"则有待商榷，因为这种方法并不能给我们的知识积

---

① 华尔兹极端化的表述显然是为了有效塑造他的结构理论而在方法（准确地说，在关于方法的表述）上所做的必要牺牲。华尔兹甚至认为，单元的属性与单元间的互动只会影响单元自身，而不会影响整个结构。这种极端化的思想所遭遇的批判是可以想象的，然而，也正是这种纯粹性收获了许多理论成果和赞赏。相关评述可参见 Wendt, Alexander E. "The Agent-Structure Problem in International Relations Theory." *International Organization* 41, No. 3 (1987): 335 - 370；吴征宇：《肯尼思·华尔兹国际政治理论研究》，北京：当代世界出版社 2003 年版；陈小鼎、刘丰：《肯尼思·华尔兹的理论品性及其启示》，《世界经济与政治》2013 年第 7 期。

② 例如人们通常使用的"国家—社会"二元结构或"国家—市场—社会"三元结构等表达式就只是简单地用结构中的某些单元来指称一种结构，而没有在其中反映出单元间的关系，更不用说单元在结构中的位置了。

③ 刘翔：《中国服务型政府构建研究》，复旦大学博士学位论文，2010 年。

④ 黄显中、何音：《公共治理结构：变迁方向与动力》，《太平洋学报》2010 年第 9 期。

累增添多少新的内容，并不能为人类治理问题的探索提供多少新的思考。[1]

纳达尔在谈到人们对"社会结构"一词的滥用时说："对它的使用十分广泛甚至毫无限制，它可以被用来指代与社会构成相关的任何或者所有特征；它直接成了系统、组织、复合体、图景、类型的同义词，甚至与'整个社会'没什么两样。"[2]同样，"治理结构"也应当是一个独特的学术概念，对治理体系之结构的探讨应当是一个独特的学术问题，所采取的结构视角也应当具有特殊性，这样才能促进治理研究不断扩展和深化，否则，"治理结构"就会面临与纳达尔所说的"社会结构"同样的窘境，即变得"毫无限制"，甚至与治理本身"没什么两样"。简言之，作为一个学术概念或学术问题的"结构"，应当与日常表达中的"结构"加以区分。即使我们可以接受"结构"及其转型等词语在日常表达中的混乱和模糊情形，在学术研究中，我们也必须对这些关键概念进行严格的界定，否则学术传播、对话和争论都无从谈起。

这里关于结构视角的重新审视也引出了另一个与之密切相关的问题，即我们需要什么样的结构名称。正如我们可以像华尔兹那样在单元、单元间关系和结构三者之间做区分一样，目前有关结构的称呼也可以大致分为这样三类(除去直接在分析框架的意义上使用"结构"一词的做法)。第一类比较容易识别，它们以结构中的单元来命名，例如我们通常听到的"国家—社会"二分或"国家—市场—社会"三分的结构，这些概念仅仅指明了结构内可区分的单元，因此它们仅仅能够确立一种分析框架，而不能指向结构本身，因此我们很自然地抛弃这种做法。第二类，正如我们在上面提到的，则是以某些单元间的关系的"性质"来称呼结构，这类称呼不仅没有指明单元在结构中的位置，还很难给我们提供一个清晰的可想象的结构图像。第三类，则是在名称上明确反映了单元之间的某种关系甚至触及了单元在结构中的位置(即真正的结构视角)，例如"单一中心"和"多中心""网络结构""'金字塔'的

---

① 正如杨光斌批判"单一制""混合制""国家结构""集权""分权"等概念"含糊不清"一样，我们须要用更为明确的概念去清晰界定和描述某个结构问题。参见杨光斌：《国家结构理论的解释力与适用性问题》，《教学与研究》2007年第7期。

② Nadel, Siegfried Frederick. *The Theory of Social Structure*. London: Cohen and West, 1957. p. 2.

三角形社会层级结构”①、“丁字形社会结构”②、“分枝分化”与“分层分化”③、“梭柱型”与“衍射型”④等。这些结构名称本身包含结构的意义，它们至少告诉了我们这是一种什么样的结构，而且给我们提供了关于结构的某种图像，也就是说，读者或听众看到或听到这些结构名称时，能在大脑中生成一幅结构图，并以此来理解现实。

### 1.2.2 中心—边缘结构：一个多学科议题

尽管研究者们在各自不同的领域都不同程度地使用了“中心—边缘”结构的分析视角（框架）或“中心”与“边缘”这对语词，但是“中心—边缘”结构还不足以被界定为一种系统的“理论”，尤其无法被称为一种强调结构力量的“结构化理论”（和平学创始人加尔通也许是一个例外）。在更多的情况下，“中心—边缘”都只被当作一组描述性的词语或固定搭配，研究者凭借个人的语感或体验来使用这一对词汇，致使“中心—边缘”的词组往往淹没在学者们各自不同的相互独立的理论追求或表述中，而没能被阐发成一种总体性的理论。严格地讲，那些仅仅使用了“中心—边缘”或者“中心”与“边缘”概念而未对其进行深入分析的学术讨论，都不是在讨论作为结构的“中心—边缘”，因为结构所体现的是一种结构化的思想，就社会治理而言，它呈现出的则是一种结构化力量，这种力量巧妙而精细地将单元纳入其中并指派在特定的位置上，结构本身与结构中的位置（通过某些价值、规则和机制）决定了各单元的行为及其相互关系。尽管大部分研究没能采取这样的结构视角，但它们关于中心—边缘结构的有限分析及其成果为我们研究中心—边缘结构提供了重要的

---

① 韩庆祥：《面向“中国问题”的马克思主义哲学》，武汉：武汉大学出版社 2010 年版，第 549 页。

② 李强：《“丁字形”社会结构与“结构紧张”》，《社会学研究》2005 年第 2 期。

③ Luhmann, Niklas. *The Differentiation of Society*. New York: Columbia University Press, 1982. pp. 232 - 238.

④ 参见 Riggs, Fred W. *The Ecology of Public Administration*. New Delhi: Asia Publishing House, 1961。

理论和思想来源。[①]

**总体性的中心—边缘结构**

首先，关于社会总体上是一种中心—边缘结构的观点已经得到了部分（虽然数量很少）学者的关注。张康之教授在《关注“中心—边缘”结构，发展“积极的政治学”》一文中指出，工业社会“可以说在任何一个方面都表现为‘中心—边缘’结构”，并呼吁学术界进一步关注这一结构及其解释力。[②] 研究区域经济与发展的约翰·弗里德曼（John Friedmann）指出，这种类似殖民性质的中心—边缘结构“似乎在与公共政策相关的所有层面——世界、城市、国家和大陆——都存在”[③]。爱德华·希尔斯（Edward Shills）则指出，“社会结构有一个中心圈，中心圈以各种方式影响着每一个人。而每个人与中心圈的关系便构成了人们的社会关系，这种关系不仅仅是生态学意义上的区位关系……中心是一个价值观念的王国……中心也是一个行为的王国”[④]。密斯科·苏瓦科维奇（Miško Šuvaković）更是用“中心”与“边缘”的语词表达了他对当前社会的深刻认识与担忧：“今天的社会……是中心与边缘的冲突，这种冲突存在于一个社会或地区内，在文化内，也在公共、私人的交往中，在全球政治中，也在全球和区域经济中，在我们日常的权力分配中，也在价值的输出、交换和消费中。”[⑤]尽管这些触发式观点为我们认识社会提供了一种可能的新视角，但是，一方面，这些判断之间缺乏一致性，甚至是相互冲突的，例如，在“中心—

---

① 此处对“中心—边缘”研究情况的简要介绍并没有采取分领域的方式加以呈现，因为我们强调各个不同层面之间的互动与渗透作用，以及由此形成的总体性结构。这种做法最大的风险显然是缺乏清晰的条理，读者也可能对此并不买账。显然，在不同领域内对既有研究进行综述是此类研究采用的一般方法，而且这种方法也十分便利（对于作者和读者都是如此），它能够有效描绘某个既定领域内不同研究者及其成果的相互关系，然而它却很难展现不同领域之间在研究方法和成果方面可能存在的相似性。对既有研究的分领域综述（包括国际关系、区域发展、组织管理、社会网络和复杂系统，以及哲学文化），可参考张桐：《工业社会的“中心—边缘”结构及其对社会治理的启示》，中国人民大学硕士学位论文，2013 年。

② 张康之：《关注“中心—边缘”结构，发展“积极的政治学”》，《中国社会科学报》2010 年 10 月 7 日。

③ Friedmann, John. “Regional Economic Policy for Developing Areas.” *Papers of the Regional Science Association*, 11, No. 1(1963): 41 - 61.

④ ［英］爱德华·希尔斯：《中心和边陲》，载苏国勋、刘小枫主编《社会理论的诸理论》，上海：上海三联书店 2005 年版，第 215 页。

⑤ Šuvaković, Miško. “The Transgressive Policy of Parasitism.” Accessed July 19, 2015. http://www.parasite-pogacar.si/theorymisko.htm.

边缘结构”的适用性方面，苏瓦科维奇似乎认为只有20世纪后期的世界才是中心—边缘的，希尔斯则认为中心—边缘结构是整个现代社会的一种组成方式，而麦克卢汉甚至用这一结构来描述古代世界的某些现象[①]；另一方面，这些论断仅仅停留在学者们的感觉中，缺乏足够的依据和论证，也就未能发展成一种系统的理论。显然，前一个方面的不足部分地也是后一个方面造成的，正是因为“中心—边缘”仅仅被当作一组描述性词汇来使用，而没有被发展——进而被限定——成一种理论，所以出现了“中心—边缘”被随意使用的情况。

## 中心—边缘结构的不同表现

相比之下，在各个相互独立的领域内对中心—边缘结构所做的讨论在论点和论据方面都要更为充分。尽管它们在不同领域内的发展程度很不一致，在部分领域（例如组织和哲学文化方面），中心—边缘结构还没能被理论化，而在个别领域（例如社会网络分析以及国际关系领域）则显得更为成熟，但这些研究都不约而同地表明，中心—边缘结构是在社会的众多领域和层面都广泛存在的现实。在国际关系中，这是关于个别国家在现代化过程中率先获得发展并在世界化的过程中将许多国家纳入结构使其成为边缘国的讨论。[②] 拉美学者劳尔·普雷维什（Raúl Prebisch）首先将“中心—边缘”作为一个国际关系的分析框架确定下来[③]，其后依附论学派将其继承下来，并（试图）将其发展成一个整合经济、政治、文化的总体性

① 参见[加] 马歇尔·麦克卢汉：《理解媒介——论人的延伸》（增订评注本），何道宽译，南京：译林出版社2011年版，第112—126页。

② 关于国际关系领域的中心—边缘结构的讨论，可参见张康之、张桐：《世界的中心—边缘结构》，北京：中国社会科学出版社2016年版。

③ 普雷维什关于中心—边缘结构最重要的论述当属他在1949年发表的《拉美的经济发展及其主要问题》，即 Prebisch, Raúl. “The Economic Development of Latin America and its Principal Problems.” *Economic Bulletin for Latin America* 7, No. 1 (1962)，以及 Prebisch, Raúl. “Commercial Policy in the Underdeveloped Countries.” *The American Economic Review* 49, No. 2 (1959): 251 - 273；[阿根廷] 劳尔·普雷维什：《外围资本主义：危机与改造》，苏振兴、袁兴昌译，北京：商务印书馆1990年版。

分析框架。[①] 而在区域发展方面，冯·杜能(Von Thunen)早在19世纪初就基于当时工业化的现实在城市与农村的关系中阐述了某种中心与边缘的思想[②]，此后，区域发展或地理经济的研究者都试图通过这一视角分析和解释各个地区之间为什么会出现中心剥削边缘的不均衡发展格局。这包括缪尔达尔(Gunnar Myrdal)在1957年提出的"二元经济结构"以及赫希曼(Albert Hirschman)在1958年提出的"不平衡增长理论"所包含的类似思想，尤其是约翰·弗里德曼在20世纪60年代提出的"中心—边缘模型"(Center-Periphery Model)[③]，直至保罗·克鲁格曼(Paul Krugman)关于工业区—农业区的中心—边缘结构的模型化分析才让主流经济学界开始真正关注空间因素的重要性[④]。尽管国际关系与区域发展领域在关于中心—边缘结构的探讨方面总体上是相互割裂的，但并非没有交集。早期依附论学者的"中心—边缘"概念和思想就对区域(空间)经济学或经济地理学产生了重要影响。[⑤] 当然，在受依附论学派影响的众多学者中，加尔通应当是最为重要的一位，他在20世纪70年代初关于帝国主义结构化理论的论述是中心—边缘结构的观念得以结构化和系统化的一次重要努力。[⑥]

在社会关系方面，中心—边缘结构关注的是由密集互动的少数人构成的中心圈对围绕他们进行社会交往的边缘成员的权力支配关系。这类研究在20世纪30

---

① 依附论学派的思想庞杂，关于哪些学者属于依附论学派也存有争议。其代表人物包括冈德·弗兰克(Andre Gunder Frank)、萨米尔·阿明(Samir Amin)、特奥托尼奥·多斯·桑托斯(T. Dos Santos)等。相关讨论可参见 Bath, C. Richard, and Dilmus D. James. "Dependency Analysis of Latin America: Some Criticisms, Some Suggestions." *Latin American Research Review* 11, No. 3 (1976): 3－54；高铦：《第三世界发展理论探讨》，北京：社会科学文献出版社1992年版，第38—53页。

② 相关讨论参见 Pain, Kathy. "Examining 'Core-Periphery' Relationships in a Global City-Region: The Case of London and South East England." *Regional Studies* 42, No. 8 (2008): 1161－1172; Copus, Andrew K. "From Core-Periphery to Polycentric Development: Concepts of Spatial and Aspatial Peripherality." *European Planning Studies* 9, No. 4 (2001): 539－552。

③ 参见 Friedmann, John. *Regional Development Policy: A Case Study of Venezuela*. Cambridge, Mass: MIT Press, 1966; Friedmann, John. *A General Theory of Polarized Development*. Ford Foundation, Urban and Regional Advisory Program in Chile, 1967; Friedmann, John. *Urbanization, Planning and National Development*. London: Sage Publications, 1973。

④ [美] 保罗·克鲁格曼：《地理和贸易》，张兆杰译，北京：北京大学出版社2002年版。

⑤ Ettema, Wim. "The Centre-Periphery Perspective in Development Geography." *Tijdschrift voor economische en sociale geografie* 74, No. 2 (1983): 107－119.

⑥ 参见 Galtung, Johan. "A Structural Theory of Imperialism." *Journal of Peace Research* (1971): 81－117。

年代汇聚成一项运用结构性思想对社会交往进行定量分析的研究，即社会网络分析。例如，沃纳（W. Lloyd Warner）等人在20世纪三四十年代关于美国东南部地区的研究中就发现了非正式交往存在着“核心圈（core）—初级圈（primary）—次级圈（secondary）”的中心—边缘式分布。[①] 在一段时期内（尤其是非正式组织成为流行议题的20世纪中期），这种结构都主要被用来分析非正式交往中的结构现象。关于正式组织的中心—边缘结构研究，则反映在20世纪后期人力资源管理的柔性或弹性概念中，此时，研究者开始关注“正式员工—非正式员工”或“核心员工—外围员工”的中心与边缘关系[②]，尤其是被誉为现代管理哲学之父的查尔斯·汉迪（Charles Handy）在1991年《非理性时代》中关于“三叶草组织”（Shamrock Organization，即“核心专家—合同外包—弹性劳动力”结构）的讨论[③]使得中心—边缘结构变得更为流行。另外，这一结构还被大量应用于对科研合作[④]、连锁董事[⑤]等具体社会关系的分析中，以致史蒂芬·鲍格蒂（Stephen Borgatti）与马丁·埃弗莱特（Martin Everett）在20世纪90年代试图对社会关系中的中心—边缘结构进行更为正式而系统的定义和测量。[⑥] 与之相伴随的是在20世纪末流行的关于复杂系统与复杂网络的研究，这类研究致力于对包括人际网、交通网、生态网、互联网在内的几乎所有复杂网络的特征和结构的探讨，而中心—边缘结构都是这些

---

① Davis, Allison, Burleigh B. Gardner, Mary R. Gardner, and W. Lloyd Warner. *Deep South: A Social Anthropological Study of Caste and Class*. Chicago: University of Chicago Press, 1948. p. 150, 217.

② Cappelli, Peter, and David Neumark. "External Churning and Internal Flexibility: Evidence on the Functional Flexibility and Core-Periphery Hypotheses." *Industrial Relations: A Journal of Economy and Society* 43, No. 1 (2004): 148-182. 关于劳动力关系中的中心—边缘结构研究还包括 Müller, Karl H. and Niko Tos. "The Organization of Modern Societies: Core-Periphery or Vertically Stratified?" *Teorija in Praksa* 49, No. 3 (2012): 566-586; Kalleberg, Arne L. "Organizing Flexibility: The Flexible Firm in a New Century." *British Journal of Industrial Relations* 39, No. 4 (2001): 479-504。

③ [英] 查尔斯·汉迪：《非理性的时代：掌握未来的组织》，王凯丽译，北京：华夏出版社2000年版，第80—106页。

④ 例如 Doreian, Patrick. "Structural Equivalence in a Psychology Journal Network." *Journal of the American Society for Information Science* 36, No. 6 (1985): 411-417。

⑤ 例如 Westphal, James D. and Poonam Khanna. "Keeping Directors in Line: Social Distancing as a Control Mechanism in the Corporate Elite." *Administrative Science Quarterly* 48, No. 3 (2003): 361-398。

⑥ Borgatti, Stephen P. and Martin G. Everett. "Models of Core/Periphery Structures." *Social Networks* 21, No. 4 (2000): 375-395.

系统所共有的一种结构形态。① 例如霍姆(Petter Holme)就通过测量在大量网络中都观测到一个被联系更为紧密的中心所把持的中心—边缘结构。② 显然,这些表现以及关于这些现实表现的研究为我们建构一种关于社会治理体系的中心—边缘结构提供了重要的素材和思想源泉。

**可视化的中心—边缘结构图**

加尔通之于中心—边缘结构的重要性不仅在于他将国内与国际的中心—边缘结构巧妙地结合了起来,以及对结构化力量的分析和强调,③同时也在于他对中心—边缘结构这个一直以来有些含混的视角进行了简化,并用简单的图形将其清晰地展示了出来。④ 显然,中心—边缘结构的一个解释力和吸引力也在于,它能够以一种形象化的方式被展现出来。在这个方面,空间分布或区域发展中的不平衡现象是我们最能清晰地看到和感受到的现实中的中心—边缘结构,正如“欧洲的夜间卫星图像并未显示出清晰的政治疆界,却清楚地呈现出以比利时区域为核心的中心—边缘模式”(这似乎是克鲁格曼的“中心—边缘”概念的一个源泉)⑤,而研究者也努力用图像化的方式为我们呈现出这一结构,例如在 20 世纪 20 年代,E. W. 伯吉斯(E. W. Burgess)就用多个同心圆形象地展现了由中心向边缘辐射的经典的

---

① 可参见何大韧、刘宗华、汪秉宏编著《复杂系统与复杂网络》,北京:高等教育出版社 2009 年版,第 150—154 页;吴彤:《复杂网络研究及其意义》,《哲学研究》2004 年第 8 期。

② Holme, Petter. “Core-Periphery Organization of Complex Networks.” *Physical Review E* 72, No. 4 (2005): 1 - 6.

③ 加尔通对结构和结构化力量十分关注,除了帝国主义的结构化理论,他的著作还涉及“侵犯”(aggression)的结构化、“整合”(integration)的结构化、“革命”(revolution)的结构化,以及著名的“结构化暴力”(structural violence)等概念。参见 Galtung, Johan. “A Structural Theory of Aggression.” *Journal of Peace Research* (1964): 95 - 119; Galtung, Johan. “A Structural Theory of Integration.” *Journal of Peace Research* 5, No. 4 (1968): 375 - 395; Galtung, Johan. *A Structural Theory of Revolutions*. Rotterdam: Rotterdam University Press, 1974; Galtung, Johan. “Violence, Peace, and Peace Research.” *Journal of Peace Research* 6, No. 3 (1969): 167 - 191。

④ Galtung, Johan. “A Structural Theory of Imperialism.” *Journal of Peace Research* (1971): 81 - 117. p. 84. 其中,加尔通用简单的两个圆圈、虚线和实线展示了帝国主义中心—边缘结构中复杂的关系。

⑤ Krugman, Paul R. “Increasing Returns and Economic Geography.” *Journal of Political Economy* 99, No. 3 (1991): 483 - 499.

城市布局。[①] 社会网络分析则通过量化的方式更为精确地测度和描绘了中心—边缘结构，沃纳领导的关于美国东南部地区的研究报告中就采用超图的方式展示成员之间的关系，并用圆圈标注一个个小圈子[②]；罗伯特·R. 福克纳（Robert R. Faulkner）则用方形矩阵图展示了好莱坞电影制作人与电影作曲家之间的中心与边缘关系[③]。当然，在社会关系研究中，最常见的就是用圆点表示单元或单元集合而用连线表示他们之间的相互关系的图形。[④] 如果说，这些研究者绘制的图形都是对现实进行了不同程度地简化和抽象（因为无论是区域发展的布局还是人际关系的网络在现实中都不可能完全像理论抽象图那样以圆形的圈层方式分布），那么某些监狱的建筑与设计，例如杰里米·边沁（Jeremy Bentham）设计的"全景式监狱"[⑤]，就是对中心—边缘结构最为现实和最集中的体现。这些图形和景象使得中心—边缘结构的理论与视角更具阐释力和传播力，因此本研究的一个努力就是为工业社会治理体系的中心—边缘结构绘制一幅图像，以更清晰地阐释这一结构。

### 中心—边缘结构的消解

用中心—边缘结构的语词或框架不仅仅是为了描述一种社会现实，对于许多这一结构的阐发者而言，他们主要是将其作为一种批判工具加以使用的，是为了指出、分析和批判中心—边缘结构内的中心与边缘的不平等和中心对边缘的剥削，更进一步，在对未来建构的方面，则是要指出中心—边缘结构的弱化趋势，甚至提出打破中心—边缘结构的要求。拉美的普雷维什以及依附论学派等学者正是凸显了

---

① Burgess, Ernest W. "The Growth of the City." In *The City*, edited by Robert E. Park and Ernest W. Burgess. Chicago and London: University of Chicago Press, 2012. p. 51.

② Davis, Allison, Burleigh B. Gardner, Mary R. Gardner, and W. Lloyd Warner. *Deep South: A Social Anthropological Study of Caste and Class*. Chicago: University of Chicago Press, 1948. pp. 212-213.

③ Faulkner, Robert R. *Music on Demand: Composers and Careers in the Hollywood Film Industry*. New Brunswick; London: Transaction Books, 1987. p. 195.

④ 例如 Alba, Richard D. and Gwen Moore. "Elite Social Circles." *Sociological Methods & Research* 7, No. 2 (1978): 167-188。

⑤ 相关讨论可参见 Semple, Janet. *Bentham's Prison: A Study of the Panopticon Penitentiary*. Oxford: Clarendon Press, 1993。

这一视角的批判功能，普雷维什就指出这一结构的一个重要特点就是其“霸权”特质[①]，而加尔通则更是就结构本身提出了著名的“结构暴力”的概念[②]，麦克·赫克特(Michael Hechter)则直接将其包含了中心—边缘观念的理论称为“内部殖民主义”[③]。有必要指出的是，尽管从影响力上来说，在国际政治界，这些学者可能都要让位于世界体系论的代表人物伊曼纽尔·沃勒斯坦(Immanuel Wallerstein)，因为世界体系论者以中心—边缘框架为依托对现代世界体系所做的细致分析让“中心—边缘”这一结构语词声名远扬[④]，但是，必须看到，在这位生长于世界中心国的学者笔下的“中心—边缘”似乎更多地表现为一种客观的描述性词汇，而失去了这一概念在边缘国知识分子那里所具有的批判力。[⑤] 总之，当我们尝试采用中心—边缘视角分析社会治理问题时，它不只是一个帮助我们理解工业社会的描述性的视角，更(应当)是一种批判工业社会治理现实与理论中的弊端进而在人类的后工业化进程中构建理论的起点。

事实上，这不仅是研究者“一厢情愿”的批判，人类进入后工业化社会以来，中心—边缘结构在几乎所有层面都表现出了松动和弱化的趋势。区域发展方面的研究就为我们展现了这一结构在现实中的变动。从20世纪开始，尤其是20世纪中后期以后，许多地区的传统的中心—边缘式发展和布局都开始发生转变[⑥]，一方面，部分非中心的次级区域逐渐发展起来并开始具备中心城市的某些功能，呈现出

---

① Prebisch, Raúl. “A Critique of Peripheral Capitalism.” *CEPAL Review* (January - June, 1976). 转引自[英] 莱斯利·贝瑟尔主编《剑桥拉丁美洲史》第六卷(上)，高晋元等译，北京：当代世界出版社2000年版，第416页注释3。另可参见[阿根廷] 劳尔·普雷维什：《外围资本主义：危机与改造》，苏振兴、袁兴昌译，北京：商务印书馆1990年版，第193—194页。

② Galtung, Johan. “Violence, Peace, and Peace Research.” *Journal of Peace Research* 6, No. 3 (1969): 167 - 191.

③ 可参见[美] 迈克尔·赫克特：《内部殖民主义》，载马戎编《西方民族社会学的理论与方法》，天津：天津人民出版社1997年版，第79—90页。

④ 参见沃勒斯坦四卷本的《现代世界体系》，例如Wallerstein, Immanuel. *The Modern World System: Capitalist Agriculture and the Origins of the European World Economy in the Sixteenth Century*. New York: Academic Press, 1974。中文版见[美] 伊曼纽尔·沃勒斯坦：《现代世界体系》第一卷，郭方等译，北京：社会科学文献出版社2013年版。

⑤ 对此所做的批判，可参见张康之、张桐：《“世界体系论”的“中心—边缘”概念考察》，《中国人民大学学报》2015年第2期。

⑥ 可参见王旭：《美国城市发展模式》，北京：清华大学出版社2006年版；郑长德、钟海燕：《现代西方城市经济理论》，北京：经济日报出版社2007年版。

了乔西·哈里斯(Chauncy D. Harris)和爱德华·乌尔曼(Edward L. Ullman)所谓的"多中心模式"[①];另一方面,部分人口和产业开始向郊区流动,一些大都市区甚至出现了无中心的现象,甚至有学者将其称为"逆城市化"(counter-urbanization)现象[②]。这些现实与理论的发展表明,旧的中心开始没落,作为整体的中心—边缘结构开始松动,无论它是以边缘上升为中心、多级(个)中心的成长,还是无中心的出现等方式表现出来。事实上,早在60年代提出中心—边缘结构时,弗里德曼就提出了这一结构发展的四阶段论,即从前工业化时期(preindustrial)的城市间彼此孤立,到过渡时期(transitional)或者工业化初期(incipient industrialization)单一化的中心—边缘结构形成,随后,随着次级中心(subcenters)的出现,中心—边缘结构逐渐松动,再到后工业化时期一体化均衡发展的实现。[③] 当然,这并不意味着中心—边缘结构的完全消解,甚至在一些地区它反而表现出了进一步巩固的势头[④],面对中心—边缘结构弱化的趋势,旧的中心也努力维持这一结构,以期在新的形势下继续保持中心的优势。这些研究为我们思考中心—边缘结构在后工业化进程中的弱化与消解提供了诸多思想成果。

## 1.3 关键概念的界定与辨析

### 1.3.1 "治理"与"社会治理"

20世纪后期,作为某种理论的"治理"概念不断流行起来,尽管它在更早期甚至古老的文献中就出现了,概念的使用者对此众说纷纭,但总体来说,20世纪后期产生的这一治理理论所代表的是一种新的努力和尝试,这一概念背后的基本精神

---

① Harris, Chauncy D. and Edward L. Ullman. "The Nature of Cities." In *The Urban Geography Reader*, edited by Nicholas R. Fyfe and Judith T. Kenny. London and New York: Routledge, 2005. pp. 46 - 55.

② 参见 Berry, Brian Joe Lobley. *Urbanization and Counter-urbanization*. Beverly Hills; London: Sage Publication, 1976。

③ Friedmann, John. *Regional Development Policy: A Case Study of Venezuela*. Cambridge, Mass: M. I. T. Press, 1966. pp. 35 - 37.

④ 可参见甄峰:《信息时代的区域空间结构》,北京:商务印书馆2004年版,第14页。

在于，国际关系、国家（政府）与社会的关系、政府管理、群体与个体等要素在与治理问题相关的层面都应当被重新思考和认识。① 然而，需要指出的是，本研究题目中的“治理”（或者通常而言，广义的“社会治理”中的“治理”）一词并不是在与传统的以政府为单一或主要主体的“管理”概念相对的意义上使用的，而是指一般意义上的治理，因此，它包容传统的“管理”和“统治”这样的概念。② 在这个意义上，农业社会的统治特征、工业社会的管理特征和后工业社会的服务特征都可以被纳入这一广义的“治理”概念之下，因此这一三阶段框架中各个时期的不同模式也就能相应地可以被称为“统治型社会治理”“管理型社会治理”和“服务型社会治理”，这样一来，我们也就能讨论不同治理模式下的治理结构问题了。

与“治理”一词一样，“社会治理”的含义——尤其在中国——也较为复杂。③ 粗略地看，它至少存在广义与狭义之分。就其狭义而言，“社会治理”大约是在政府、市场和社会这一三分框架下指代不同于公共组织的社会组织的自治及其与另外两者尤其是政府的关系等问题。④ 而我们在这里采用的是广义的“社会治理”概

① 关于“治理”的概念有许多文献都做了梳理与探讨，可参见俞可平主编《治理与善治》，北京：社会科学文献出版社2000年版；孙柏瑛：《当代地方治理：面向21世纪的挑战》，北京：中国人民大学出版社2004年版，第18—28页；杨雪冬：《治理：国外学者的归纳和解析》，《学习时报》2005-03-28。

② 就“治理”（governance）一词的词源来看，它本身就包含着控制的含义，参见Cepiku, Denita. “Unraveling the Concept of Public Governance: A Literature Review of Different Traditions.” (2013); McGrath, Stephen Keith, and Stephen Jonathan Whitty. “Redefining Governance: From Confusion to Certainty and Clarity.” *International Journal of Managing Projects in Business* 8 No. 4 (2015): 755-787。因此，在概念上，用广义的“治理”去包含“统治”与“管理”是合理可行的。

③ 在国内学术界，与“社会治理”概念相关的概念还包括“国家治理”“公共治理”等。相关讨论可参见王浦劬：《国家治理、政府治理和社会治理的基本含义及其相互关系辨析》，《社会学评论》2014年第3期；丁志刚：《如何理解国家治理与国家治理体系》，《学术界》2014年第2期；余军华、袁文艺：《公共治理：概念与内涵》，《中国行政管理》2013年第12期；曾正滋：《公共行政中的治理——公共治理的概念厘析》，《重庆社会科学》2006年第8期。“社会治理”概念的复杂甚至混乱的情况在中国尤其如此：一方面，中国政府在官方文件中对相关概念的使用所引发的学术探讨，例如十八届三中全会在《中共中央关于全面深化改革若干重大问题的决定》中使用了“社会治理”一词，通常被解读为官方用语从“社会管理”到“社会治理”的重大转变，参见周红云：《从社会管理走向社会治理：概念、逻辑、原则与路径》，《团结》2014年第1期；另一方面，在语词上，汉语中“社会治理”中的“社会”与独立“社会”一词完全相同，这就使得“社会治理”的概念会因为“社会”一词本身的复杂性而更具弹性。相比之下，这种情况在英文中并不存在。中文的“社会治理”一词常被译为“social governance”或“societal governance”，后者在英文学术界中也是众说纷纭，有时也与相应的中文含义大相径庭。

④ 例如，俞可平指出“政府治理、市场治理和社会治理是现代国家治理体系中三个最重要的次级体系”，参见俞可平：《推进国家治理体系和治理能力现代化》，《前线》2014年第1期。

念，其中的“社会”一词也是指广义的“社会”（不是与国家或政府相对的狭义的“社会”），即包括国家（政府）和狭义社会在内的整个社会。① 采用广义“社会治理”的概念，意味着当我们谈论治理时，它在本质上是指整个社会的治理，而不是政府的治理（尽管在工业社会的现实中，它确实沦为了政府的治理），是为了实现整个社会的某种目标的治理。② 这种目标，就“农业社会—工业社会—后工业社会”的三阶段框架而言，可以说在不同历史阶段则分别指向了统治、管理与服务，或者更具体地说，在工业社会，这种目标包括了对秩序、确定性、控制，以及效率等的追求，而在后工业社会，其目标则指向真正的合作、公平和正义等价值。这是我们在主动建构“治理”或“社会治理”等概念时的基本出发点。

对“治理”与“社会治理”的这种界定，一方面，拓展了该研究命题的范畴，而不是将其限定在某个特定的历史时期。显然，只有我们完整理解了人类治理活动在不同历史时期所呈现出的不同结构形态，才可能回答结构转型的问题，也才有可能探索当前治理结构的未来去向。另一方面，这一概念将有助于我们理解治理的未来形态。尽管我们在文中也专门探讨了政府与社会关系中的中心—边缘结构，也论及了政府与社会二者之间“谁主导”等等在政府与社会二元分立框架内的理论问题，但是，就社会治理概念的本质而言，尤其是当我们力图基于类似的基础概念去建构未来时，治理就是整个社会的治理，包括政府在内的所有单元由于都是社会的组成部分就都应当是社会治理的组成部分。这就意味着，政府不应当独立地作为一个等级存在于（狭义）社会之上（像农业社会的治理体系那样），也不应当在形式上与社会及其个体处于平等地位，但在事实上依然占据着中心的强势地位（像工业社会的治理体系那样），而应当与其他所有行动主体一道真正平等地处在（广义）社会之内（此乃后工业社会治理体系的应有方向）。因此，在关于未来治理形态的探索中，即使类似政府与（狭义）社会关系的命题讨论仍会继续，这种争论也仍然富有价值，但这种争论应当回到整个（广义）社会治理的总体框架中，坚持在政府与其他

---

① 采用广义“社会治理”概念的研究还包括陈成文、赵杏梓：《社会治理：一个概念的社会学考评及其意义》，《湖南师范大学社会科学学报》2014 年第 5 期。

② 例如，有学者指出，治理“是由共同的目标所支持的”，参见［美］ 詹姆斯 · N. 罗西瑙主编《没有政府的治理》，张胜军、刘小林等译，南昌：江西人民出版社 2001 年版，第 5 页。

组织和个体都是整个社会的有机构成物的意义上展开理论思考。

## 1.3.2 “社会治理体系”及其“结构”

一定意义上，我们可以说，“社会”这一概念本身就隐含着结构的意义①，同样地，“(社会)治理”的概念也包含了结构的内涵。然而，正如我们在前面看到的，结构视角是一种相当不同的视角，虽然对(社会)治理的任何定义或者任何一种治理理论都必然会涉及对不同单元的属性及其相互关系的描绘，但这种方法显然不能等同于“结构”的视角，它们在实质上都是以还原后的个体作为基本出发点的。为了探讨治理的结构，更准确地凸显结构视角，避免相关讨论再次陷入还原论当中，我们应当采取“社会治理体系”的概念，本研究命题更准确的表述就应当是“社会治理体系的结构”而非其他(例如“治理”或“治理结构”)，因为只有首先将治理明确地界定为一种体系或系统，才能紧接着探讨这一体系的结构。② 也就是说，结构是体系的——而非其他分析层次的——属性，脱离体系，结构也就无从谈起。同时，结构是体系的重要——甚至是首要——指标，没有结构，体系也就不会成为体系。这样一来，当我们把“社会治理”明确地称为一种“体系”或“系统”时，这个概念本身就意味着——也促使着——我们必须采取一种真正的系统方法去关注“体系”的“结构”。③ 在华尔兹看来，结构视角或者说关于结构的探讨就是一种真正的系统方法或系统理论。最后，任何稳定的“体系”都会呈现出一种“结构”，一种结构化、模式化了的现实与思维形态。而作为工业社会的社会治理这种已经成为完成式的“体

---

① 巴克利说：“没有结构的地方就没有秩序，也没有社会。”参见 Barclay, Harold. *People Without Government*. London: Kahn & Averill, 1982. pp. 16－17。作者指出，“社会”(society)这个词本身就意味着其成员对某些规则的遵守，即指向一种结构。

② 沃勒斯坦就是首先定义了作为一种体系的现代世界，然后才开始了他关于现代世界之结构的论述。

③ 结构之于体系或系统的重要性使得人们甚至会直接从某种结构的角度来定义体系，例如，有学者指出，“任何体系都是由一定要素及相互关系构成的。体系分析要立足于要素及其相互关系进行分析”，参见丁志刚：《如何理解国家治理与国家治理体系》，《学术界》2014 年第 2 期。尽管作者在其论述中谈论的仍然是单元间关系，而非真正的结构。也就是说，结构之于体系的重要性并不意味着体系就与结构完全相同，研究体系的方法很多种，正如我们在前面所做的区分，除了探讨其结构，还可以分析体系内部的单元以及单元间关系，以及研究体系的价值、目标、制度和工具手段等。

系”，对体系的结构做出理论探讨也就是必要的。①

当然，这里可能还涉及一个不那么重要的概念辨析，即所谓“社会结构”和“社会治理体系的结构”。需要说明的是，首先，这二者并不是——像文字表面所反映的以及一些研究者所感知的那样——前者包含后者的关系。正如刻意在不同的社会现实之间进行划分并将其割裂进不同研究领域的做法是不合理的一样（因此，我们试图提出一种包含所有被人为分割的现实层面在内的总体性结构），将“社会结构”划分为不同领域或不同层面的结构进而认为“社会治理结构”仅仅是“社会结构”的一个部分的做法也是不合理的。这种认识显然受到了现代学科分工的影响，即认为组织结构是管理学的，政治结构是政治学的，经济结构是经济学的，等等，这种做法也是与我们（试图）在本研究中使用的系统方法和结构视角相违背的。研究“社会治理结构”并不意味着在此之外还有其他什么特别的“社会结构”，而仅仅在于我们需要侧重于社会结构的治理面向。例如，当我们讨论工业社会的结构问题时，治理结构的概念可能意味着我们选择侧重于其管理的面向，侧重于回答工业社会是如何通过一种结构实现了总体的秩序，实现了对不确定性的控制，实现了少数中心对多数边缘的控制与支配等与治理相关的问题。

其次，过分强调“社会结构”与“社会治理结构”之间的差异似乎是在传达另一种错觉，即前者是指被治者——（狭义）社会——所呈现出的某种结构，而后者是治者（以政府为主体）在一系列治理活动中所表现出的结构。也正是在这个不恰当观念的引导下，一些研究者将“社会治理”解读成“治理社会”，即特定机构和人员所从事的针对特定对象的专门活动，这种理解将“治理”与“社会”区分开来，认为前者是施力者（事实上就是指政府）的专门活动，而后者则是受力者。这种区分显然是与现实不相符的：这种区分似乎意味着，先有一个既定的（狭义）“社会”存在，然后才是政府对社会进行的“治理”；而事实却是，治理结构是整个社会的所有单元共同作用的结果，不存在一个既定的社会结构等待被某个主体治理的问题。简言之，就学术分析而言，这种区分可能导致一种误解：“治理”与“社会”是两个问题、两种社会

① 黄显中等甚至指出，结构应当是治理研究的“首要主题”，尽管作者关于这一首要主题的“优先性”和“首要性”的证明有待商榷。参见黄显中、何音：《公共治理的基本结构：模型的建构与应用》，《上海行政学院学报》2010 年第 2 期。

现实或活动;但事实上,对“治理”的和对“社会”的分析只是对同一社会现实的两种叙述方式而已,而且它们是交织在一起的。因此,如果确实要区分这两个概念的话,我们也许可以说,现代社会的结构是在政府治理的开展中不断被形塑的,而治理的结构也被社会结构所影响。例如,在社会关系中,联系紧密的少数人组成的中心拥有资源和权力,支配或控制着围绕他们的众多边缘,而多数边缘者则向中心谄媚、模仿中心、与中心交易……这些机制共同造就了和巩固着中心—边缘结构。在这个意义上,就本研究议题及其所采用的方法和视角而言,我们甚至可以使用“社会(治理)结构”的表达式,因为没有必要——也不可能——在二者之间进行刻意的区分。

### 1.3.3 “中心—边缘结构”及其概念的优越性

在关于治理结构的文献综述中,我们已经提出了这样的问题:需要什么样的结构名称?在这里,我们将借助讨论中心—边缘结构的概念来回答这一问题。

要选取一个结构名称来指称工业社会治理体系的结构,这个名称应当至少符合以下两个基本标准:第一,它能够反映工业社会的重要特征,并体现出与农业社会治理结构的重要甚至本质性的不同。第二,它应当能够涵括工业社会的治理在社会各个方面——诸多重要方面,如果不是所有方面的话——的表征,而不是仅仅适用于某个特殊的领域。对于第一点,类似于“等级制结构”的称呼就是不合理的,因为这种简化不仅让人们难以分清前工业社会与工业社会的“等级”有什么不同,也将工业社会的一个重要面向完全剔除了,那就是作为工业社会一切行动和理论思考的前提——(形式)平等性。而“中心—边缘”的词组就能很好地反映工业社会的这一重要特征:表面平等实则不平等(一定程度上也可以说,理论上追求平等、实践中导向了不平等;或者说,形式上平等、实质上却不平等),因为“中心—边缘”(core-periphery)这一词组最初的意义和它所传达的首要意义只是空间上的一种分布格局,即中心与边缘处于同一个平面上。此时,它并不包含对中心与边缘的重要性或地位做出的任何价值判断,这就恰当地反映了启蒙思想家在现代社会之初关于平等的设想,以及整个现代社会运行的平等基础。但后来,“中心—边缘”的含义演化为和引申为中心与边缘之间的一种不平等关系,尤其反映在“边缘的”

(peripheral)、“边缘性”(peripherality)、“边缘化”(peripheralize/peripherize)、“被边缘化”(be peripherized)等包含不平等特征的词语中。也就是说,无论中文里的“边缘”还是英文中的“periphery”,在空间平面的形式平等下都隐藏着不平等的内涵,因此,我们可以选择这一组概念来指称工业社会的治理结构。对于第二点,关于政府与社会关系的某些称呼(如政府中心主义、政府主导、大政府—小社会)、关于官组织结构的某些称呼(如层级节制、科层制、金字塔),以及关于社会关系的各种称呼(如分层结构、差序格局)即使在各自领域内具有合理性,也很难被用来准确描述整个工业社会的总体性结构。而“中心—边缘”的概念、视角或理论在各个领域内的已有研究和应用则预示了将其发展成一种描述工业社会总体性结构的可能。

事实上,除了上述两个基本标准,选取一个结构称呼最好还应该兼顾第三和第四个要求。第三,考虑到结构化方法与理论的独特性,这个结构概念本身就应当指向或暗含某种结构的意涵。当我们看到或听到这个结构称呼时,它首先就指向了结构或结构视角,或者说一切表述和分析都随之以结构作为起点,但是,目前我们看到的大部分结构称呼,例如层级(次)结构、等级结构、三角结构等,都只是在谈论多个单元之间的关系,而没有反映出这些单元与整个结构的关系。而“中心—边缘结构”则不同,它首先就指向了结构,而不是结构内的单元或单元间关系。中心(或边缘)是整个结构的中心(或边缘)而非某个结构内的单元的中心(或边缘)。如果没有整个(中心—边缘)结构,也就不存在中心或边缘。这就是我们强调的结构视角的特殊性以及结构的属性,它不同于单元的属性以及单元间的关系。中心首先是因为处于结构的中心,而不是因为它与边缘的关系,才做出了占有权力、吸纳资源、攫取利益、支配边缘、转嫁危机等行为。相比之下,大多数其他的结构名称并没有这种优势,它们脱离了结构的语境依然可以存在。也就是说,从这些所谓结构中,我们随意拿出几个单元,丝毫不提结构本身,他们之间都可以是“三角的”或“层级的”关系,但是,相比之下,如果不提结构,“中心—边缘”结构这个术语就失去了意义。因此,需要特别指出的是,我们在这里意欲建构的也是一种中心—边缘的“结构”视角,而不是中心—边缘的视角。或者说,一个更加强调“结构”的表述是,这将是一种强调结构力量的“结构化”(加尔通语)视角及理论。

第四，一个恰当的结构名称——不同于某些抽象的学术概念——最好具有一定的形象性，即它本身就能反映出某些它要指向的特征，而无需过多的阐释。这类似于比喻的修辞手法，比喻的意义不是要通过对喻体的进一步阐述来揭示本体的某些特质，更重要的是喻体本身在不经阐述的情况下就能反映出它所要指的意义。在这个意义上，所谓授权型结构、管理型结构等称呼就显得模糊抽象了，它们需要概念的提出者进一步阐释其中的含义，也就是说，这些概念的接收者第一次看到这些称呼时，是没有任何想象的。在这一点上，所谓层级结构或金字塔结构等名称就略胜一筹。尽管关于官僚制的金字塔比喻是我们在文中批判的对象之一，但是金字塔这个比喻确实能够形象地表达层级的特征，即少数人在上层，多数人在下层，而无需过多的阐释。而中心—边缘结构的概念更是如此，无须概念提出者过多地阐释，这一概念的接收者就能形象地理解其所表达的部分意涵。

与第四点相关，“中心—边缘”结构的词组还具备第五个优势，那就是它很好地契合了生活在工业社会这一结构之中的个体的生活体验。也就是说，当采用中心—边缘的语词来描述工业社会治理的结构时，这一表达的接收者可以根据自己的人生体验获取关于工业社会治理这个抽象议题的相关信息。尤其是那些在工业社会的结构中被边缘化了的个体或群体，他们被边缘化的生活体验有助于其更好地理解以“中心—边缘”命名的结构化理论。也正如我们在本书开头提到的，选择“中心—边缘”结构这一概念，不仅得益于研究者相关的严肃讨论，同样（甚至说，更加）得益于那些生活于这一工业社会结构之中的众多个体在日常生活中所体会到的“中心”与“边缘”感受以及对这些词语的日常使用。事实上，恰恰是后者坚定了我们选用这一术语来描述现代社会总体结构的决心。

综上，正是由于中心—边缘的词组具备上述的五项优势，我们选择这一术语来命名工业社会治理体系的结构。

## 1.4 研究方案

### 1.4.1 基础框架：基于“工业社会”的三阶段划分

本研究首先立基于一个基本的分析框架，即“前工业社会—工业社会—后工业社会”。工业社会是一个常用的概念[①]，尽管许多使用这一概念的学者并没有明确表达诸如“前工业社会—工业社会”这样的阶段划分，但毫无疑问，工业社会的概念本身包含了与它之前或它之后的社会进行比较的内涵。

表面来看，或者通常而言，以工业社会为基准的阶段性框架大抵是从生产、技术或经济的维度所做的划分，(最粗略地讲)即在工业社会以前，人类主要是通过从自然界直接获取资源来维系生存，依凭的是生物能，从从业的比重来看，则是大部分人从事农业；而工业社会中的人们，正如“工业”一词所指的那样，主要是通过工厂或企业的组织形式对这些资源的加工或制造来创造财富[②]，人们依凭的主要是非生物能，而从业者的主体是工业人口；而后工业社会这个未定的图式(据称)将是以服务、知识、信息等作为主要特征。研究者又从这些基本点出发，延伸出许多关于这三个阶段更复杂的界定和认识，例如不同的价值观念、组织形态、社会关系。[③]

尽管大部分研究者不会如此，少数学者也对这一常见概念及其暗含的分析框架做了说明。一种最常见的做法，就是从概念和方法的角度对“工业社会”与“资本主义(社会)”进行比较。强调“工业社会”这一概念之有效性的研究者指出，工业社会是一个更概括的说法，它既包含了“资本主义”这个概念通常所指的那种社会，也

---

① 阿隆指出，工业社会的概念是圣西门(Saint-Simon)和奥古斯特·孔德(Auguste Comte)等人在19世纪创造并传播开来的，参见Aron, Raymond. *18 Lectures on Industrial Society*. London: Weidenfeld & Nicolson, 1961. p.2。

② 正如阿隆所言，“工业社会也许可以被简单地定义为这样一个社会，其生产的独特形式是大规模的工业，正如我们在雷诺或雪铁龙企业中看到的那样”(Ibid., p.73.)。

③ “工业化”或“工业社会”一词对经济维度的特别强调，使得有学者将其主要对应技术和经济层面，而用“现代化”一词指代同一历史进程中的政治和社会维度，参见[日] 富永健一：《社会结构与社会变迁——现代化理论》，董兴华译，昆明：云南人民出版社1988年版，第4—5页。

包含其他社会(例如社会主义社会)。也就是说,选择工业社会这一概念和对象能让我们去关注被“资本主义”和“社会主义”等类似概念分割出的不同社会形态在工业社会的大概念下可能具有的相似性,或者说,这种方法先将具体社会形态之间的差异搁置一旁而优先关注其共性。正如阿隆所言,在我们将“社会主义和资本主义对立起来之前,应该先分析两者的共同特征”,“这样就使我们创造出工业社会这个关键性概念”。① 这种方法意味着,社会主义(社会)和资本主义(社会)只是同一个工业社会“属”(genus)下面的两个不同的“种”(species),或者说是同一个社会类型下的两种版本。② 拉尔夫·达伦多夫在《工业社会的阶级与阶级冲突》一书中则专门就“资本主义 vs 工业社会”的概念比较做了说明,以指明采用工业社会概念的合理性。他指出,以私有制和对生产的特殊控制为关键的“资本主义社会”概念与现实仅仅是以机械化商品生产为核心(而不论其财产的所有权形式和生产的组织方式)的“工业社会”概念及其现实的一个组成部分或者一种形式。③

显然,为了将资本主义与社会主义等社会形态纳入工业社会的概念之下,对经济生产的强调是自然的,但是,必须说明的是,“工业社会”之“工业”一词对工业生产或经济维度的强调,并不意味着以“工业社会”为题的研究将忽略工业生产或经济维度以外的政治、文化等层面,甚至也不是将后者放在次要的地位。④ 关于这一点,阿隆似乎在刻意区分“资本主义”与“工业社会”的路上走向了另一个极端,他认为这两个概念及其产生的学术分析分别是以生产关系与生产力作为视角的。显然,对工业社会的研究不可能只强调生产力,而忽略其中的生产关系,也不可能忽略其文化和政治层面。除了工业化生产这种人类进行生产和生活的外在形式,其背后所蕴含的对秩序、理性、效率等价值的追求,同样是无论资本主义还是社会主义都适用的。贝尔似乎提醒了这一点,尽管他也将工业社会的核心诉诸“技术”,但

---

① [法] 雷蒙·阿隆:《阶级斗争——工业社会新讲》,周以光译,南京:译林出版社 2003 年版,第 4 页。

② Aron, Raymond. *18 Lectures on Industrial Society*. London: Weidenfeld & Nicolson, 1961. p. 42.

③ Dahrendorf, Ralf. *Class and Class Conflict in Industrial Society*. Stanford: Stanford University Press, 1959. pp. 36 - 41. 对于资本主义与工业社会概念之间的比较,部分学者还指出,采用“资本主义”这一概念的人存在一种强烈的拒斥资本主义现实的冲动,或者认为这是一种让人反感的不可接受的社会现实;相较之下,采用“工业社会”概念的人似乎心平气和了许多。关于这种观点,见 Ibid., p. 37.

④ 因此,在本研究中,我们并没有——像富永健一那样——刻意在“工业化”或“工业社会”与“现代化”或“现代社会”之间进行明确区分。

他尝试去综合更为“广泛的社会的观点”，即将圣西门关于技术、秩序、知识，迪尔凯姆关于职业体系，韦伯关于理性，以及克拉克关于产业的观点等多种观点综合起来去界定工业社会。①

上述仅仅是对我们采用的“工业社会”一词的简要说明。在资本主义与工业社会两个单位之间加以区分也并不像表面看起来的那样绝对，这并不意味着工业社会、资本主义社会或其他概念所指向的是完全不同的社会现实，当然也不意味着资本主义概念的无效或者过时。② 本研究中的“工业社会”并不是作为一个特别的分析概念而提出的，而是在更一般的意义上为本研究的论题划定一个历史时段，这仅仅表明了某种关注点或起点的不同。

为了说明“工业社会”的中心—边缘结构的特殊性，我们有必要讨论前工业社会的治理问题，并将其与工业社会的治理结构进行比较。当然，这一比较将更加集中于工业社会与它的前一个状态——农业社会——在治理结构上的不同，而不是与更早的狩猎采集社会进行比较。一方面，前后相继的两个阶段之间才更具可比性；另一方面，我们也看到，在描述农业社会与工业社会的治理结构时，都存在“等级”的说法，这种说法就遮盖了二者之间的不同，因此，更有必要对二者进行比较。在本研究中，为了避免“等级”说法的模糊性及其可能带来的混淆，我们将这两种社会阶段中的治理结构分别称为“立体结构”与“中心—边缘结构”，但是，为了强调以工业社会为基准的分析框架，在用语上更恰当的称呼可能仍然是“前工业社会”的表达，除非在某些特别的时候，我们会使用农业社会的概念。

当然，基于这一社会阶段三分框架进行的分析也存在不足之处。吉登斯在对前现代与现代做出一般性比较前就对方法问题说道：“试图将现代时期与整个前现代时期的社会秩序作一般化比较，本身就是一件具有风险的事。然而，现代性与前现代制度的断裂来势之猛，程度之强，本身又使做这种比较的企图正当化了，虽然

---

① 参见[美] 丹尼尔·贝尔:《后工业社会的来临——对社会预测的一项探索》，高铦等译，北京：新华出版社 1997 年版，第 80—82 页。

② 在二十世纪五六十年代，“工业社会”的概念在社会学家当中得到了广泛应用，以至于有学者认为，“社会主义和资本主义的对立在某些方面过时了”。参见[英] 托姆·博托莫尔:《现代资本主义理论》，顾海良、张雷声译，北京：北京经济学院出版社 1989 年版，第 47 页。

不可避免地会显得过于简单化。”[①]对工业社会与前工业社会的比较存在同样的问题，任何理论抽象都存在简单化的风险，试图从工业社会的具体社会形态（例如资本主义社会和其他）中抽象出工业社会之一般特征的做法就更是如此了，但是，工业社会与前工业社会的差别是巨大的[如果不用“断裂”（discontinuities）这个词的话]，这就使得“这种比较的企图正当化了”。

### 1.4.2　结构视角：不同于单元及其关系的分析层次

我们已经指出，本研究试图采用一种真正的结构视角来分析工业社会治理体系的结构。[②] 简单地说，任何结构视角（包括华尔兹的）都源于这样一个基本的假设，即结构对于结构中的单元的行为及结果能够产生重要影响，或者一个更加强调结构的表述应当是：特定单元由于处在它嵌入其中的结构的不同位置，具有或表现出不同的特征、行为及结果。[③] 因此，像华尔兹那样将结构层次与结构中的单元及单元间关系的层次区分开来是十分必要的，但是，我们并不像华尔兹那样极端地认为，在对结构的分析中应当完全剔除其他两个层次的分析，也不认为其他层次对结构完全没有影响力。我们认为，单元及其关系仅仅是结构的一个部分（在华尔兹看来根本不是），但不是全部，甚至可以说不是结构最重要的部分。这样一来，即使我们说关系是结构的一个部分时，也不意味着关系的加总就是结构。借用斯格特的表述，“社会结构是指组织参与者关系的模式化和规范化”，“模式化”意味着结构关注的不是单个关系，而是“反复行动或一类个体的相似行动。这些行动在总体特性中体现了某些一致性和持续性，并被置于更大的行动模式和网络中”[④]；而“规范化”则强调了结构的约束力，即当结构（尤其是中心—边缘结构）一旦形成，就存在

---

① ［英］安东尼·吉登斯：《现代性的后果》，曲禾译，南京：译林出版社2000年版，第88页。

② 当然，这是一种尝试，这种声称极有可能面临与许多声称要采取结构视角的研究者同样的窘境，那就是，在实际论述中似乎还是在结构与其他两个层次之间来回摇摆，以至于还是混淆了分析层次这个重要的方法论问题。

③ 这里借鉴了弗里曼的表述，弗里曼就社会网络分析的结构思想说道，“社会网络方法基于一个直觉性的观念，即行动者嵌入其中的社会关系的模式对于它们的行动结果有着重要的影响”，参见［美］林顿·弗里曼：《社会网络分析发展史》，张文宏、刘军、王卫东译，北京：中国人民大学出版社2008年版，第2页。

④ ［美］W.理查德·斯格特：《组织理论：理性、自然和开放系统》，黄洋等译，北京：华夏出版社2001年版，第16页。

一种“结构化的力量”。这种力量不以结构中的具体单元的意志为转移，它让结构内的个体行为和相互关系以某种既定的模式呈现，在单次行为或决策发生之前，行为者或决策者通常不会再经过分析、计算、比较、决策和行动这样的复杂过程，相反，行为或决策似乎是在某种“神秘的”结构化力量的作用下“自然”发生的。

因此，更准确地说，对于结构以及结构视角而言，比“关系”这个概念更重要的是“位置”的概念，因为“关系”并不包含结构的内涵，它在本质上依然是向单元的还原。这就使得采用“关系”这一概念或视角的许多研究者在实际分析中很容易再次回到还原论当中，即依旧从个体出发来阐发个体间的关系，甚至误以为这就是“结构”。而“位置”的概念则不同，它首先指向了结构，即某个单元被结构化到了结构中的某个位置，是它在结构中的特定位置决定了它的价值和行为选择，而非它自己或者它与其他单元的关系起了决定作用。以“权力”为例，我们可以从单元、单元间关系和结构三个不同层次对权力进行有差别的考察：当我们只关注个别单元时，权力意味着由它单向发出的影响力；当我们关注多个单元之间的关系时，权力则意味着一种双向的支配—服从关系；而当我们关注结构层次时，权力则源于单元在结构中的位置，正是这种位置决定了某个单元占有权力，某个单元只能服从。这就意味着，当我们采取结构视角时，我们首先要关注的不是某个单元的行为或价值，也不是多个单元之间的关系，而是不同单元在结构中所处的“位置”，后者在一定意义上决定了前两者。因此，尽管我们在本研究中仍然会探讨关系（例如中心与边缘的关系），却是从结构的视角出发加以探讨的，此时的关系是一种“被结构化了的关系”（structured relationship）；相反，如果像许多研究者那样不采用真正的结构视角，此时的关系——如果我们还使用“关系”这个词——就只能是一种没有结构的关系，是由单元互动形成的关系，也就只能还原到个体层次的分析。

### 1.4.3 研究内容：三个分析维度的选取及其缺陷

社会治理问题十分复杂，为了研究的便利，区分出几个具体的维度或层面以便于分析是必要的。在本研究中，我们试图在政府—社会关系、官僚制和社会关系三个维度讨论工业社会的中心—边缘结构。选取这三个维度不仅意味着我们会在三个章节中依次讨论三个层面的中心—边缘结构，同时，我们在其他章节中讨论社会治理的结构问题也通常会从这三个方面进行阐述。

作为一种理论，对其边界进行限定是必要的。尽管我们可以指出工业社会在总体上是中心—边缘结构的，甚至，为了强调这一结构的重要性及其(结构)力量，可以说工业社会在几乎所有方面都是中心—边缘结构的，但是，这并不意味着，中心—边缘结构就是包罗一切的，或者说被阐述成一个可以包罗工业社会的每一个细节的结构。“中心”与“边缘”这对语词的丰富内涵让我们可以这样做。这不仅是因为任何声称能够包罗万象的理论或概念本身就是值得怀疑的，而且即使工业社会可以被视为一个总体性的控制和支配工程，这个工程的复杂性并不允许任何单一理论或概念试图做到包罗万象，任何理论化抽象化的总结在各个具体层面所反映出的程度也是不同的。因此，区分出几个层面并加以论述就是有必要的。

其次，我们说，结构的变革是一种整体性变革。整体性变革是针对社会治理的微观层面的微调而言的，也就是说，当人类从工业社会迈向后工业社会的时候，需要的是总体性的变革，而非在既有的社会治理体系基础上进行小修小补；但同时，这种整体性变革并不只是一种宏观的理论宣示，任何社会变革都要从实在的现实出发，变革需要在具体的层面展开。因此，关于工业社会总体性结构的讨论也就不能仅仅满足于抽象的讨论或宣示，而需要在一定的具体层面上展开。这样一来，区分出若干个层面就是必要的，但与此同时，这些不同层面之间又不是完全分立的，而是同构的，也是相互影响的。

之所以选择上述的三个层面，一方面是因为在一定意义上，我们可以把政府—社会关系、官僚制组织和社会关系粗略地视为社会治理的宏观、中观、微观(暂且接受这种划分)层面；另一方面是因为，这些层面的中心—边缘结构可能具有某种典型性。而在学科领域的意义上，我们还可以做一个相当粗略的划分，即政府—社会关系可能更多地与政治学相关，官僚制组织的议题可能涉及更多的管理学，而社会关系的研究则更多的被认为是属于社会学的范畴。这种粗略的划分显然是因为工业社会的学科分工所致。正如我们将在以后的论述中看到的那样，正是由于这种划分，在每个具体层面的论述中，我们将(不得不)更多地引用相关领域和文献中的案例与主张，尽管我们努力避免这一点，并争取从其他领域中找到更多启发性的观点。

但是,关于这三个层面的划分的简单解释就到此为止,因为对这种划分的任何过分的强调都将是不合理的。我们接下来要做的不是去论证这种划分的合理性,而是要说明这种为了研究和表述的便利而进行的划分可能带来的问题,这是一项严肃的研究所必须正视的(因此,本小节的标题中特别加上了"缺陷"一词)。

显而易见,这种划分——正如所有采用类似分析和写作框架的做法——相当粗糙,经不起严格的推敲。首先,这种划分并不意味着社会治理中存在三类或三个层面的社会事实。社会现实只有一种,而且是不可分的!只有视角是可分的!正如一些研究者热衷的宏观—中观—微观的划分一样,这只是一种对于观察和分析视角的划分,不存在什么社会现实是宏观、中观或微观的。在政府与社会的关系方面,如果我们将政府与社会各自视为一个单元,进而分析二者之间的关系,这大概就是一种宏观视角;如果我们分析某个政府组织与某个社会组织的内部结构及特征,从而解释它们之间的差异,这可能是中观的视角;如果我们研究一个社会成员在一个政务中心的窗口与一个公务员之间的"遭遇",这可能就是微观视角。因此,必须声明,我们这里所选择的三个层面指向的乃是同一种社会现实——即社会治理。正如阿明所言,"社会事实是统一的,它从来不分成'经济'事实、'政治'事实和'思想'事实等"①。就工业社会的治理体系是中心—边缘结构的社会事实而言,也不存在什么政治的、组织的或者社会的中心—边缘结构,这些惯用的说法都是因为我们习惯了(屈服于)某种既定的划分所导致的。或者说,当我们说政府—社会的中心—边缘、官僚制组织的中心—边缘、社会关系的中心—边缘时,并不是说,我们会在社会治理中分别看到这样的三类事实,事实只有一种,我们论证的目标也只有一种,那就是社会治理的结构是中心—边缘的。

与统一的社会现实相关,"社会的科学"也只有一种,"尽管从传统大学学科的角度(经济学、社会学、政治学等)可以在一定程度上接近社会事实"②。因此,对于治理的结构问题,也就不能仅仅依赖于某一个学科的某一种理论假设来加以认识,尽管某种特定的片面化的视角也"可以在一定程度上"具有解释力。因此,虽然我

---

① [埃及]萨米尔·阿明:《世界规模的积累》,杨明柱等译,北京:社会科学文献出版社2008年版,序言第4页。

② 同上。

们区分了三个层面，但是我们在探讨每一个具体层面时又不可避免地会讨论其他层面的问题。例如，当谈论政府在实际运作中是如何定义、形塑和限制（作为整体的）社会，进而得出政府是中心而社会在边缘的结论时，我们不得不从组织的视角去分析政府组织是如何为了应对其外部环境的压力和变动以及内部的规则与冲突而实现这一点的，同时又不得不从个体微观的视角去讨论政府雇员是如何在与其特定服务对象的互动中压制后者的，尽管我们都会在特定的章节中详述后两者。这种情况的出现，一方面是这三种视角的划分通常并没有像其名称所显示的那样清晰可辨，另一方面在社会现实中，这些透过不同视角观察同一现实的观察结果之间一定是交叉影响的，因此我们通常同时采用三种甚至更多的视角去观察同一社会现实，或者说在不同视角间跳跃。

最后，需要简要说明的是，关于工业社会治理体系之结构的探讨，除了我们在这里所选择的三个层面，还有许多与之相关的问题并没有成为我们主要的分析对象，尽管我们也会偶尔提及这些问题，也会引用相关研究中的观点（例如国际关系和区域发展中的中心—边缘结构）。这并不意味着它们与工业社会治理体系不相干，或者说它们对社会治理体系的结构来说不重要。例如，在国际关系方面，正如加尔通等学者指出的那样，国家间的中心—边缘结构是与一国内部的中心—边缘结构巧妙地绞合在一起的，因此，一国在世界体系中的位置在很大程度上决定了它在其内部能够采用的治理方式和结构。或者，如果我们认同赫克特在关于内部殖民主义的论述中所提出的中心与边缘分析，那么我们就会看到，那些先发国家首先是在其国内塑造和稳固了中心—边缘结构；然后它们开始向世界扩张，在世界化的过程中将其他国家纳入整个体系之中并将后者锁定在边缘的位置，进而成就了自己的中心国位置；更进一步，它们又将边缘国内部的治理结构改造成了类似的中心—边缘结构，并通过中心的中心与边缘的中心之间的媾和等机制巩固了世界范围的总体的中心—边缘结构。[①] 因此，对工业社会治理工程中的任何一个子项目的讨论都有助于我们理解整个工程，但是为了分析和论述的便利，我们主要选择了

---

① 参见[美] 迈克尔·赫克特：《内部殖民主义》，马戎编《西方民族社会学的理论与方法》，天津：天津人民出版社 1997 年版，第 79—90 页。

其中的三个层面。

### 1.4.4 篇章安排

本研究以“前工业社会—工业社会—后工业社会”作为基本的分析框架，如图1所示，本文的篇章布局也以此为基础，除了第1章导论部分，第2章讨论前工业社会的治理结构；第3、4、5、6章阐述工业社会治理体系的中心—边缘结构；第7章是从这一结构视角思考后工业化进程中的治理变革问题。工业社会是本研究论述的主体部分，其中，第3、4、5章首先依次讨论工业社会的政府—社会关系、官僚制和社会关系中的治理结构，第6章是在上述三个具体层面的基础上归纳形成的总结和结论部分，以阐述工业社会的总体性的中心—边缘结构，包括我们建立的中心—边缘结构的理想形态以及讨论作为分析视角的中心—边缘结构。除了探讨结构自身，从前工业社会向工业社会的变迁意味着我们也要探讨结构的生成及其巩固，而工业社会向后工业社会的过渡则意味着我们还须讨论这一结构的弱化。

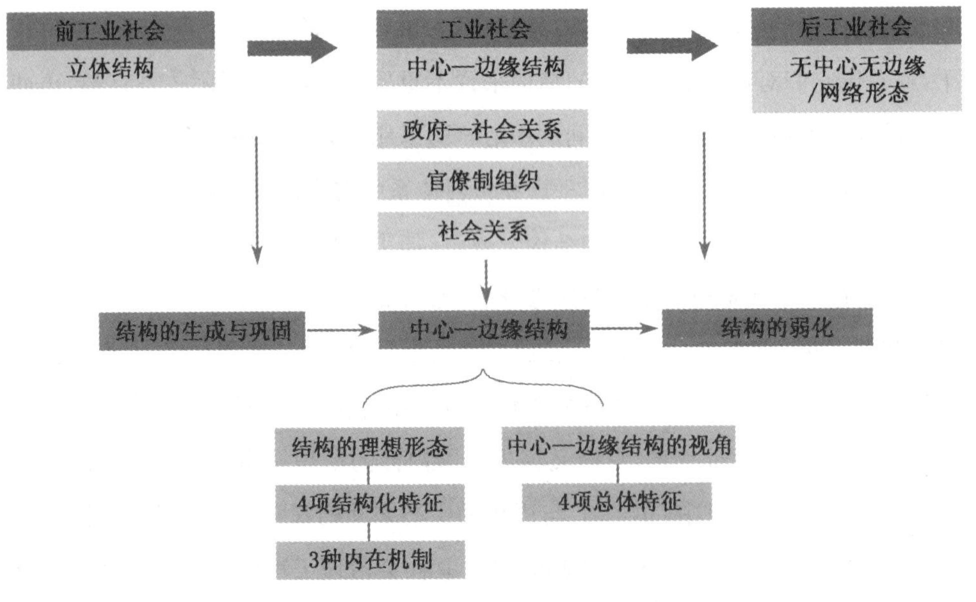


图1 本书的逻辑框架图

具体而言，本书的篇章结构安排如下：

第1章是导论部分，首先叙述了本研究问题的来源和意义；然后通过对两个方面的文献的简要梳理指明本研究的努力方向，即采取真正的结构视角，并努力将中心—边缘结构的思想成果提升为一种观察和描述工业社会的总体性的视角；随后，通过辨析相关概念界定本研究的几个核心概念，尤其在探讨“中心—边缘结构”的概念及其优越性时指明了我们需要一个什么样的结构名称；最后是对研究方案的简要说明，即说明我们所采取的结构视角的基本内涵、本研究立基的社会阶段三分框架，以及本研究选取的政府—社会关系、官僚制与社会关系三个分析维度。

第2章是关于农业社会的治理结构的简单讨论。既然结构视角暗含了比较的方法，那么，在我们开始将工业社会的治理结构阐述为一种“中心—边缘”结构之前，也需要对农业社会的治理结构做简单讨论并给予其一个恰当的结构名称。本章首先通过简述有关社会治理的三阶段解释框架指出治理结构分析的基本方向；其次，指出了关于农业社会一个通常被忽略的特征，即混沌未分化的状态，既有的关于农业社会的大部分阐述都是基于现代性的分析思维的，这些解释可能忽略了农业社会未分化的事实；最后，结合“混沌未分”与人们通常提及的“等级制”特点，本研究将农业社会的治理结构称为一种“立体结构”或“立体等级结构”。

第3、4、5章对我们选取的三个不同层面的中心—边缘结构分别做了讨论。部分地由于中心—边缘结构在这三个层面的研究程度不尽相同，我们对每个层面进行分析的侧重点也有所不同。在政府—社会关系中，我们主要针对的是有关“社会主导”与“政府主导”的观点与争论，我们认为，即使在那些所谓“社会主导”的国家中，是政府而非社会处于治理的中心位置。在此，我们所采用的方法与“工业社会”这一概念所包含的方法是一致的，那就是去关注不同具体形式在同一个“工业社会”大概念下所表现出的共性，而非差异。在官僚制中，我们主要是为了批判人们将官僚制组织界定为层级节制或“金字塔”比喻的通常做法。我们认为，这些简化过度强调了官僚制的等级特征而忽略了官僚制的其他面向，因而在结构的意义上我们也不能将官僚制组织概括为类似于“金字塔”那样的结构，而应当是中心—边缘结构。在社会关系中，关于中心—边缘结构的讨论已经在社会网络分析等领域中有了较为充分的发展，本部分论述的关键则在于指出工业社会的社会关系是如何在赋予个体形式平等的同时，又造成了实质的不平等，这样一来，将工业社会的分层仅仅理解为“纵向分层”的做法也就是不足的。因此，我们将看到，对三个维度的讨论和写作并没有遵循什么共同的叙述逻辑。而在所有三个层面的论述中，我们都将试图证明，政府—社会关系中的政府、官僚制中的规则及核心成员，以及社会关系中的少数成员处于一种“中心”的位置，而这种位置是与农业社会的统治阶级的政府或身份等级制中的少数人高高在上的位置所不同的，这就决定了其所呈现出的结构的不同。

第 6 章是总结与结论部分，尝试描绘工业社会的这一中心—边缘结构，并试图建立一个观察和理解工业社会的中心—边缘结构视角。在简述了工业社会的几种价值观念与其中心—边缘结构之间的关系后，本章重点构建了中心—边缘结构的一个理想模式，并指出了这一理想形态的几项重要的结构化特征；然后分析了导致这些结构化特征出现的三种内在机制；随后，尝试为工业社会中心—边缘结构从生成到扩张的过程提供了可能的解释，尤其提出了结构的“外围”问题；最后讨论了作为一种分析视角的中心—边缘结构的特征，也就是说，当我们透过这一透镜去观察社会现实时，会看到现实的哪些面向。

第 7 章是对后工业社会的展望。本章首先讨论了中心—边缘结构在后工业社会的弱化问题；然后，通过中心—边缘的结构视角剖析了 20 世纪后期出现的参与治理和多中心治理理论。我们认为，参与治理没有认识到工业社会的中心—边缘结构，因此这一理论努力仍旧是在既有框架内的挣扎，而多中心治理理论则以反对单一中心为己任，但是没有将批判的矛头指向整个中心—边缘结构。因此，面对工业社会的这一结构，我们首先要做的，就是明确提出打破中心—边缘结构的要求。这就要求我们在思考人类后工业化进程中的治理变革议题时重视边缘及其价值，让“社会治理”回归“社会”，让人类走向一个无中心无边缘的真正平等的社会。

# 第 2 章　前工业社会治理的立体结构

## 2.1　三种社会治理模式的解释框架

正如前章所述，本研究所立基的基础分析框架是前工业社会—工业社会—后工业社会的三阶段分析模式。而就社会治理的主题而言，在这一框架下，三阶段则分别对应了三种不同的社会治理模式。具体而言，农业社会是一种统治型社会治理，工业社会是管理型社会治理，而到了后工业社会，人类将走向服务型社会治理。① 这一基于历史视角的治理分析框架为我们理解三种不同社会阶段的社会治理体系及其结构提供了重要的基础。

### 2.1.1　前工业社会的统治型社会治理

广义地来看，从人类社会诞生起就存在社会治理的问题。在农业社会之前的可以被称为狩猎采集的社会里，就存在着多个人作为一个集合进行活动的现象和问题，甚至也存在一些为了特定目的而将一些不以血缘为纽带的个体联结在一起的现象。② 当然，此时的治理是相当简单和粗糙的，总的来说是众多个体在面对强

---

① 关于这一解释框架的更多阐释，可参见张康之：《社会治理的历史叙事》，北京：北京大学出版社 2006 年版；张康之：《论行政发展的历史脉络》，《四川大学学报（哲学社会科学版）》2006 年第 2 期等。也可参见一些研究者对这三种治理模式的总结，例如杨艳：《服务型政府的概念、模式与构建路径》，《学习论坛》2014 年第 7 期。

② 参见［日］富永健一：《社会结构与社会变迁——现代化理论》，董兴华译，昆明：云南人民出版社 1988 年版，第 149 页。

大的自然环境时所做出的某种集体的应激式反应。随着人类进入农业社会，人口增加，剩余物品增多，战争变成了常态，那些在早先的临时战争中偶尔才出现的首领及其武士也逐渐常态化，不平等的等级逐渐形成，处于等级上层的群体压迫和剥削下层的群体。

总的来看，农业社会是一个身份等级社会，社会成员天生地被分在不同的等级上，特定等级决定了社会成员的价值和行为及其一生的命运。如果我们接受“阶级”的概念，在社会治理的意义上，这个社会就可以分为统治阶级与被统治阶级，一切治理活动都是为这个具有身份性的统治阶级服务的。也就是说，农业社会的治理在性质上是为了服务于统治阶级的利益，因此我们可以将其称为统治型社会治理。统治型社会治理表现出明显的强制性，即统治者将其意志和决定强加于被统治者身上，这也就时常表现出明显的直接的暴力色彩，因为统治型治理的一切在本质上都指向对统治阶级利益的满足，所以达成这一目标的手段就处在了不重要的位置。相应的，这种统治型治理还表现出强烈的人治色彩，这不仅是因为统治阶级缺乏像工业社会那样的普遍化的制度限制，也是因为人们对统治者道德的强调与呼吁。这种对统治者道德的呼吁直到马基雅维利的写作时期依旧表现强烈，尽管马基雅维利推崇公民美德，但他仍然采用了对道德的双重标准，即认为统治者具有高于社会大众的道德责任和标准。以此推之，统治者也就处于被统治者之外和之上，不仅在权力和法律上如此，在道德方面也占据高高在上的位置。[①] 有学者将这种统治型治理的权力机制概括为“权威—依附—服从”的表达式[②]，即整个社会的治理都是从统治者那里单向做出的，而被统治者只有依附和服从。至于那些从事具体管理活动的人则是依附于统治者的，是与统治者共命运的，因此他们必须忠于统治者，而非其他的制度或是道德。统治者制定了这些制度和道德标准，也就自然高于他们，因此，即使那些管理者在表面上遵从于制度或法律，也在本质上服从于

---

① 参见[美] 乔治·萨拜因、托马斯·索尔森：《政治学说史》下卷，邓正来译，上海：上海人民出版社2009年版，第18—19页。

② 孔繁斌指出，与统治型社会的这种权力机制不同，“管理型社会治理模式形成的是‘契约—协作—纪律’的法律机制”，参见孔繁斌：《公共性的再生产——多中心治理的合作机制建构》，南京：江苏人民出版社2012年版，第10页。

统治者的意志，他们从事这些活动的所谓能力也就成了忠于统治者的能力了。

但与此同时，除了这种纵向的先天的身份等级划分，农业社会在总体上还处于一种混沌的未分化的状态。国家与政府、政府与社会、公共与私人等这些现代社会的常见区分并不存在。在这个一体化的统治型社会里，我们也很难像现代人习以为常的那样从中划分出统治与管理或者政治与行政，因为它们在本质上是同一种活动。即使为了现代人分析和表达的便利从中区分出“政府”（为了表述的方便依然采用这一词语）的“行政”（作为活动内容而非职能或权力的行政）或“管理”活动，例如对基础设施的建造、对社会秩序的维护等，但就这些活动的目标和性质而言，它们都是为了统治阶级的利益实现，或者说是附属于统治阶级的统治活动的工具。当然，为了实现对这一特殊利益的维护，统治者也要适当考虑整个社会，那就是通过暴力和教化等手段不断强化整个社会的等级秩序和差别，不允许成员在不同等级之间随意变动，以至于“他们之间进行通约的任何尝试都受到了身份这一‘天赋’的限制”①。事实上，在农业社会，这种等级间的通约问题也根本就没有成为一个被思考的问题（像今天人们熟知的“阶层流动”的观念或争论那样），这不仅是因为被统治者对统治阶级暴力的恐惧，最关键的在于，他们所生活于其中的文化价值并没有提出这一问题。因此，当我们试图为统治型社会治理赋予一个结构名称的时候，它至少应当同时包含两个不容忽视的特征，即等级特征和混沌未分化特征。在这个意义上，我们在本章提出，统治型社会治理的结构可以被称为“立体结构”。

### 2.1.2　工业社会的管理型社会治理

进入工业社会，政府的统治职能不断弱化，而管理职能不断强化，社会治理的特征也就从统治逐渐变成了管理，因此，工业社会的治理就其性质而言可以被称为“管理型社会治理”。在启蒙思想家的理论设定下，基于所有社会成员的同意和授权而成立专门从事管理活动的国家政权机关出现了，由于它们在理论上产生于所有社会成员的同意和授权，目的是保护个人的权利（既不受他人的损害，也不受权力持有者的损害），它们在理论上应当服务于全社会的普遍利益，而不是某个特殊

---

① 张乾友：《公共行政的非正典化》，北京：中国社会科学出版社 2014 年版，第 3 页。

的集团利益。在理论上,像前工业社会那样的“统治”也就不适用了,因为社会中不再有一个稳固的天然的高高在上的统治阶级以及其下的被统治阶级。权力在理论上属于全体社会成员,只是出于某种便利的要求,一些专门的机构和人员被人民赋予特定的“管理”权力以实现对社会的管理,因此社会上存在的只是管理者与被管理者这种在理论上平等的职能分工。尽管就现实的治理运行而言,我们仍然可以说(像莫斯卡那样)工业社会的治理也是被某个统治阶级所掌控,它通过对社会的管理和对其他社会成员的剥削而维护特殊的阶级或集团利益,但是更准确地说,统治的色彩已经被管理职能(在程度上)冲淡了和(在外在表现上)隐藏了起来。既然管理者与被管理者在政治上是平等的,秩序的获得就无法再依赖于农业社会那种从上到下的等级强制或者某种神灵的威力,就需要某种东西扮演高于所有社会成员的角色来提供秩序,而制度和法律就扮演了这一角色。

伴随人类社会在各个层面和领域的不断分化,不仅专门从事管理活动的国家机关出现了,在其内部也分化为不同的权力部门,这一方面由于社会复杂性的增强以及工业社会普遍的专业分工的要求,国家机关内部也需要划分出不同的职能部门以解决或回应不同的社会问题;另一方面,基于社会对公共权力限制的要求,将公共权力机关进行分割并使之相互制衡就成为一种可欲的设置。这就出现了人们通常提到的诸如立法、司法和行政之间的职能与权力划分及其相互之间的制衡。其中,最具管理色彩的也最符合管理型治理这一属性的就是作为狭义政府的行政部门。由于整个国家权力机构都在理论上是要服务于整个社会的,政府的行政管理活动也就不可能像农业社会那样沦为统治阶级实现其统治的工具,而变成了为公共利益服务的活动(尽管只是在形式上)。我们说工业社会的社会治理是管理型的,部分基于政府行政活动的强烈的管理属性。尽管类似三权分立这种对公权力进行划分的做法在工业社会相当普遍,但总的来说,政府却承担了绝大多数的治理职能。19 世纪末 20 世纪初,行政从政治中独立出来成为一个独立的研究领域则促进了行政部门的进一步发展。尽管政府一直以来都被要求和限制为“有限政府”或“小政府”,许多人早已预计到了政府的扩张,但是,由于政府自身膨胀的内在驱动,伴随着社会事务数量和复杂性的增长,尤其是所谓市场失灵的现象和理论的流行,及其导致的社会向政府提出更多诉求的外在驱动,政府在机构、人员、事务、财政等许多方面不断扩张，最终促成所谓“行政国家”的出现。在这个意义上，尽管政府只是作为公权力的一个部门存在(却存在于最中心的位置)，但我们可以依据政府行政活动的管理属性而将整个社会治理体系都称为管理型治理。

但是，这并不意味着只有政府如此。我们看到，立法和司法等同样被严重地管理化了。管理型社会治理要求具体的组织、群体与个体的一切决策和行为都要符合制度规定，遵从科学化的原则。尽管任何管理活动也同样指向某种目的，正如现代人对管理的所有定义中都会包含目标这一基本要素，但是，现代人的理性相信只有对手段和过程的严密计算和控制才可能达成目标。因此，在实际的治理活动中，总是表现出手段与目标的倒置，即总是将手段和过程本身视为追求的目标，只有它们才是可测量的、可操作的、可评价的、可奖惩的和可控制的。这样一来，管理的属性得到了进一步的加强。因而，不仅是政府的行政活动，工业社会所有的治理活动都表现出明显的管理属性。

简述治理性质从农业社会的统治型到工业社会的管理型的过渡对治理结构研究的意义在于，当我们用“管理”替代“统治”来指称治理模式的演变时，它清晰地反映了工业社会与农业社会的重大不同。相比包含更多主观性、强制性甚至暴力色彩的“统治”一词，“管理”一词本身则暗含着制度规则、科学、效率追求等外在的客观原则，它反映出了工业社会的治理模式对形式平等的追求和依赖。因此，当考虑这一治理体系的结构问题时，我们也就不能满足于用惯用的等级结构来描述工业社会的治理结构了，它模糊了工业社会与农业社会在治理模式上的不同，正如用同一组“统治阶级”和“被统治阶级”概念去描述这两种不同的社会治理时我们(像莫斯卡那样)所遭遇的窘境。

### 2.1.3　生成中的服务型社会治理

从公共性的视角来看，由于农业社会的治理在本质上是服务于统治阶级的，也就不可能存在公共性或公共利益的问题，这里只有作为一个身份性的统治阶级的特殊利益的问题。而且，前工业社会的“社会同质性决定了它是拒绝抽象的，这个社会所拥有的一些属于全社会共有的利益在性质上属于共同利益”①。也就是说，如果要为前工业社会的这种利益定性的话，它只能是某种“共同利益”，而不可能是在现代意义上从社会中抽象出来的“公共利益”，行政也因为沦为统治的附属物而不可能成为“公共行政”。到了工业社会，社会治理在理论上是产生于社会同意的并要服务于公共利益的，这样一来，整个政府（在形式上）也就具有了公共性，或者说代表着公共性，尤其到了19世纪末20世纪初，行政从政治纷争中脱颖而出成了公共利益的守护者，政府的行政管理活动也就可以被称为“公共行政”了。然而，工业社会的管理行政不是真正的公共行政，它只是在形式上具有了公共行政的特征。在行政还附属于政治的情况下，这种形式的公正性通过法律规定、周期性选举、党派宣言等形式表现出来；在行政从政治中独立出来后，这种公共性是通过行政管理活动的“中立性”提供的。也就是说，当社会治理不再被党派的政治之争绑架时、独立自主的行政活动将利益集团的角逐赶出自己的领地时，社会大众就可以期望政府行政为普遍的公共利益而非某些特殊的集团利益保驾护航了。

在工业社会的一定时期内，管理型治理表现良好，但随着社会不确定性和复杂性的进一步增加，管理型治理难以应对各种问题，甚至原本为解决问题而设置的组织和管理手段本身就在制造大量的问题。尽管20世纪中后期以来，理论界为治理的改善提供了许多处方，但大多数仍然是在既有的管理型治理的框架内的小修小补，而无法从根本上解决问题。因此，当人类进入后工业社会，社会治理也需要一种完全不同的属性和模式。张康之教授指出，后工业社会的行政应当是一种形式和实质相统一的真正的公共行政，不同于工业社会治理的管理特征，这种真正的公共行政，或者说为了实现真正公共性的社会治理，应当是一种“服务型社会治理”。尽管人类在建构和走向服务型治理的过程中必然会借鉴管理型治理（例如对公共利益的关注）和统治型治理（例如对道德的关注）中的某些适当的要素，但在总体上，服务型治理是一种不同于管理型治理和统治型治理的新的治理模式，而不是对后两者尤其是管理型治理的简单修补。

---

① 张康之：《全球化、后工业化背景下的行政学主题（一）》，《南京工业大学学报（社会科学版）》2011年第2期。

从治理结构的角度看，对后工业社会的全新治理模式的构建意味着我们必须首先打破工业社会的治理结构(即中心—边缘结构)，而不是在既有的结构内谋求任何所谓的结构调整或改革。因为如果不触及工业社会治理模式的结构性变化，稳固的中心就会依旧存在，并对围绕它们的边缘进行支配，边缘就不可能实现真正的发展，而只能在形式上被尊重，在形式上参与被中心控制的治理，社会治理也就不能实现真正的公共性。后工业社会的治理结构将不再由稳固的中心和边缘构成，而网络技术在后工业社会的兴起为我们提供了某种可以想象的结构形态。在这种网络式的结构中，任何网络节点在此刻充当中心节点，而在彼时充当边缘节点，只有在某个时间点才存在所谓的中心与边缘，而就整个结构而言，就是“处处是中心，无处是边缘”的状态了。后工业社会的治理为我们呈现的应该就是这样的形态，其中，政府不再垄断社会治理权，它不仅不像农业社会中的统治集团那样完全凌驾于社会之上，也不像工业社会中的政府那样处在治理体系的中心位置，而是仅仅作为治理网络的众多节点中的一个而存在，它广泛地与其他节点展开合作，这样的服务型治理也将是一种合作治理。

## 2.2 前工业社会的混沌未分：一个被忽略的向度

与工业社会相比，前工业社会是一种“混沌”[①]未分的状态。混沌特征是现代人在认识前现代社会时通常忽略的，至少还没有引起现代人足够的重视，没有得到与等级特征相同程度的关注。这种混沌意味着，首先，就社会现实而言，前工业社会没有像现代社会这样在国家、政府与社会之间，在政府各部门之间，在公共与私人之间等领域或层面实现分化；其次，就思维模式而言，现代流行的甚至是深深根植于现代人思想中的许多分析性概念和观念在前工业社会并不存在。现代人所秉持的是一种具有明显的现代属性的分析性思维模式，人们普遍接受“国家”与“政府”、“政府”与“社会”、“公共性”与“私人性”等概念，尤其习惯于在这些不同甚至相

① “混沌”在这里仅仅指未分化的意思，尤其是与现代社会或现代语境相比的未分化，而不是指在非线性科学中有关表面无序、实则有序的混沌理论中的“混沌”。如果为了不引起歧义，我们也可以使用“混元”(在组织的意义上)或“混权”(就权力未分化而言)的表达。

互对立的词组中进行理论思考和建构。这些分析性概念与思维已深深植入现代人的大脑中，很多时候，深陷于其中的现代人并未能意识到这些思维本身，而不自觉地将其应用于对前现代社会的认识和理解，用现代观念和思维娴熟地将前现代社会进行肢解并加以分析。这种思维游戏的结果就是生产出诸如“奴隶社会的公共行政”“古希腊的公共性”“古罗马的三权分立”等不恰当的表述，但是，如果我们能够认识到农业社会治理的混沌特征，就会发现，将现代性思维用于农业社会的一些做法就是值得怀疑的。这就意味着当我们用现代语词尝试描绘和表述有关前现代的问题时需要极为谨慎。当我们声称是在言说前现代的故事时，很有可能仍然是在描绘现代，只是我们很难意识到这一点罢了，因为当我们用现代人对世界的体验去描绘前工业社会时，总是在无形地透过现代的滤镜去“观察”和解读那个我们不曾经历的时代，甚至根本不是在“观察”或解读，而更多的是在幻想。[①]

### 2.2.1 “混权”：权力的混合状态

在前工业社会，国家与政府尚未分化。当然，仅从词语上来看，这并不是说，在前工业社会不存在可以被现代人定义为或解读为“国家”或“政府”的术语，而是说不存在将国家与政府区分开来并加以建构的现代观点。国家、政府及相关概念——当我们试图或不自然地区分它们的时候——都是现代人的观念。在前工业社会，或者更准确地说，在农业社会，国家与国王、神、自然等之间都没有明确的界分，“如果没有上帝或诸神(God or gods)，没有与上帝和诸神及其维护的宇宙秩序有着特殊关系的统治者(ruler)，无论国家(state)还是帝国或者邦国(country)都是不可想象的”[②]，这样一来，像现代人这样在国家与政府之间加以区分的做法也就是不可想象的。农业社会的国家权力机关没有类似于工业社会这样的权力分工，尽管也存在某些类似的“分权”组织，或者为了分析的目的人们也可以做出某些类

① 这种情况在现代学者中是一种极为普遍的倾向，正如现代人长久以来都赞美和不厌其烦地品味雅典民主一样，很多时候，这只是现代人对古代雅典的现代想象罢了，参见张康之、张乾友：《变形的镜像——学术界对古希腊城邦生活的误读》，《学术月刊》2009年第4期。劳埃德曾探讨了用现代观念解读（曲解）古代与完全用古代概念复制古代思想之间的“两难的局面”，参见［英］ G. E. R. 劳埃德：《古代世界的现代思考——透视希腊、中国的科学与文化》，钮卫星译，上海：上海科技教育出版社2008年版。

② Kamenka, Eugene. *Bureaucracy*. Oxford; Cambridge: Basil Blackwell, 1989. p. 7.

似“分权”的要素划分，但在总体上看，那些在工业社会中得到理论与实践证明的相互平行且制衡的立法、行政、司法、军事（甚至有时还包括宗教权力）在农业社会都集中于国王一人或者说国王和他的班子，这至少在理论上如此而且也被视为自然的和不受怀疑的。莫斯卡曾在他称之为“封建组织”或国家的地方阐明了这一点，而且以中世纪的男爵、阿比西尼亚的王公、古埃及的地方长官等作为例证。[①] 在一定意义上，正如维尔所言，尽管“权力分立学说源于古代世界”，但“只是在 17 世纪的英格兰，它才第一次作为一种明确表述的、融贯的政府理论而出现，并被竭力声称是‘自由和优良政体的重大秘密’”。[②] 也就是说，即使我们确实从前工业社会的治理中区分出某些可以被分开的职能或事务，这种“分权”——作为一种理论的系统性以及在政权运行中被赋予的正当性和权威性——都是不能和工业社会的状况同日而语的。到了工业社会，由于现代分权思想在现代人思想中根深蒂固，当现代人在回顾希腊城邦的政体时通常会引述亚里士多德关于“议事、行政和审判（司法）”[③]的政体三要素，并按照现代人的思路将所谓“议事”和“审判”的职能分别对应于公民大会或议事会和法庭这样的机构，甚至将松散的“行政”事务及其官员也简单地归为某种假想的行政部门。对于古罗马，即使我们可以将波里比阿(Polybius)关于执政官、元老院、保民官和民众会议等方面的论述视为现代分权思想的某种滥觞，但就其根本而言，此时的权力分立仅仅是为了调和相互对立的各个阶级，其与现代平行的相互制衡的分权是完全不同的。因此，更严谨地说，前现代社会的相关做法及其表述应当被称为某种“混合”政体的现实与理论，而不是现代的分权现实与分权思想。

与此同时，社会的概念也没有从前工业社会中独立出来。只有到了中世纪后期，大约 14 世纪的时候，市民社会才以某种联合的力量出现并与国家相抗以捍卫其利益，这才形成了近代国家与社会分立的格局。国家与社会在农业社会的未分化意味着，在今天，无论我们用国家还是用社会的分析概念去解读前工业社会的某

① ［意］加塔诺・莫斯卡：《统治阶级（政治科学原理）》，贾鹤鹏译，南京：译林出版社 2002 年版，第 130—133 页。

② ［英］M. J. C. 维尔：《宪政与分权》，苏力译，北京：生活・读书・新知三联书店 1997 年版，第 3 页。

③ ［古希腊］亚里士多德：《政治学》，吴寿彭译，北京：商务印书馆 1965 年版，第 215 页。

些现象，我们事实上都指代的是同一个对象。当亚里士多德说“人是政治的动物”时，并不是在现代人熟悉的政治、经济和文化等分立的概念框架下的那种理解，这句话告诉我们的是，将政治组织等同于社会或用前者去界定后者的观念在当时是十分自然的。只有到了中世纪后期[①]，人们才逐渐认识到，由政治构成的权力组织只是整个社会的一个部分，也就是说，当把政治权力及其组织从整个社会中分离出来后，(广义)社会中其他的部分也就得到了相应的凸显，以至于将社会直接理解为与国家或政府相对的(狭义)社会的观念才逐渐流行了起来。当然，“社会”的独立不仅源于被统治者对统治者权力的反抗，与之同时发生的还有宗教权与世俗权的斗争，这种斗争导致了相应的两种“社会”的观念的出现。[②] 在宗教改革时期，就出现了关于宗教“社会”和世俗“社会”分立的争论，其争论的结果则是，在一些地方尤其是占据政治话语主体的西方政治区域中，宗教社会退守到精神层面，而世俗社会则占据了人类生活的主要部分，这种斗争显然也促进了(狭义)社会及其观念的脱胎。

既然国家与政府、国家与社会都没有实现分化，那么将统治与管理(另一组相关但不完全相同的现代表达是政治与行政)的区分就更是不可能的事情了。继续以古代希腊为例，现代人通常可以回溯亚里士多德关于政体的论述去寻找所谓“行政”的源头，但亚里士多德讨论的所谓“行政”(希腊文 ρχοντε，意为行政官员)只是对一些松散地做着某些事务的官员的讨论，它与现代社会中作为一个整体的、独立的、强调权责、具有统一规则和组织的行政职能有着根本不同。事实上，就对“行政”的分析而言，正如亚里士多德在谈及行政官职的问题时所说的，“这只是在进行研究工作时顺便加以考察而已”。[③] 当现代人需要描述前现代社会的情形时，也许

---

① 泰勒认为关于社会与政治组织的分化，在中世纪早期就出现了。他的一个依据是，在基督教世界中，基督徒同时属于世俗社会和精神社会这两种社会，泰勒在这里主要引用了格拉修斯的“双剑论”，参见[加] 查尔斯·泰勒：《市民社会的模式》，载邓正来、[英] J. C. 亚历山大主编《国家与市民社会——一种社会理论的研究路径》，北京：中央编译出版社 1999 年版，第 11 页。但是泰勒的这一观念显然也犯了将现代观念强加于历史的错误。历史表明，只有到了新教改革时期，对这两种社会加以区分的观念才逐渐普遍化，虽然在早期就存在表面上类似的表述，但是当时基督教在整个社会的影响力使得这些观念还相当模糊。

② [美] 乔治·萨拜因、托马斯·索尔森：《政治学说史》下卷，邓正来译，上海：上海人民出版社 2009 年版，第 62 页。

③ [古希腊] 亚里士多德：《政治学》，吴寿彭译，北京：商务印书馆 1965 年版，第 222 页。

我们只能说：在当时的各种事务及其相应的承担者中都包含着某些可以被称为“行政”（如果我们还坚持使用这一现代语词的话）的要素，而不能随意地将某类官职或某些部门简单而笼统地称为“行政”官员或“行政”部门。即使到了对法律制定和执行加以区分的阿奎那那里，或者强调执行权的整体性和至上性的马西利乌斯那里，现代意义上的行政也还没有到来。后来经由达利森、洛克、孟德斯鸠的三权分立，行政（或者更准确地说，行政权）才可以说真正出现了，才可以被确定为一种与立法权和司法权相平行的权力。

简而言之，就权力（这也是一个现代概念）这个维度来说，与现代社会相比，前现代社会应当是一种“混权”状态，只有到了现代社会，这种混沌的权力状态才开始分化。

### 2.2.2　“混域”：领域未分化

与工业社会的领域分化相比，我们可以说，前工业社会的领域并没有分化。这并不是说，在前工业社会就已经存在着几种可以识别的领域，而到了工业社会才实现了它们之间的分开和独立。而是说，工业社会的这种领域界分的现实与思维在前工业社会就是不存在的，也是难以适用的，只有到了工业化过程中才逐渐生成了不同的领域，前工业社会的部分传统则被保留了下来，并被压缩进了“日常生活领域”[①]之中。就领域分化而言，最主要的部分就是公与私的分化。现代人常常使用公共部门与私人部门、公共产品与私人产品、公共领域与私人领域、公共利益与私人利益等概念来分析和解释现代社会的诸多问题，甚至由于这些表达的流行，也习惯了用这些概念去分析前工业社会的各种现象，但是，严格地说，在前工业社会中，并不存在现代语境下的公共与私人的问题。有学者指出，甚至直到法国大革命之前，“在法国的旧制度中，公共与私人领域都一直纠缠在一起而不可分割”[②]。这种情况在其他国家同样如此。

---

① “日常生活领域”是一个通常被忽略的领域，对此的探讨可参见张康之、张乾友：《领域融合与公共生活的重建》，《中国人民大学学报》2008 年第 3 期。

② Krygier, Martin. “State and Bureaucracy in Europe: The Growth of a Concept.” In *Bureaucracy: The Career of a Concept*, edited by Eugene Kamenk and Martin Krygier. London: Arnold, 1979. p. 5.

尽管在用语上，前工业社会的人们也使用“公”和“私”，但此时的公私更多的是针对人数规模上的模糊表达，“公”只是对若干个体集合的某种表达，“私”则是一种围绕个体的形态，甚至这种公私区分也因个体的理解而不同。① 这种模糊性并不像现代公共性与私人性争论中所表现出的那种复杂性，而是因为前工业社会的人们并没有特意去区分和建构这些概念。当我们来描绘前工业社会的问题时，尤其在学术研究中，也许更为恰当的表述应当是“共同性”与“个体性”，以区别于现代意义上被人为建构的“公共性”与“私人性”等概念。一些研究者引述马克思关于亚洲政府的三个部门的说法，并进一步声称这体现了政府从很早的时期就有了为公共利益服务的特征或属性。马克思在考察了英国对印度的殖民情况后说“在亚洲，从远古的时候起一般说来就只有三个政府部门：财政部门，或者说，对内进行掠夺的部门；战争部门，或者说，对外进行掠夺的部门；最后是公共工程部门”②，但是，在前工业社会那种未分化的混沌状态中，这些工程的开展只能是为了统治阶级实现其阶级统治的需要，而不是出于对被统治者诉求的满足，因为此时的被治者还没有这种意识，他们理所当然地接受并服从于整个共同体。也正是因为当时的印度仍然处于统治型治理的阶段，这些所谓的公共工程只是为整个社会的统治秩序服务，所以正如马克思看到的那样，当英国统治印度的时候，英国人才可以几乎完全抛弃这一部门，而把所有精力投入财政和军事方面。假如这些工程具有了现代公共利益那种关注个体诉求的性质，那么英国人的做法就是难以实现的。如果我们仍然用“利益”的概念，那么这些具有全社会性质的大型项目所反映的只是一种混沌的共同体的“共同利益”，这完全不同于工业社会那种基于个体意识觉醒和利益诉求而提出的抽象的“公共利益”。“公共利益是一个抽象的概念，产生于社会分化的过程中，是一个社会的同质性完全消解之后才能够产生出来的一种抽象的利益形式。”③同时，此时的所谓政府管理活动在本质上也就是一种阶级统治活动，我们很难从这种未分化的统治中区分出具有独立性的政府行政活动来。没有独立的行

---

① 张康之、王喜明：《公共性、公共物品和自利性的概念辨析》，《行政论坛》2003 年第 4 期。

② ［德］马克思、恩格斯：《马克思恩格斯选集》第一卷，北京：人民出版社 1995 年版，第 762 页。

③ 张康之：《全球化、后工业化背景下的行政学主题（一）》，《南京工业大学学报（社会科学版）》2011 年第 2 期。

政，又不可能为公共利益服务，这样的行政就不可能是“公共行政”。[①]

或者，如果我们使用“功能分化”这个社会学常用的概念，那么，我们可以说，前工业社会没有实现功能性的分化。即使我们可以用现代语言在前工业社会中区分出几个不同的部分，各部分内部也没有形成自己独特的原则或运行逻辑，相反，整个社会都共享着一套共同的逻辑与观念。这样一来，对于个人的生活而言，领域未分化就意味着前工业社会的人只过着简单的一重生活，而不会像工业社会的人那样穿梭于多重生活之间，在多重生活中扮演不同角色，遵循不同的逻辑。因此，尼克拉斯·卢曼(Niklas Luhmann)才在其社会分层理论中将工业革命之后的现代社会称为“功能性分化”(functional differentiation)的社会[②]，但需要指出的是，吉登斯对我们上面使用的功能分化(differentiation)或专门化(specialisation)的概念提出了批评，他认为分化的概念仅仅强调社会内部构成的多样化的问题，而忽略了其边界问题。[③]也就是说，对于前现代社会而言，一方面，我们可以说，其内部并没有呈现出现代社会那样的多样性；但另一方面，我们同时应该看到，各单元之间的边界也是模糊的。前现代社会的各种权力之间、各部门之间、公与私之间的边界都是模糊的。例如，尽管许多学者(例如韦伯)将前现代社会的官员群体也称为“官僚”，但是，那时的官员之间在权力与职责等方面的界限并不明晰，这就与现代官僚完全不同，而这也成了这一群体及其作为国家行政手段的传统权威衰落的原因之一。[④] 考虑到这一点，用“混沌”一词来描绘前现代社会的情形也许更为恰当，而在领域分化的维度来看，前现代社会就可以说是一种“混域”的状态。

### 2.2.3 “混元”：以“家”为基础的组织形态

“家”是农业社会的基本单位，这不仅是因为家能够满足其成员几乎所有的生

① 学术界对公共行政这个行政学的核心概念有诸多误解，甚至有“封建社会的公共行政”“奴隶社会的公共行政”的说法。对于公共行政的概念说明，可参见张康之、张桐：《论“公共行政”的确切含义》，《中国行政管理》2009 年第 8 期；张康之、张桐：《考察“公共行政”一词的产生和演变》，《江苏社会科学》2010 年第 5 期。

② Luhmann, Niklas. *The Differentiation of Society*. New York: Columbia University Press, 1982. pp. 232 - 238.

③ [英] 安东尼·吉登斯：《现代性的后果》，田禾译，南京：译林出版社 2000 年版，第 18 页。英文版参见 Giddens, Anthony. *The Consequences of Modernity*. Cambridge: Polity Press, 1991. p. 21。

④ 参见[美] 彼得·布劳、马歇尔·梅耶：《现代社会中的科层制》，马戎等译，上海：学林出版社 2001 年版，第 70 页。

活需要(例如生产、消费、宗教、教育等这些在现代社会界限分明的功能),而且整个社会也只是“家”的延伸和放大。因此,有学者将农业社会称为一种“家元共同体”,即“‘家’是家元共同体中的‘点’,‘家’放大后成为‘族’,就有了地域的特征,以共同体的形式出现了,‘族’的放大则是‘天下’”①。从这个角度来看,我们同样可以得出农业社会是一种混沌未分化的社会的结论。也就是说,农业社会在总体上是一种“家”的混沌状态,就像人们惯用的“家国同构”概念所反映的那样,无论是家庭、亲族还是国家,它们在农业社会的结构都是相似的,都凭借血缘和地缘的关系得以维系,而在其结构内部都实行着父权家长制。国家的君主是“国君”“国父”,家庭的父亲是“家父”“家君”。父权家长不仅对国家或家庭拥有权力,而且这种权力还可以世代相传。②

在组织的意义上,前现代社会的未分化状态可以说是一种“混元组织”的状态,缺少工业社会那种彻底的功能性的组织分化。在富永健一看来,这种指向现代组织的功能分化是工业社会区别于农业社会的基础,甚至可以说工业社会的一切结构特性都是由这种功能分化产生的。③ 当然,就概念的使用而言,农业社会也存在“组织”,例如韦伯曾提到古希腊的奴隶作坊,在这里,一些奴隶被聚在一起制造工具,但是,这些组织内的一切都只是奴隶主的世袭财产,在这个意义上,它们都只是家的一种变体而已。在农业社会后期,还出现了许多具有经营特点的组织,它们会招募本族以外的其他人作为劳动力,但这些人并不是在现代意义上用劳动换取薪金,而是通过劳动获得了与本族成员差不多的待遇,也就是说他们共同组成的仍然是某种“家”的形态,因此富永健一将这些统统称为“农家、商家、匠人之家”,甚至将

---

① 张康之:《论族阈共同体的秩序追求》,《社会科学战线》2007 年第 1 期。

② 但是,“家国同构”的提法可能产生这样的误解:农业社会可以被区分为“家”和“国”,二者具有相同的结构。我们认为,并不能对农业社会的“家”与“国”的差别进行过度的强调,即使说“同构”,这二者也是一体化中的同构。这和我们说工业社会的众多领域存在着相似的“中心—边缘结构”有着本质性的不同。在工业社会,各个领域之间是分化的,它们相互之间在结构上的“同构”是分化后的“同构”,而不是一体化中的“同构”。因此,类似“家元共同体”的概念可能更能反映农业社会的现实。

③ [日] 富永健一:《社会结构与社会变迁——现代化理论》,董兴华译,昆明:云南人民出版社 1988 年版,第 37 页。

17 世纪日本出现的某些大型组织也看作家的“超大型版”。① 也就是说，这样的组织（在完成某种特定功能的意义上）一方面只是集体行动所采取的形式之一，而非主要形态；另一方面，它们也只是某种“家”的扩大化。到了工业社会，组织分化可以说呈现出了爆炸性的发展，现代组织意义上的功能分化逐渐成形，混元的组织状态分化为多元化的组织，社会分化为各种承担不同职能的专门部门，以致整个社会最终都变成了一个完全组织化了的社会。这些功能化的组织不断从农业社会的“家”那里剥离出各种功能，使得“家”的范围和功能不断萎缩，演变成现代社会所谓的“家庭”。

通常而言，我们可以说，农业社会的社会关系是一种等级制，或者更确切地说是一种等级身份制，但是，必须同时注意到，这种等级身份制是发生在一个同质性的共同体之中的。也就是说，生活在其中的人们共享相同的习俗和文化，这种同质性具有很强的整合力量，能够轻松地容纳人们之间的各种差异，而且让人们认为放弃自己而为共同体服务是一种自然而然的事情。因此，在大部分时候，每个个体从降生到死亡都生活在某一个确定的等级之中，他无法选择和改变，但更重要的是，他根本无意于去改变，这也是我们所说的“混沌”的另一重意思。对于生活在家元共同体中的人们来说，他们没有明确的自我意识，对于生活在同一个地域的熟人之间而言，“我”和“你”的区分只在物理上是有意义的，在精神上，你我没有区分，是一体性的。尽管在自然界面前，他们面临较大的不确定性，要忍受自然变化带来的饥饿和疾病；但就社会生活而言，他们的生活并没有太大的不确定性。这一方面是因为人们生活在一个地域狭小但共享着习俗和价值的熟人社会之中，也就不会遇到周围人的不确定干扰；另一方面是因为他们终生从事着从父辈沿袭下来的固定的生计，也就不会遇到生活变动的困扰。一代人如此，在代际传递上也是如此，一个人只是延续着父辈的生活，他个人的生活以及生活的环境都是本来存在的。时间和空间的概念在他们的头脑中是静止的或非延展的，或者说人的大脑也是混沌的。只是到了工业化进程中，这种情况才发生了本质性的改变，人类经历了吉登斯所谓

① ［日］富永健一：《社会结构与社会变迁——现代化理论》，董兴华译，昆明：云南人民出版社 1988 年版，第 151—152 页。

的“脱域化”或“抽离”(disembedding)的过程,即“人们从互动的地方性(local)背景中脱身(lifting out)出来,并且在时空的无限延展(indefinite spans)中得到了重构”①。在这个过程中,就事实而言,人们走出了以往生活的狭窄的空间和时间范围,将自己置身于广袤无垠的时空之中;这一事实对人的观念的影响则在于,人们可以脱身于时空的概念限定进行思考,而不是朦胧地生活于没有变化的时空之中。

## 2.3 前工业社会的治理结构:“立体结构”论

如果说农业社会的治理体系是一种混沌未分化的状态,那么在这种混沌中是否也存在着某种结构,而这种结构使得农业社会的(统治)秩序得以维护? 回答是肯定的。正如非线性科学对“混沌”的解释那样,混沌是一种表面无序而实则有序的状态。当我们说农业社会未分化的时候,是与工业社会相比较而言的,这种未分化并不意味着前工业社会中的一切因素都随机地、无秩序地、模糊地排列着。相反,农业社会恰恰存在着严格的等级分类,正是这一等级制的安排才让农业社会的统治秩序有了实现的可能,而这种等级秩序也就决定了农业社会的治理必然呈现出某种结构。为了与工业社会的治理结构做比较,我们也应当赋予这种结构一个恰当的结构名称。② 我们认为,结合农业社会的“混沌”和“等级”这两项特征,可以

---

① Giddens, Anthony. *The Consequences of Modernity*. Cambridge: Polity Press, 1991. p. 21. 将“disembedding”译为“抽离”可能更为恰当,例如,可参见如下中译本关于这一概念的翻译:[挪威] 托马斯·许兰德·埃里克森:《全球化的关键概念》,周云水等译,南京:译林出版社 2012 年版,第 21—39 页,因为“脱域”的译法更强调(事实上也被许多引用者仅仅理解为)人们离开狭窄的地域走向更广阔的空间范围,而吉登斯阐述的则是时间和空间的分离、虚化、标准化和普遍化、“伸延”等内涵。中译本对吉登斯给“disembedding”所下定义的翻译也是不恰当的,这就模糊了一些国内学者对“disembedding”的理解。中译本将吉登斯的定义译为“社会关系从彼此互动的地域性关联中,从通过对不确定的时间的无限穿越而被重构的关联中‘脱离出来’”,参见[英] 安东尼·吉登斯:《现代性的后果》,田禾译,南京:译林出版社 2000 年版,第 18 页。

② 在统治型、管理型和服务型治理的分析框架中,有学者指出,“继统治型社会治理模式、管理型社会治理模式的‘中心—边缘’治理结构之后,伴随服务型社会治理模式而生成的一种社会治理结构类型”可以称为“多中心治理”结构,参见孔繁斌:《公共性的再生产——多中心治理的合作机制建构》,南京:江苏人民出版社 2008 年版,第 15 页。但是,既然统治型与管理型治理模式在性质上不同,反映在结构上也就必然会不同,因此,我们认为,统治型治理的结构应当是一种不同于管理型治理之“中心—边缘结构”的结构。

将这种结构称为“立体结构”①，但是，在正式提出“混沌＋等级＝立体结构”的表达式之前，我们还是有必要赘述等级的问题，以使相关的讨论更为完整。

## 2.3.1　统治型社会治理的等级特征

对于农业社会的混沌与等级这两个特征而言，它们之间并没有轻重之分，因此在论述上也最好做到平衡，但是，鉴于现代人对于农业社会的等级性已经有了过多的描述，我们在这里只须做简单说明（而关于混沌未分化的特征，我们在上文用了一节的内容进行讨论）。

阐述农业社会在治理上的等级关系并非什么难事，尤其当我们很自然地想起“奴隶制”“统治阶级”等这些表述的时候。将农业社会的治理称为统治型社会治理就是对这一等级情况的反映，即农业社会的治理在本质上就是统治阶级实现其特殊利益的过程。莫斯卡考察了“部落从狩猎阶段进入农耕或者畜牧业阶段”的过程，即一个作为统治力量的武士阶级是如何产生的，并逐渐压迫另一个主要从事农业的阶级的。起初，武士与农民的区分是含混的、可以相互变动的，武士从农民那里得到与其他人同样的“分内”的物质，但是当武士职业不断固化，他们也就能以武器作为后盾向农民要求得到更多的东西。同时，这个群体变得进一步封闭，即其他人不再能轻易进入这个群体，或者即使进入了也被置于底层。也就是说，当固定的封闭的一小群人能够从另一群固定的人那里要求得到更多时，阶级就开始形成了。② 国王在统治阶级的顶端，整个国家都是而且被视为国王及其王室的延伸，对整个国家的政治统治在根本上属于国王的个人事务，尽管对于一个庞大的国度而言他不得不依靠强大的行政班子作为自己的仆人（而非现代的代理人）去完成统治的任务。这些仆人占据的岗位从根本上就是王室的私产，所以他们不得不向王室效忠。因此，无论把他们视为统治阶级的一个部分，还是视为统治阶级的帮凶，这些人都处在社会等级的上层。

---

① 严格地讲，此处所论的“立体结构”指的是农业社会（或者说统治型社会治理）的治理结构，而非笼统的前工业社会，但为了保持标题的前后一致性，本章和本节的标题都采用“前工业社会”的表述。

② ［意］加塔诺・莫斯卡：《统治阶级（政治科学原理）》，贾鹤鹏译，南京：译林出版社 2002 年版，第 101—102 页。

而从广大的臣民一方来看，在农业社会，臣民有着服从统治阶级的（甚至是绝对的）义务，而这并不是现代法律意义上与“权利”相匹配的“义务”。在农业社会，这种服从义务（为了避免歧义，也可以拒绝“义务”这一现代词语）是根深蒂固的，人们不觉得这有任何问题，也不会就其提出任何问题。这种服从义务是自然而然的，甚至自然到与作为其对立面的（现代人的观念）反抗权之间都没有任何冲突。对于16世纪以前的人们而言，如果有人在强调社会大众的服从义务的同时又说他们具有某种反抗权，这种理论的言说者和接受者都不会感到有什么矛盾之处，因为一切活动和感知都发生在一个混沌的立体结构之中，他们还不具有将二者清晰地加以区别的“能力”：一方面，正是因为服从义务的根深蒂固，人们即使接受甚至拥抱反抗权，也无法跳出服从义务对自己的框定，也就无法将反抗权视为服从的对立面；另一方面，无论反抗还是服从，它们最终都指向社会大众所遵循的自然的或宗教的，进而也就是统治者的权威，也就是说，服从与反抗在统治权威那里被统一了起来，而没有形成对立与冲突。直到15、16世纪（我们可以视为向工业社会过渡的时代）世俗权力与教会权力之争、保王派与反保王派之争的时候，人们依然没有完全从这种服从义务中走出来，甚至在布丹、霍布斯等启蒙思想家那里，服从仍然是他们对公民定义的一个内在部分。在1579年出版的《为反对暴君的自由辩护》一书中，尽管这一著作，正如其标题所示那样，是支持对暴君的反对的，但从根本上仍然在强调臣民的消极服从，而不是对现代人所理解的那种反抗的辩护。作者和同时代的大多数论者一样认为，即使在作为特殊情形的反抗被认为是必要时，社会大众也不能随意地揭竿而起，而必须依靠地方上的官员和贵族那些“代理人”。①

当然，无论统治阶级对民众的统治，还是民众对他们的服从，无论这种等级化

① ［美］乔治·萨拜因、托马斯·索尔森：《政治学说史》下卷，邓正来译，上海：上海人民出版社2009年版，第57页。萨拜因指出，尽管作者探讨了国王与人民的关系，但其观念仍然严重受制于关于上帝与俗世之关系的神学观念，作者“根本就不试图（attempt）把政府（或统治）（government）完全置于世俗原则的基础之上，如同君权神授理论一样，它乃是一种彻头彻尾的神学理论”（同上，第53页）。英文版参见Sabine, George H, and Thomas Landon Thorson. *A History of Political Theory*. Hinsdale, III.: Dryden Press, 1973. p. 354。并不是作者不“试图”这样做，而是就当时的情况看，在神学仍占主导地位的时代就根本不可能孕育出现代的观念。另外，值得一提的是，中译本将其中的“government”一词译为“政府或统治”，可见，译者考虑到了这一概念可能导致的误解，在当时，“政府”这一现代概念还未成型，更恰当的描述就应当是“统治”。

的统治表现出何等的暴虐(尤其在现代人看来),这都不意味着统治阶级会全然不顾民众疾苦而只考虑自身利益。相反,他们恰恰是为了自身利益要去适当顾及民众,因为这是他们利益得以维持的基础,但是,就其目标而言,任何的照顾都是为其特殊利益服务的。"当一个海盗驾船去贩卖奴隶时,他的行为不会有仁慈因素……他可以对被他控制的人偶尔略施小惠,但不是主要的目的。"[①]也就是说,任何类似的"略施小惠",都不可能是所谓的公共性问题,而恰恰反映了强大的等级制的存在。正如在古罗马尽管存在所谓执政官、元老院、保民官和民众会议的区分,但这丝毫不会改变身份等级序列的事实,而恰恰是对等级制的证明。波里比阿关于这三个要素的区分——在事实上——只是有关三个等级的矛盾调和的考量,因为所有"古代政制理论家的主要关注是在社会各阶级之间获得一种平衡"[②]。而这种平衡的考虑就是指向统治秩序的。也就是说,当理论家对各个阶级应当履行何种职能或者从事哪些事情进行思考时,他们的目的是为了调和阶级的矛盾,将矛盾限制在一个相对平衡的范围内,进而维护整个社会的秩序。因此,这些考虑被维尔称为只是一种"混合政体"的理论,而不是现代社会的"权力分立"理论。前者关于阶级协调的混合考量一直延续到了 17 世纪中叶的英国内战时期,在此之后的工业社会中才有了关于现代分权的理论和实践。

### 2.3.2　混沌+等级=立体结构

基于上述这些广为人知的观点,得出农业社会在治理上具有等级特征这样的论断并非什么难事,但是,当这种等级关系成为现代人对农业社会的普遍认识而被自然而然地接受下来以后,问题就是,我们能否就此也在结构的意义上将农业社会的治理结构简单地称为一种"等级结构"或类似的名称?

如果仅仅考察不平等的维度,将农业社会的治理结构称为等级结构,或者像卢曼那样将农业社会称为"层化分化"(stratified differentiation)[③]似乎并无不妥,尤

---

① ［美］乔纳森·哈斯:《史前国家的演进》,罗林平等译,北京:求实出版社 1988 年版,第 131 页。

② ［英］M. J. C. 维尔:《宪政与分权》,苏力译,北京:生活·读书·新知三联书店 1997 年版,第 22 页。

③ Luhmann, Niklas. *The Differentiation of Society*. New York: Columbia University Press, 1982. pp. 232 - 238.

其当我们将农业社会与之前的原始社会的所谓“均等”相比的时候，或者当我们将农业社会与之后的工业社会那种被政治与法律赋予的（形式）“平等”相比的时候。也就是说，当我们仅仅关注人类（不）平等这个维度时，这种观察视角或提问方式本身就会将我们的注意力聚焦在纵向的分化或分层上来，也就自然会把农业社会定性为等级制，甚至将农业社会的治理结构描述为“等级结构”，忽略了农业社会其他重要的向度。总的来看，上述方法与论断至少存在如下缺陷：首先，它并不能反映农业社会的全貌，尤其当我们试图从治理的角度去认识和理解农业社会时，我们就会看到，“等级”仅仅是农业社会治理秩序得以实现的基础之一。等级结构的称呼似乎表明，农业社会的各个治理要素之间是界限分明的，但实际上，农业社会的治理还有另一个通常被现代人所忽视的特征，即我们前述的混沌未分化。如果失去这一点，农业社会的治理想必将呈现出另一番景象。其次，“等级结构”等称呼无法将农业社会的治理与工业社会的治理区分开来，尽管到了工业社会，人类在政治、法律和经济等意义上都被赋予了平等，但到了工业社会晚期尤其是后工业化时期，人类越来越意识到，这种平等仅仅是形式上的平等，而工业社会的实质不平等现象成为人们普遍关注的问题。简言之，农业社会与工业社会都存在不平等，但显然是两种完全不同的不平等，而用“等级结构”一词来称呼农业社会的治理情况就会抹杀二者间的差异，甚至让一些读者产生这样的误解：在农业社会的“等级”结构被摧毁后，工业社会就是一个“非等级”的结构，即不存在等级现象。最后，正如我们不断强调的，“治理结构”这一概念有其特殊所指。尽管就农业社会治理的“性质”而言，我们完全可以将其称为统治型社会治理，但是我们并不能因此在“结构”的意义上就简单地说，农业社会的治理是一种统治型结构或等级结构。否则，我们只需要统治型治理等表述就足够了，“治理结构”的概念就显得多余了。

综合上述两个特征，考虑到在关于农业社会的讨论中长期忽略了其混沌特征而过度强调等级特征的事实，我们需要一种更合理的称呼去指称农业社会的治理结构。我们认为，“立体结构”的称呼也许更恰当，因为它至少同时涵盖了上述的两层含义：纵向等级制的含义和混沌未分化的含义。

混沌与等级，这两者表面看来可能存在矛盾，但事实上在一个一体化的立体结构中实现了相辅相成。混沌意味着，生活在农业社会的人们并没有个体意识的觉醒，但并不是说其中的任何人都没有意识，没有为自我利益考虑的动机，也不意味着这些无意识的人自然而然地就构成了有序的社会。这种情况可能在原始社会存在，但在私有制产生以后，当对剩余物品的分配逐渐成为一种权力时，情况就明显不同了。作为统治者，他们会自觉地运用暴力、法律和道德教化等方式进行统治，以实现自己的利益。正如我们在前面指出的，在未分化的农业社会中，用政治组织来界定整个社会是十分自然的事情，进一步，“在一个社会由其政治组织来界定的情况下，该社会在原则上便是可为政治权力加以渗透的”[①]。也就是说，在社会和政治组织的概念还未分化的时候，政治权力向社会的渗透是自然的，其自然的程度甚至意味着我们现代人的这种表述都显得多余了。这种在混沌中的政治统治使得——正如亚里士多德在其《政治学》中表述的那样——一些人是统治者而另一些人作为被统治者的区分是一种有关人的自然的差别，而不是在近代以后被理性解释为在同意基础上形成的一种职业划分。换言之，混沌显然为统治阶级的统治提供了某种便利和保护，他们可以在其中不择手段地实现自己的利益，而不用太在意被统治者的感受，因为被统治者自然地认同这种状态，至少没有明确地反对这种状态。反过来，等级特征也进一步强化着混沌。尽管统治在事实上强化了等级制或者说强化了等级间的界限，但同时统治也让被统治者去顺应自己的等级身份，不自觉地去做等级制要求他们去做的事情。任何一条法律、命令、道德教化都是对身份等级制的强化，强化被统治者天然地服从统治者，而不对其提出任何异议。也就是说，统治者自觉的行为恰恰为了限制或者抹杀被统治者的自觉，或者我们可以说，等级与混沌是同一个事实的两个面向，从等级的一面来看，统治者确实通过暴力和教化等手段不断强化整个社会的等级秩序和差别，不允许成员在不同等级之间随意变动，以至于“他们之间进行通约的任何尝试都受到了身份这一‘天赋’的限制”[②]；但从混沌的一面来看，在农业社会，这种等级间的通约问题也根本就没有成为一个被思考的问题（像现代人所熟知的“阶层流动”的观念那样），这不仅是因为被统治者对统治阶级暴力的恐惧，更是因为他们所生活于其中的文化价值并没有

---

① ［加］查尔斯·泰勒：《市民社会的模式》，载邓正来、［英］J. C. 亚历山大主编《国家与市民社会——一种社会理论的研究路径》，北京：中央编译出版社 1999 年版，第 11 页。

② 张乾友：《公共行政的非正典化》，北京：中国社会科学出版社 2014 年版，第 3 页。

提出这一问题。总体来说，虽然农业社会是一种自然的混沌状态，但也会以某种结构呈现出来，那就是明确的等级序列，而结合此时的自然秩序以及表现出的混沌状态，对其结构更恰当的表述就应当是一种“立体结构”。

当然，正如我们一直强调的，“立体结构”这一称呼的第二个优势就在于，它对混沌与等级两个特征不偏不倚。显然，对任何一方的过度强调都无法展现农业社会的全貌。过度强调农业社会的等级特征就会让人们误以为，农业社会是一个界限分明的社会，进而得出农业社会是一个等级结构这样的判断；而过度强调农业社会的混沌特征则会让人们误以为，农业社会是一个混乱无序的社会，进而可能得出农业社会还不具有稳定的结构形态。而我们认为，农业社会恰恰是一种综合了混沌与等级这两个看似矛盾实则相辅相成的“立体结构”。

必须承认，“立体结构”的说法在表面上看来确实是含混模糊的，但是，在方法上，这种含混也并非一无是处。这个表面含混的称呼意味着，或者提醒我们现代人，对我们未曾经历的含混的农业社会进行任何现代分析时都应当保持谨慎。只有当混沌实现了分化，即工业社会到来之后，我们才能用更为精细化的分析性的概念来指称社会现实。这也许是“立体结构”这一称呼的另一个优势所在。尽管在上述关于农业社会的统治型治理的讨论中，我们也使用了“统治阶级”和“特殊利益”这样的表达，但农业社会的模糊性提醒我们，无论阶级分析还是利益分析，它对农业社会的适用性都应当被打上问号，至少，我们不应过分强调阶级和利益。因为这两者都是在现代语境中成熟起来的分析方法，这就意味着，我们很可能会犯与某些不恰当做法（例如，将现代的公共性—私人性视角强加于前现代社会）同样的错误。考虑到这一点，当我们尝试认识农业社会时，就应当放下现代人的傲慢，尤其当我们要赋予农业社会的结构一个总体性的（而非从某个特殊角度出发的）名称时，采取更为谨慎的态度也许更恰当，例如采用“立体结构”这种表面模糊的表达而非具有明显倾向的概念化做法（例如“等级”或“统治阶级”）。这种更具弹性的表述也能促进针对农业社会治理这一议题的更为广泛的研究，而不是让研究在某个确定、精细的现代概念的框定下逐渐走向死胡同。①

### 2.3.3　从“立体结构”到“中心—边缘结构”

从治理结构的角度看，从农业社会到工业社会的社会治理变迁就是一种治理结构的变迁，用本研究的术语来说，就是一个立体结构的崩塌与中心—边缘结构的生成的过程，这也是相关研究需要探讨和回答的重要问题。但是，对于这一变迁，我们需要同时注意两点：一方面，农业社会与工业社会之间存在本质不同，因此它们也必然呈现出不同的结构；但另一方面，农业社会与工业社会同时也是前后相继的两个阶段，前者给后者必然留下了某些遗产，或者说后者从前者那里必然继承了某些东西，因此它们所呈现出的结构之间也应当存在某些相似性。

对于第一个方面，我们说，事实上，人们不仅习惯于用类似等级结构的称呼去指代农业社会，也习惯于用它去指代工业社会，无论人们是否在农业社会与工业社会之间做出区分。考虑到人们对社会现状的不满，尤其是对社会不平等问题的关注，这种做法是可以理解的，但是这种做法显然抹杀了两种社会阶段之间的重大差异。例如，我们应当对莫斯卡等众多学者使用的“统治阶级”的概念提出质疑或者至少保持某种警惕，尤其是当他们试图将所有人类社会都不加区分地划归到“统治阶级”概念之下的时候。莫斯卡指出，“在所有社会中——从那些得以简单发展的、刚刚出现文明曙光的社会，直到最发达、最有实力的社会”②都存在统治阶级与被统治阶级。这种描述是否存在着将农业社会与工业社会的某些重大不同加以抹杀

① 但是，不得不说，为了叙述的方便，我们可能依然会继续采用“阶级”这样的现代概念，尤其是在叙述他人（例如莫斯卡）的思想时。这几乎成了现代学者在叙述时难以逃脱的矛盾与困惑：一方面，一些严肃的研究者会质疑一些流行概念的适用性问题或者它们所传达的错误观念；但几乎同时，他们又不得不继续采用这些流行的语词。我们在这里可能面临同样的窘境，这和同样涉及中心—边缘问题的阿明在写作《世界范围的积累》时的境遇是相似的。阿明反对“发达—不发达”的表达式，而提倡“外围资本主义”等概念，但紧接着又说，“书中我们使用‘欠发达’一词是出自习惯和简便的考虑”（［埃及］萨米尔·阿明：《世界规模的积累》，杨明柱等译，北京：社会科学文献出版社 2008 年版，第 18 页）。他不仅是为了写作和表达的“习惯和简便”，同样是为了自己的学说得以传播的“简便”。然而，这种向流行语有所“屈从”的做法可能让真正有用的概念和理论被忽略。今天，研究者仍然只能在继续使用这些流行语词与拒斥其背后的某些根深蒂固的观念之间徘徊，或者去拿捏某种平衡。

② ［意］加塔诺·莫斯卡：《统治阶级（政治科学原理）》，贾鹤鹏译，南京：译林出版社 2002 年版，第 97 页。

的可能？尽管莫斯卡的统治阶级理论确实找到了农业社会与工业社会之间的相似性，即在数量上，总是少数人统治多数人；而就结果而言，也总是少数人“享受权力带来的利益”，但是，我们必须注意到，这些少数人实现这一结果的方式，或者说所凭借的结构，是明显不同的。尽管，用莫斯卡的话说，多数人被少数人“以多少是合法的、又多少是专断和强暴的方式所领导和统治”①，但农业社会与工业社会的重大差别也恰好反映在这些程度不同的“多少”之间，而且这不仅仅是“合法”“专断和强暴”的程度不同，还是在结构方面的重大不同。像莫斯卡等人那样，将农业社会与工业社会的治理都笼统地称为“统治—被统治”关系，不仅让我们难以区分两种社会治理在性质上有何不同，还无法从结构的意义上去解释和理解这两种治理。②统治与被统治这组概念给人的通常印象显然是纵向等级化的，工业社会却主要是管理属性的，其统治色彩已经弱化了许多。“尽管管理也表现为一种支配行为，但管理者会更多地借助法律和规则去达成支配的目的”③，这种特性就决定了工业社会的治理结构必须具有显性的平等性，而非简单的等级结构。更不用说，仅从农业社会的治理结构来看，正如我们在前面讨论的，等级结构的称呼也存在不合理之处。

官僚制这一概念可能有着同样的问题，由于官僚制对层级节制的特别强调，当我们用同一个官僚制去指称农业社会与工业社会的治理情境时，也有着抹杀其重要差异的风险。尽管韦伯在考察官僚制时也涉及了古代官僚（例如新王国时期的埃及、帝制时期的古罗马、秦朝统一后的中国等的官僚），但他在古代官僚与现代官僚之间做了明显的区分。“他深深地怀疑——尽管他使用了——任何普遍的描述

---

① ［意］加塔诺·莫斯卡：《统治阶级（政治科学原理）》，贾鹤鹏译，南京：译林出版社 2002 年版，第 97 页。

② 当然，这里并不是在批判莫斯卡的统治阶级理论。莫斯卡的主要目的是寻求农业社会与工业社会的共性，而非内部的差异，正如本研究是为了寻求工业社会下的资本主义与其他社会形态之间的共性一样。简言之，我们都是为了建构某种抽象的理论，只是因为抽象的程度不同，所以结论也不同。我们在这里只是为了恰当地指出莫斯卡所采取的方法及其结论可能存在的缺陷，进而在相关讨论（例如关于社会治理的结构）中避免掉入这些陷阱，或者说，当我们这样做时，我们不是在批判莫斯卡等人，而是在补充。

③ 张康之、张皓：《在后工业化背景下思考服务型政府》，《四川大学学报（哲学社会科学版）》2009 年第 1 期。

性概念。正是在这个意义上，他才同时谈到了古代世界和现代世界的官僚制(bureaucracies)。”[①]古代官僚的世袭、俸禄、封建等特性使得此时的官僚缺乏现代社会那样的稳定性和内在聚合力，尽管其中也包含了某些与现代官僚制类似的要素，但只有在现代货币经济和现代理性追求等价值的簇拥下，才可能形成现代官僚制。那是一种完全不同的、非人格化的、职业化的、强调对外在规则的服从的官僚制。这就决定了以官僚制为主导形态的工业社会的治理结构与工业社会之前的情况完全不同。

但是，第二个方面同样重要。也就是说，尽管我们可以像许多研究者一样去强调农业社会与工业社会之间的所谓“断裂”，在这个意义上，我们可以说，结构的变迁首先是旧结构的崩塌，然后经历了某种无结构的时期，最后生成了新的结构，但是，结构的变迁并不意味着农业社会的一切都被摧毁殆尽，而工业社会是彻底的重新建构。当我们不断强调前工业社会与工业社会的差别时，我们应当同时关注工业社会的治理从前工业社会那里继承了什么？这两个问题有着同等的重要性！因为，最为简单地说，尽管二者存在重大且本质性的差异，但人类不可能完全摧毁旧的传统而建立一套全新的制度，尤其当我们像一些研究者那样怀疑“工业革命”“法国大革命”等简化称呼及其带给我们的强烈的断裂意识时，这一点就更清晰了。[②]

当卢曼声称从农业社会到工业社会的变迁就是从纵向不平等的分层分化到平等的功能分化的时候，他显然对这一断裂给予了过高的估计。人类的平等是不可能一蹴而就的，当人类从纵向的立体等级结构走向一个新结构时，它不可能突然间实现了社会的完全平等化，这个新结构只能是部分地实现了平等。而就工业社会的现实来看，这就是立体结构在形式上扁平化了，但在这个平面上依旧存在中心，中心与边缘之间依旧存在实质的不平等。例如，当农业社会的“政府”(实际上是统治阶级)从立体结构的顶端走进工业社会的一种新结构时，它更合理的去处是扁平结构中的中心位置，而不是与其他单元一样平等地融于整个社会之中。例如，在一

---

① Kamenka, Eugene. *Bureaucracy*. Oxford; Cambridge: Basil Blackwell, 1989. p. 2.

② 弗雷德·W. 里格斯(Fred W. Riggs)就是在这种观念下进行研究并得出结论：从农业社会到工业社会的过渡阶段是一种棱柱形结构，参见 Riggs, Fred W. *The Ecology of Public Administration*. New Delhi: Asia Publishing House, 1961。

定意义上，我们可以说："就代议制的结构而言，有限地继承了农业社会等级结构的形式，因而，它会以一种代表性设置的形式出现。"①也就是说，到了工业社会，农业社会之治理结构的部分遗产依旧发挥着某种影响力。然而，卢曼并没有注意到从等级结构向中心—边缘结构的变迁，他写道："我们生活在这样的社会中，它不能代表其内部的各个单元，因为这与功能分化的逻辑相悖。我们生活在一个没有上层(top)，也没有中心(center)的社会。"②显然，卢曼混淆了"上层"与"中心"之间可能的差异，认为农业社会中同时存在着这两者，同时声称这两者在工业社会都消失了，实现了他所谓的完全平等的功能分化。

从方法的角度来看，之所以指出第一个方面(强调"断裂")与第二个方面(强调"延续")之间的差别，是因为要对我们采用的三阶段框架进行补充性的说明。也就是说，作为研究者，我们必须对自己所采取的视角可能存在的缺陷有所认识，并对其可能导致的问题加以说明。当我们一旦接受农业社会—工业社会—后工业社会的三阶段分类时，它就存在一种倾向，一种过度强调不同社会间"断裂"的倾向。任何分类方法(例如不同政体的划分、资本主义与社会主义的划分)都存在这个风险，即一旦分类产生，研究者就会过度强调不同类别之间的差异(而非相同点)，似乎只有这样做才会让起初的分类显得合理。因此，在三个历史阶段的分析框架下，为了避免这种倾向的极端化，我们还须努力看到不同历史阶段之间的相似性，以及哪些因素在历史的变迁中保留了下来，并且持续发挥着作用，尽管其作用的方式和程度可能不同。或者说，用本研究的结构概念来说，在努力区分农业社会的立体结构与工业社会的中心—边缘结构之间的差异时，我们还须注意，在这一结构的变迁中，立体结构的哪些因素遗留了下来，并且促成了工业社会的中心—边缘结构。正是考虑到这一点，我们说，当不平等的立体结构崩塌后，新的社会所呈现出的是部分平等的中心—边缘结构，而不(会)是某种完全平等的结构。

---

① 张康之：《公共行政的行动主义》，南京：江苏人民出版社2014年版，第150页。

② Luhmann, Niklas. "The Paradox of System Differentiation and the Evolution of Society." In *Differentiation Theory and Social Change: Comparative and Historical Perspectives*, edited by Jeffrey C. Alexander, and Paul Burbank Colomy. New York: Columbia University Press, 1990. p.16.

# 第 3 章　政府—社会的中心—边缘结构

在对农业社会的治理及其结构进行粗略的探讨后，从本章开始，我们正式进入工业社会的治理结构这一主题。正如在导论中所交代的，我们需要选择几个具体的治理议题展开更为细致的讨论，继而才可能合理地推导出有关工业社会治理体系之结构的总体性结论。前工业社会的混沌似乎也决定了我们无法轻易划分出几个领域进行分别讨论（至少对这种做法应当保持谨慎），而相比之下，工业社会在权力、领域和组织等层面的分化也使得我们区分几个议题以进行分别讨论的做法变得合理化了（尽管这种人为划分也存在缺陷）。我们的讨论将从政府—社会关系这个重大议题开始。

## 3.1　政府与社会的分立

### 3.1.1　概念厘定："政府—社会"与"国家—社会"

国家（政府）与社会的关系几乎成了所有讨论政治和治理问题的学者都必须认真对待的话题。我们在本研究中指出，工业社会中的政府与社会在治理中表现出的是一种中心—边缘结构，但在进入这一讨论之前有必要对"国家—社会"与"政府—社会"这两个十分流行的简化标签加以讨论。正如我们在前文论及的，在人类进入现代社会以来，国家与政府的概念及其所指已经从前现代社会的混沌一体中实现了分化，但许多人在使用概念时仍将二者相混同，这就使得在讨论其与社会的关系时也产生了"国家—社会"与"政府—社会"两组标签，研究者通常不会对其加以区分，读者也容易对此产生混淆。[1]

就政府的概念而言，政府有时被直接而简单地理解为国家或国家的统治，此时它主要涉及主权、权力及其分配等政治议题；有时则被（含混地）定义为“对社会进行统治的方法”或“国家的权威性表现形式”[2]，此时它主要指向治理议题或者国家的运行问题。显然，无论是哪一种理解都涉及政府/国家与社会的关系问题，也正是由于政府/国家的概念本身就包含了其与社会的关系的内容，一切关于政府或国家的理论也就不可避免地要讨论这个问题或者说从这个视角去展开分析。但是，严格地讲，关于这一议题的大部分讨论都主要是在后者的意义上阐述政府及其与社会的关系，而不是在前者的意义上分析国家与社会的关系。尽管在实际的分析中，人们很难避开其中一个而只谈另一个。例如，当一些无政府主义者呼吁用治理的或事务性的“政府”概念去代替政治的“政府”概念（相当于“国家”）时就包含了这种意涵，尽管这种呼吁被哈罗德·巴克利贬斥为文字游戏[3]，但它确实反映出了国家与政府这两个概念的不同侧重点。

另一种区分是就治理本身而言的，在其中，我们可以区分出狭义和广义的政府。狭义的政府仅仅指权力中的行政部分，而广义的政府则包括所有立法、行政、司法等国家机关。我们在这里关于政府与社会关系的讨论中会同时涉及这两个层面的政府概念。例如，当我们说政府—社会的关系是一种中心—边缘结构时，既可以指广义的政府，即国家权力机关或者掌握国家权力的少数人占据的治理结构的中心位置，甚至在工业社会的大部分时间里，它们都是治理的唯一主体；但也可以指狭义的政府，尤其当我们在讨论行政权力和机构的扩张问题时，当行政权在与其他权力的博弈中占了上风，或者说在行政部门是工业社会官僚化的典型形态的意义上，我们也可以说，行政部门成了社会治理结构的中心。

从国家的概念来看，它既可以指包含主权、政权机关、领土、人民等要素在内的

---

① 正如有学者在讨论国家/政府与社会的关系时指出的，“‘国家’有时与‘政府’相混用，尽管两者的概念并不完全一致”，见田野：《国际制度与国家自主性——一项研究框架》，《国际观察》2008 年第 2 期。

② 参见[英] 戴维·米勒、韦农·波格丹诺主编：《布莱克维尔政治学百科全书》，北京：中国政法大学出版社 1992 年版，第 295 页。

③ Barclay, Harold. *People Without Government*. London: Kahn & Averill, 1982. p. 27.

政治实体,或是政治理论家讨论其中某些要素时所使用的政治概念,也可以在狭义上指“国家机关”或“国家统治机构”,等等。部分正是由于国家概念的异常模糊,我们以国家与社会的关系作为标签展开讨论时,并不能清晰地获悉其内涵与范围。事实上,我们在“国家与社会”标签下看到的大部分讨论都主要是指在治理意义上的政府与社会之间的关系,这样一来,直接采用“政府—社会”而非“国家—社会”的词组来概括相关讨论,可能更为恰当。尤其是就本研究所讨论的治理结构而言,它旨在探讨治理主体在结构中所处的位置。此时,能够作为一国治理体系中的治理主体存在的就只能是“政府”而非“国家”;只有在讨论国际治理问题时,国家才能成为一个治理主体。尽管事实上,政府在工业社会中确实垄断了治理而几乎成了唯一的治理主体,但在理论上,政府仅仅是整个(广义)社会实现治理秩序的工具,社会及其成员才是主权者和治理者。尤其在20世纪中后期,随着人们对工业社会治理之问题的反思与批判,社会自治、多中心治理等理论的出现则明确地将社会作为治理主体的地位凸显了出来。因此,我们认为,对于这一主题更准确的表述就应当是“政府与社会的关系”。只有当我们讨论诸如社会从早先的一体化状态中或者说从国家中分化出来等问题时,才能恰当地使用“国家”与“社会”这对词语。尽管有学者将“The State-Society Relations”一律译为“政府与社会的关系”而非“国家与社会的关系”的主张①显得有些极端,但是它确实恰当地指出了在国内外学术界都普遍存在的对国家与政府两个概念的误用,也指出了我们在进行相关讨论时在概念上应有的严谨。

### 3.1.2　政府与社会的分立

大约在14世纪,市民社会在欧洲一些国家出现,即市民在绝对国家的形成过程中组成了某种具有共同利益诉求的市民社会,并逐渐与国家对立起来,“市民社会的生成打破了传统社会的混沌状态,形成国家与社会分立的二元格局”②。

与任何二元分立形成的过程一样,社会成员由于共同的利益向国家提出要求,

① 袁方成:《“政府与社会”:“The State-Society Relations”的一种继替性表达》,《社会主义研究》2007年第3期。

② 张康之、张乾友:《对“市民社会”和“公民国家”的历史考察》,《中国社会科学》2008年第3期。

也在与国家的对立中逐渐强化了自身这个结合体的内聚力。然而，关于社会与国家/政府分立的理论经历了一个相当长的过程。当雨果·格劳秀斯等人在16世纪提出某种可以被称为“社会先于政府”的观念时，我们可以说政府与社会在理论上已经开始了分化的进程，尤其当约翰内斯·阿尔色修斯和塞缪尔·普芬道夫提出双重契约——一个契约是个体结成社会的契约，另一个契约是从社会中形成政府的契约——的时候，这种分化就更加明显了。但是，此时的分化还并不意味着明显的对立状态，因为“即便格劳秀斯和普芬道夫也认为，‘服从契约’就是设立专制权力，从而社会便丧失了对抗该权力的合法资源”[①]。正如我们在讨论农业社会的等级特征时提到的，即使在16世纪反抗权的提法已经较为流行时，它与人民服从的义务之间也并没有什么特别的冲突，无论是在思想家还是人民那里，二者是可以相互兼容的。17世纪末的约翰·洛克是人们关于这一分化最常提及的先驱式人物，有学者就将他的主张称为一种“洛克式的‘社会先于国家’或‘社会外于国家’传统”[②]，但即使洛克也表现出了某种分化的不彻底性，尤其反映在他关于“政治社会”(political society)与“市民社会”(civil society)概念间的模糊上，这一模糊性也导致了他关于政府与社会区分的模糊性。例如他在关于政治社会起源的论述一开始就说道——这也是后人最常引用的句子——“任何人放弃其自然自由并受制于公民社会(civil society)的种种限制的唯一的方法，是同其他人协议联合组成为一个共同体”[③]，此时，他到底指的是国家、政府、社会还是多元共存的某种混合体，后人总是莫衷一是。正如萨拜因指出的，洛克一直未能明确指出他所说的由契约组成的那个东西到底是社会还是政府，我们能够明确的仅仅是，洛克强调了个体成员缔结契约的重要性，但不能十分确定他是否认真表达了——如双重契约论那样——政府与社会间的某种对立。[④] 而到了潘恩那里，这种分立更进了一步，潘恩

① 泰勒:《市民社会的模式》，载邓正来、[英] J. C. 亚历山大主编《国家与市民社会——一种社会理论的研究路径》，北京：中央编译出版社1999年版，第13页。

② 邓正来:《关于“国家与市民社会”框架的反思与批判》，《吉林大学社会科学学报》2006年第3期。

③ [英] 约翰·洛克:《政府论》下篇，叶启芳、瞿菊农译，北京：商务印书馆1996年版，第59页。中译本将“civil society”译为“公民社会”，但更确切的译法应当是“市民社会”，关于这一争论，可参见张康之、张乾友:《对“市民社会”和“公民国家”的历史考察》，《中国社会科学》2008年第3期。

④ 参见[美] 乔治·萨拜因、托马斯·索尔森:《政治学说史》下卷，邓正来译，上海：上海人民出版社2009年版，第217—220页。

的论述不仅像之前的思想家那样表明了“社会与政府组成了两种不同形式的人类群体，它们对个人而言具有不同的法律和伦理原则”，而且“它们代表了人类经验中道德的两个极端”。[①] 其实，即使在潘恩的时代，这两个概念的区分仍然不是那么明晰，因此，在《常识》的开篇，潘恩就说“一些作者混淆了社会同政府的概念，使得两者变得没有什么差别，甚至完全没有差别”[②]。

无论如何，正如一切理论上的分类学说一样，尤其是对于任何一种二元论的理论观念而言，强调二者的分离甚至是对立都是十分常见的，在理论与实践中都是如此。政府—社会的二元框架更是如此，尤其是基于这一框架对其中的政府一方做出批判，几乎成了现代人思考任何治理问题都必须诉诸的基本框架。从现代民主理论的确立，到无政府主义的发展，都可以看作这一二元框架下的产物。当人们无法像一些无政府主义者那样要求完全抛弃政府时，这种框架通常指向某种有限政府的观点，即要求将政府限制在某个范围内，而人们关于大政府—小社会还是小政府—大社会的争论更是清晰地反映了政府与社会之间的对立关系。当然，考虑到这些理论产生的背景，这种观念是可以理解的。在政府与社会对立的框架中，从社会一方来看，政府可能产生的集权及其(可能)带来的对权利的损害是社会对政府的总体印象和主要担忧，因此如何尽可能有效地将政府权力限制在某种合理的范围内就成为思考政府与社会关系的主要角度。理论家提出政府应当尽可能少地干预社会，而为社会留出更多的空间，这种论调支撑了大部分的讨论，尤其当政府成为单一的治理主体时，这种担忧就更加可以理解了。同时，在这一二元框架下，人们不仅要求限制政府，而且要求在政府与社会之间划出明确的界线，一个明显的例证就是公共产品—私人产品、公共部门—私人部门等概念和框架在现代人大脑中根深蒂固。这就进一步强化了二者之间的分立甚至对立的状态，也就是说，在政府权力膨胀的倾向面前，社会显然构成了一个(概念上的)整体与另一个整体相抗争。

当然，这里仍然涉及一个概念问题。一方面，我们可以说，政府—社会是从农业社会的立体结构中分别地分化出来的，并走向了彼此对立，构成了现在的政府—

---

① Ward, Lee. *The Politics of Liberty in England and Revolutionary America*. Cambridge: Cambridge University Press, 2004. p. 377.

② [英] 托马斯·潘恩:《常识》，曾尔恕、王铮译，西安:陕西人民出版社 2011 年版，第 2 页。

社会的二元框架；另一方面，人们也可以说，政府是从社会（从自然状态中缔结而成）中分化出自己的。事实上，这两种表述并不矛盾，只是由于概念不同所导致的。前者，即政府—社会二元框架中的“社会”取狭义的社会之义，它是与政府相对的社会；后者则使用的是广义的社会之义，正如本研究所使用的“社会治理”概念中的“社会”一词一样。当我们在社会治理结构中讨论政府—社会的中心—边缘结构时，我们是说，在整个（广义）社会的治理结构中，政府在“中心”而（狭义）社会在“边缘”，作为与政府分立的（狭义）社会是被边缘化了的，社会的运行围绕着政府这个中心而进行。政府—社会的中心—边缘结构并不是说政府已经融于整个（广义）社会之中了。相反，正如我们将在后文中指出的，工业社会“政府—社会”关系的中心—边缘结构的问题恰恰在于，政府仍然是独立于社会之外的，甚至用日常用语可以说，就其表现出的权力、强制等特点而言是“凌驾于社会之上”①的。也就是说，在这个中心—边缘结构中，作为中心的政府与作为边缘的社会之间存在一条界限，正如所有中心—边缘结构的中心与边缘之间都存在明确的界限一样，政府独立于（狭义）社会而存在。对于未来的社会治理形态，我们也许可以说，政府应当像一种冶场一样存在于社会之中，不是被（狭义）社会围绕的“中心”，而是融于或嵌入（广义）社会之“中”。我们批判工业社会的中心—边缘结构，正是要让政府真正回归（广义）社会之中。这就部分——只是部分——回到了启蒙思想家的理想那里，既然政府产生于社会，那么就不应当在其自我建构以及与社会的分立甚至对抗中逐渐偏离这一起源。

## 3.2 政府与社会之争

### 3.2.1 政府主导 vs 社会主导：超越政体类型的视角

由于对政府与社会对立关系的特别强调，“政府—社会”这一二元分析框架在

① 这仅仅是我们的日常用语，它反映的是政府脱离于社会大众的情形，而在治理结构的意义上，工业社会的这种“凌驾”与农业社会那种上下等级或立体结构完全不同，而是一种中心—边缘结构。

结果上的一个自然延伸就是，是政府还是社会赢得了这场对立，相应的也就存在着可以称之为“政府主导”与“社会主导”两种流行的主张。这些主张广泛存在于以政体分类为代表的诸理论之中。其中，人们将那些明显的由政府支配社会的政体模式同那些所谓民主政体模式区分开来，因为人们大约感觉到，政府主导的论调对后者并不适用。在各种类型的划分中也就出现了所谓的“政府中心主义”“政府控制”“政府主导”“政府本位主义”等称呼，以及与之相对应的“社会主导”“社会中心主义”“society-centered”，等等。例如康晓光等人对“国家与社会”的关系就做了几种模式的划分，包括“公民（市民）社会”“法团主义”“公民（市民）社会反抗国家”“行政吸纳社会”和“全能主义”。[①] 从国家与社会的权力分配上来看，这些众多模式就被粗略地归为两类：政府（国家）主导与社会主导。前者主要指向极权主义与一些权威主义政体，而后者则主要是指“自由民主主义”政体，至于其中的“公民社会反抗国家”，则被视为一种国家与社会势均力敌的形势。如果使用中心—边缘结构里的“中心”一词，我们或许也可以将这两类称为“社会中心”[②]与“政府中心”。因此，在我们论述政府—社会的中心—边缘结构时，也有必要对这些理论争论做说明。

细致地看，我们会发现，类似的结论是由研究者选择的研究视角所决定的。如果研究者关注一定时期内各种具体国家之间的差异，那么走向一种政体分类的理论将是必然的，即将那些在特定指标上具有相似表现的国家归为一类，并赋予其一个类型名称。从政府与社会关系这个常用的角度出发，也就自然会区分出政府主导与社会主导两个大的类型，但正如我们在讨论分类方法时所指出的，在我们采取

---

① 参见康晓光、韩恒、卢宪英：《行政吸纳社会——当代中国大陆国家与社会关系研究》，新加坡：世界科技出版公司 2010 版，第 295 页；康晓光、韩恒：《分类控制：当前中国大陆国家与社会关系研究》，《社会学研究》2005 年第 6 期。当然，正如我们在引述莫斯卡的统治阶级理论时所说明的那样，这里同样需要指出的是，康晓光等人的旨趣并不在于对个别概念的分析上，因此未对“国家主导”与“政府主导”，“市民社会”与“公民社会”等用语做区分，其旨趣也不在于对其他模式的分析上，而主要在于对中国实践的探讨及其理论化方面，尤其考虑到诸如“市民社会”与“法团主义”这些源自西方话语的概念和理论很难适应中国的事实。

② 这种理论占据了美国 20 世纪五六十年代的政治学与社会学的主流，尤其在那些多元主义论者和结构功能主义者那里更为流行，参见 Scocpol，Theda，“Bringing the State Back in：Strategies of Analysis in Current Research.” In *Bringing the State Back In*，edited by Peter B. Evans，Dietrich Rueschemeyer，and Theda Skocpol. Cambridge：Cambridge University Press，1985. p. 4。

任何形式的分类方法时都必须谨记分类方法及其理论产物可能包含的弊端或劣势。一旦当政府主导与社会主导这两个类型在理论上被确定下来，研究者将很自然地产生一种倾向：努力从某个国家的现实中寻找符合其特定类型的证据，例如从他们认为是社会主导的国家那里寻找社会发挥治理功能的依据，而相应地忽略了同一国家中政府的威力，或者将其解读为社会限制的结果；反之亦然，从他们认为是政府主导的国家那里找寻政府支配和控制社会的依据，而低估这些国家中社会的治理功能。显然，理想的（也可以说是科学的）分析方法应当是，在没有任何理论预设的前提下观察尽可能多的国家和尽可能多的社会现实，然后从中总结提炼出相应的类别。然而，现实是许多分类理论或观念（例如集权与民主）已经成为一种预设，类型一旦确立，复杂的现实本身被置于一旁，甚至连理论类型与现实之间的对应关系都被放到了次要的位置，即人们很少怀疑将某种现实归为某个特定类型的先验做法是否恰当，研究者所要做的只是寻找支撑原有对应关系的证据，或者说，以这一类型理论作为筛子去筛选现实，而不是相反。与此同时，多个类型概念之间的比较/对立关系也就成了思考和论述的关键，研究者尽其所能展示不同类别之间的差别，各类型概念之间的界限越来越明晰，人们随之误以为其对应的社会现实之间有着同样的清晰界限。就社会主导与政府主导的类型而言，我们有理由怀疑，社会主导的理论更多可能是在与政府主导的比较之中确立起来的，而较少是从关于某个国家内部政府与社会关系的考察和分析中产生的。如果这种怀疑是合理的，那么政府主导与社会主导的分类理论及争论在本质上就偏离了政府—社会的分析框架。

对这一类型理论的合理质疑将我们引向了探讨政府—社会关系的其他的可能视角。例如，如果研究者不是将注意力放在若干具体的社会形态上，而是关注某一特定历史阶段的总体特征，在具体分析中就是考察这一时期内各个国家之间的相似性而非差异性，那么对具体国家所做的政体分类理论及其产生的关于政府与社会到底谁是主导的争论就是不适用的（并不一定是错的）。这样一来，我们就不能依赖于单个具体国家或者被归为某一特别政体类型的多个国家，而是需要更为宏观的概念单位，这一单位是在历史的纵向维度中得出的，而不是在对国别的横向比较中获得的。例如，“工业社会”的概念单位就具有这种特质，它的比较对象是纵向历史中的前工业社会与后工业社会，而不是横向现实中的具体社会形态。它是一个更具包容性的概念，容纳了人们习以为常的诸如资本主义社会与社会主义社会等具体形态。正如阿隆所言，在将“社会主义和资本主义对立起来之前，应该先分析两者的共同特征”，“这样就使我们创造出工业社会这个关键性概念”。[①] 也就是说，“工业社会”的分析单位要求我们更多关注被划分为资本主义社会和社会主义社会的（由于被置于工业社会中所具有的）相似性，而非差异性，它符合我们上述提到的宏观视角。透过这一视角，从经济的维度看，人们已经普遍认识到，资本主义是自由市场而社会主义是计划经济的简单化处理是不恰当的，因为二者在某种程度上都存在一定程度的中央计划和市场化特征。从政治的维度看，当罗森伯格说“无论我们生活在最具集权特征的专制体制中，还是最自由的民主体制中，我们都在被某种官僚制强大地统治着”[②]时，他所采用的就是这种视角。同样，就政府—社会的关系来看，在“工业社会”的概念和视角下，所谓社会主导与政府主导的区别和争论也就不是想象中那样绝对了，而是需要我们的重新审视。

如此一来，理论探讨的目标就是，关于工业社会的政府与社会关系，我们还能否得出某种统一的判断或结论，它适用于工业社会中的所有（或大多数）具体形态。基于这一视角，我们可以提出如下有待讨论的假说：在工业社会的治理实践中，总是政府居于中心位置而社会处于边缘位置，此时的政府—社会关系是一种中心—边缘结构，只是二者互动的方式或程度在具体的不同政体或不同国家中（可能）有所差别。

### 3.2.2　政府主导 vs 社会主导：理论与现实之别

如果同时借鉴罗森伯格与莫斯卡的表述，我们也许可以这样表述本章希望达成的结论：在工业社会的所有具体形态中——从那些最具集权特征的，直到那些声称最自由的——都存在两个部分：一个是占据中心的政府，另一个是被边缘的社

---

① ［法］雷蒙·阿隆：《阶级斗争——工业社会新讲》，周以光译，南京：译林出版社 2003 年版，第 4 页。

② Hans Rosenberg, *Bureaucracy, Aristocracy and Autocracy: The Prussian Experience, 1660 - 1815*, Boston: Beacon Press, 1966, I.

会，后者被前者“以多少是合法的、又多少是专断”的方式所控制。[①] 具体形态的差异可能就在于程度的“多少”之中，但该视角及假说的重点并不在于具体形态间的差异，而是它们之间的共性。显然，要达成这一结论，那些关于“社会主导”的理论将成为我们主要的对手，因为用“政府主导”的理论观点来支撑一个有关政府是中心的论点是显而易见的。这样看来，论述的主要任务就变成了，那些关于政府支配社会的主张或批判是否也适合——或者在哪些意义上也适合——所谓的民主自由政体；反过来，那些从所谓民主自由政体中得出的“社会主导”的观点在哪些意义上是不真实的或不合理的。显然，论证这一理论假说的方法和角度有许多种，我们在此仅提供一种初步的尝试：尽管许多政体或国家在理论上是由社会主导的，或者将社会主导视为某种追求，但在治理的实践中，政府仍然处于中心的位置。

将西方市民社会对抗国家视为一种既定的胜利事实，在这个方面，似乎非西方人士——尤其是那些宣扬和希望引进市民社会理论的人——比西方学者有着更大的热情。查尔斯·泰勒清晰地说道，在“东方的”眼中，他们认为“在西方已经有一个市民社会了”，而且这个市民社会还异常兴盛。对此，泰勒轻蔑地回应道，尽管在一定意义上可以说，“市民社会是某种我们*拥有*（斜体为原文所加）的东西(something)”（显然，这一表达显示，泰勒对这种所谓的事实十分轻蔑），但在其他意义上，市民社会“只是一个我们用来抵抗现代民主政府而需奋斗的目标”。[②] 也就是说，我们必须在市民社会以及所谓“社会主导”——无论在西方还是非西方国家——是一个应然的奋斗目标还是既定的经验事实之间做出明确的区分。或者说，市民社会与“社会主导”是否仅仅是一种可欲的但在现实中常常缺失的形态？对于那些热衷于模仿西方市民社会的人而言，他们更倾向于将其视为一种既定的事实，或者用泰勒的话，是一种可以借鉴的“市民社会的模式(model)”。所谓模式，即具有可复制性和迁移性的范本。相较之下，少数学者则对此持谨慎的态度，例如康晓光等学者在讨论市民社会理论对中国现实的适应性问题时就指出，我们应当在“应然”（应当追求的目标）、“实然”（对未来趋势的判断）和“经验”（当前的现

---

① 莫斯卡的原句参见[意] 加塔诺·莫斯卡：《统治阶级（政治科学原理）》，贾鹤鹏译，南京：译林出版社 2002 年版，第 97 页。

② Taylor, Charles. “Modes of Civil Society.” *Public Culture* 3, No. 1 (1990): 95 - 118.

实状况）三种不同的意义上看待这一问题。[①] 这种区分不仅对中国这样的后发国家重要，对市民社会作为一种运动似乎已经取得某种"成功"的西方国家同样重要，进而对于我们重新认识市民社会以及政府—社会关系都有着重要意义。

事实上，我们看到，无论在中世纪后期开始萌芽的市民社会，还是启蒙时代思想家所讨论的（略有不同的）市民社会，或是在19世纪与20世纪之交发生的所谓（另一个）市民社会的复兴，市民社会一直以来都只是作为一种对国家的强权暴虐所做的回应，人们"诉诸市民社会理念，试图对国家与社会间极度的紧张做出检讨、批判和调整，以求透过对市民社会的重塑和捍卫来重构国家与社会间应有的良性关系"[②]，但是，这种斗争更多的是观念层面的斗争以及诉诸观念斗争的现实抵抗，在工业社会日渐成熟并远离那个革命年代的时期，这种对立在多大程度上成为现实中的政府—社会之争则是一个值得深究的问题，更不用说现实斗争的结果如何了。如果我们可以说，"国家在消解市民社会的同时却无力根除市民社会的观念"[③]，那前者指向的正是一种现实，即政府依旧支配社会的事实，而后者只是一种观念冲突。考虑到这一点，我们就无法根据观念之间的斗争来声称市民社会的现实胜利，或者将其称为"社会主导"，因为"主导"显然是关乎现实的判断，甚至也很难退而求其次地声称——如法团主义那样[④]——市民社会与国家在现实中的对抗。在现实中，至少在大部分时间里，无论是哪种政体、哪个国家，工业社会的政府仍然占据主导地位。而（部分）为了避免陷入政府主导 vs 社会主导的争论泥潭之中，我们在表述上可以说，政府处于中心的位置（在后文我们将指出使用"中心"一词更多实质的合理性）。

---

① 康晓光、韩恒、卢宪英：《行政吸纳社会——当代中国大陆国家与社会关系研究》，新加坡：世界科技出版公司2010版，第9页。需要指出的是，这里所谓"实然"和"应然"的区分并非在休谟哲学意义上的概念区分。

② 邓正来：《国家与市民社会——一种社会理论的研究路径》，邓正来、［英］J. C. 亚历山大主编《国家与市民社会——一种社会理论的研究路径》，北京：中央编译出版社1999年版，导论第3页。

③ 邓正来：《国家与市民社会——一种社会理论的研究路径》，邓正来、［英］J. C. 亚历山大主编《国家与市民社会——一种社会理论的研究路径》，北京：中央编译出版社1999年版，导论第4页。

④ 对于"法团主义"，它是否是一种特殊的自我完备的国家—社会关系模式这一点是备受争议的。在泰勒看来，它和所谓市民社会一样，并非独立地存在于某个国家中，而是它们二者共同构成了在某个特定国家中并存的两种机制，即市民社会倾向于向国家施加压力以实现自己的利益，而国家则试图通过法团主义来整合市民社会。

泰勒关于市民社会的讨论的重要意义在于，它所提出的关于市民社会的三个不同限度的概念——尤其是具有较强的操作化的第一和第三个定义——都是从事实层面而非规范层面出发的，包括最宽松的“不受国家权力支配”的定义，第二个“社会作为整体能够建构其自身并协调他们的行为”的定义，第三个“在很大程度上决定或影响国家的政策方向”的定义。[①] 如果以此概念标准来对照现实，西方自由民主国家同许多其他国家一样都符合最宽松的定义；而在后两者的标准下，西方自由民主国家又同其他国家一样都不怎么符合！现实情况是，一方面，我们必须看到，那些在政策制定中能够被政府咨询甚至在一定程度上影响政策的社会组织通常都是强势团体；另一方面，与其说某些社会团体影响了政府决策，不如说政府与那些强势社会组织一道在制定政策，共同占据着治理的核心角色，所代表的仍然是特殊的利益而非普遍的公众利益。如此，关于某些国家已然是“社会主导”的判断就是值得商榷的。从反证法的角度看，如果“社会主导”在部分工业社会已经成为现实，那么我们（包括那些自由民主政体中的人们）就无须继续政府—社会关系的争论，无须再去寻找关于政府与社会的其他理论。然而，事实恰恰是，无论在独裁的、寡头的、威权的社会中，还是所谓民主的社会中，政府都被社会反抗、贬斥、极端地不信任甚至有时以冷漠和失望对待。也就是说，工业社会中的政府根本没有实现人们在推翻农业社会之初所怀有的理想。启蒙思想家努力去证明广大社会成员应当、必须而且能够决定社会事务，但这些理论的流行以及这些根深蒂固的观念往往让人们误以为人民事实上已经如此，尤其是定期选举这类（形式化）事实也许更加深了人们的这一印象。因此，关于社会在政府—社会治理结构中的位置，我们必须在现实的与规范的层面之间加以区分。当然，市民社会（包括理论与现实）的无奈是容易理解的，这种无奈从泰勒的一个模糊定义中表现得非常明显，市民社会“包括社会生活中那些不能被国家吞噬的方面”[②]。也就是说，市民社会总是以防守的姿态去应对强势的国家（政府）。而人们的理想，或者说市民社会理论家的理想却是，市民社会的力量不仅成为某种在特殊时刻对抗强势政府的武器，也应当成

---

① 泰勒：《市民社会的模式》，邓正来、［英］J.C.亚历山大主编《国家与市民社会——一种社会理论的研究路径》，北京：中央编译出版社1999年版，第6—7页。

② Taylor, Charles. "Modes of Civil Society." *Public Culture* 3.1 (1990): 95-118.

为常态化国家运行中的民主治理的内在组成部分，而工业社会中的人们距离这一目标还相当遥远。

### 3.2.3　政府与社会的强弱之争：一种不同的争论

在有关政府与社会关系的讨论中，或者说，在政府—社会二元对立框架的理论成果中，除了上述争论外，另一个与之相关却有所不同的争论则是国家（或政府）与社会的强弱关系之争。这一争论的一个最大不同在于，关于强弱的讨论有时是在明显的国家"结构"的概念或视角下进行的（部分地是因为这些讨论多见于国际关系领域而非政治理论家那里），而上述关于政府主导 vs 社会主导的争论却很少明确地提出结构的问题。因此，在我们关于治理结构的研究中有必要对其做单独的讨论，目的则在于阐明我们为什么——在治理结构研究中——要拒绝这一分析框架及其理论成果。

彼得·卡赞斯坦（Peter Katzenstein）直接将国家与社会的关系称为"国内结构"，进而区分出国家—社会的强弱模式。他将法国称为强国家—弱社会，而将美国称为弱国家—强社会，并认为它们构成了两个类型各自的典型形态，其他发达工业国家的国家与社会关系则处于这两种典型之间，但是，他所谓美国的强社会无非是一种多元主义的观点，即美国不像法国那样权力集中于一个强大的国家机构中，美国在中央与地方之间是分权的，在平行权力中也是分权制衡的，其"个人平等不是通过公民遵从一个强大的公共权威来实现，而是通过对公民的个体自主性的保护"①。以此为标准即声称美国是强社会，未免是对"社会"一词误读了。分权绝不意味着国家（政府）是不强大的，反过来，利益集团的强大就意味着民众的利益得到了保障，进而推导出社会强大的逻辑显然也是站不住脚的。相反，这些恰恰表明了政府的支配地位，利益集团尽管有相当的影响力，但是它们无论如何都不是最终的政策制定者，必须通过影响决策者来实现其利益。我们可以说它们与政府一道居于中心的位置，或者更准确地说，它们离政府这一中心很近。而那些无组织的社会

① Katzenstein, Peter J. "International Relations and Domestic Structures: Foreign Economic Policies of Advanced Industrial States." *International Organization* 30, No. 1 (December 1976): 1 - 45.

大众的利益无法得到真正的保护，在这个意义上，社会仍然是“弱”的。同样，为了避免争议，我们使用社会处于“边缘”的表达。也就是说，在权威内部看是分散的、相互制衡的，但是这些权威者共同居于中心的位置。这样一来，美国的所谓“个人平等”仍然是“通过公民遵从于”一个“公共权威”得到实现或表达的，尽管这种权威是分散的。最后，作者也承认这种区分的界限在逐渐模糊化，他说法国的利益集团也在逐渐发挥更重要的影响力，“但它仍然处于次要的地位”，“法国国家渗透了社会，但同样重要的是应当注意到，社会接受这个国家”。这些评论对于美国又何尝不是呢。

显然，像卡赞斯坦那样，对政府与社会关系做出强弱的判断过于粗糙，尽管这种简单化表达已经成为人们描述政府—社会关系的常用语，甚至成为一些人思考未来社会治理问题的框架。托马斯·里斯-卡彭(Thomas Risse-Kappen)就批评卡赞斯坦基于组织能力对国家与社会之强弱关系的区分过分简单化，而且混淆了结构与结果。他进而提出了一个更为著名的“国内结构”(domestic structure)定义，即“国家政治制度，社会结构(societal structures)以及将二者联系起来的政策网络”[①]。卡彭从这三个维度区分出六种类型，即国家控制型(state-controlled)、国家主导型(state-dominated)、僵局型(stalemate)、社团主义型(corporatist)、社会主导型(society-dominated)以及脆弱型(fragile)。[②] 类似的，安德鲁·考太尔和詹姆斯·戴维斯也认为，“国内结构”是指“决策权威的组织情况与国家—社会(state-societal)的关系图景”[③]。前者是指，就某项事务的不同决策主体的权威分布情况，可分为分权与集权；后者则强调有关社会参与的制度安排，可分为疏远(distant)与紧密(close)。如果社会被从决策中排除就属于“疏远”，而被包含就属于“紧密”。他们以此为标准区分出四种类型。这些有关政府—社会关系的分类理论考虑了政策网络尤其是社会大众参与政策的维度，这显然比卡赞斯坦的粗线条做法更为精

---

① Risse-Kappen, Thomas. *Bringing Transnational Relations Back In: Non-State Actors, Domestic Structures and International Institutions*. Cambridge: Cambridge University Press, 1995. p. 20.

② Ibid., p. 23.

③ Cortell, Andrew P., and James W. Davis. "How Do International Institutions Matter? The Domestic Impact of International Rules and Norms." *International Studies Quarterly* 40, No. 4 (1996): 451-478.

细。与一些市民社会理论者未区分实然与应然的情况相比，这些理论主张确实明确提出了治理现实的问题，那就是将政府政策纳入对政府与社会关系的讨论之中，但其不足在于，它们未能在形式与实质之间做区分。关于社会成员参与政府的政策制定，我们还要问：他们是否真正影响政府决策，在多大程度上影响政策，政策执行的过程是如何与公众互动的，政策执行的结果在多大程度上实现了社会成员的利益，等等。仅仅从社会参与的制度安排上就能区分出社会的强与弱仍然无法反映真实的政府—社会关系，尽管它比简单地从集权—分权的角度定义这一关系的做法前进了一步。我们将在后文指出，诸如社会参与这样的制度性安排仍然属于工业社会治理的管理属性的框架，政府作为管理者提供形式化的参与机制无非是为了赋予政府决策某种合法性，为了增强社会成员的参与感，以缓解社会矛盾。政府甚至“会在一些具体的问题上听取甚至接受被管理者的意见，会通过接受被管理者的参与而优化管理”①，但是这种情况在多大程度上改变了社会在治理结构中的边缘位置则需要更多的讨论。另外，与任何其他的分类理论一样，这些对国内结构的不同模式的分类理论存在同样的问题。我们比较不同国家时确实可以看到，社会参与的制度安排在某些国家要比另一些国家更为普遍，但是，据此认为社会在总体上就比政府“强”的论调是值得怀疑的。

简言之，尽管有关政府与社会孰强孰弱的争论与政府主导 vs 社会主导的争论有所不同，但上述国家差异—国家共性和理论假定—治理现实两个方面的问题都提示我们可以对这些老生常谈的讨论重新展开思考。当我们超越政体类型理论而寻求不同国家形态之间的共性时，或者当我们特别关注理论家(也包括实践者)的假定、诉求或努力与现实情况之间的差别时，我们也许能得出有关政府—社会关系的不同答案。当然，需要再次强调的是，我们并不是要终结政府主导 vs 社会主导的争论，这一争论无论就其理论价值还是现实意义而言都是至关重要的。但是，我们应当对这一争论保持足够的谨慎，尤其当政府—社会之争已经成为一种时髦的甚至主流的思维模式时。当我们由于深信类型理论陷入政府与社会孰胜孰负的争

① 张康之、张皓：《在后工业化背景下思考服务型政府》，《四川大学学报(哲学社会科学版)》2009 年第 1 期。

论时，我们也许可以跳出这一思维，至少为其他的研究视角留下一定的空间。

## 3.3 政府—社会的中心—边缘结构

如果说上一节是“破”，即评述政府主导 vs 社会主导等囿于具体社会形态的争论，那么本节将是“立”，即尝试提出政府—社会的中心—边缘结构的主张。

### 3.3.1 治理结构视角下的政府—社会

作为一种试图证明政府处于中心位置的理论，尤其如果读者将“中心”简单理解为“主导”或强权等意思时，要去证明政府之于社会的权威、权力、强制、控制或暴力等等，是极为容易的，对现代政府加以怀疑和批判的任何主张(无论出自理性分析还是情感化的表达)都可以被用来佐证这种观点。例如，我们完全可以引述无政府主义者的话，政府对社会的治理，或者用更贴切的被动式表达，即社会及其人民被政府的治理只不过是“以公共福祉为托词，在普遍利益的名义下”，“在一切行动和交易中”，“被监视、被检查、被窥探、被引导、被法律驱使、被编号、被管制、被登记、被灌输、被说教、被控制、被核查、被评估、被责难、被命令”，“这就是政府及其所谓的正义和道德”。[①] 然而，构建中心—边缘结构理论的关键则在于，要指出政府在治理结构中所处的“中心”位置与人们在论及相关问题时通常所使用的那些语词之间有着重要不同，或者说，在于阐明前者如何能够更准确地描绘工业社会的治理结构。如果做不到这一点，我们就无需一种新的理论和名称了。也就是说，上文试图说明所谓的社会主导仅仅是一种假设或幻想，进而指出在实际的治理运行中，政府仍然处于主导地位，这只是论述的第一步。论述不应该在这里停止，而是要进一步证明，所谓“政府主导”或“强政府”的称法也并不合适，而应代之以政府—社会的“中心—边缘结构”，尤其当我们声称在讨论社会治理的结构问题时。

正如我们在导论部分讨论结构视角时指出的，既然研究的主题是治理结构，那

① Proudhon, Pierre-Joseph. *General Idea of the Revolution in the Nineteenth Century*, translated by John Beverly Robinson. London: Freedom Press, 1923. pp. 293 - 294.

么真正的结构视角必须回答的核心问题就是结构中的单元的排序，或者更准确的是，结构中的单元所处的位置。那么当我们试图在政府与社会的二元框架中讨论治理结构问题时，就必须明确地指出政府和社会分别处于结构的什么位置。这样一来，关于政府主导与政府—社会强弱关系的讨论与结论就不能令人满意。另外，那些认为政府处于某种等级排序的上层位置的观点，尽管回答了结构问题，却并没有抓住工业社会治理结构的最重要的特征。同时，当我们讨论结构问题时，就必然要采用历史的比较视角，即我们不能在未进行任何与前工业社会比较的情况下就得出结论说工业社会的治理结构是何模样。如果仅仅将政府的某种强势称为"政府主导""等级结构"或其他什么表述，那么它和农业社会的统治又有什么不同？因此，我们认为，无论在农业社会，还是工业社会，政府可以说都处于某种主导地位，但它们的不同在于，前者是等级上下的结构，而后者是中心—边缘式的结构。我们将在本研究中不断强调这一点，即中心—边缘结构中的"中心"位置不同于农业社会立体等级结构中的"上层"位置。

那么，对于那些同样使用了"政府中心（主义）"等类似语词的研究者及其观点呢？这种称法似乎指明了政府所处的中心位置。尽管在一定程度上我们可以借用他们的观点来论证此处所论的政府—社会的中心—边缘结构，但是，必须明确指出的是，这里所说的"中心—边缘结构"与"政府中心"这些表面类似的称呼有着本质不同。一方面，大部分论者根本没有提及结构的问题，没有讨论政府处于治理结构的中心位置的问题，在他们的表述中，"中心"的概念与"主导"、"强势"的用语并没有什么差别；另一方面，对于一个治理结构而言，我们不可能只关注中心而不考虑边缘的问题，也就不能只用中心来定义一个结构及其理论。相反，当彼得·埃文斯(Peter B. Evans)等人说"人们越来越将国家视为一个行动者——尽管受到围在其周围的社会的明显影响，它塑造着社会与政治过程"[①]时，我们隐约看到这种表述同时包含了中心与边缘的某种结构化思想。在这种关系中，政府依旧处于主导地位，因为它"塑造"了社会过程，但同时也应强调社会对政府的"明显影响"。这就

① Evans, Peter B., Dietrich Rueschemeyer, Theda Skocpol, "Preface." In *Bringing the State Back In*, edited by Peter B. Evans, Dietrich Rueschemeyer, and Theda Skocpol. Cambridge: Cambridge University Press, 1985, Ⅶ.

是中心—边缘的结构思维所强调的,我们需要同时关注结构中的所有单元(包括政府与社会)之于结构的不同作用,而非仅仅在结论上指出哪一个单元占据主导地位。控制、强制或主导当然不是工业社会政府所特有的,工业社会的政府的特殊之处在于,用来实现这种控制、强制或主导的单元仅仅是一个部分。尽管在某些意义上也许可以说是最重要的部分,但仅有这些不能构成现代社会,甚至都无法构成现代政府,现代政府还必须包括"让社会利益得以在国家政策中得以表达的制度,以及将非国家行政者动员起来参与政策执行的制度"①。这就是现代政府的重要特性,社会的利益表达等机制不是不重要,如果没有它们,现代政府根本不可能成立,仅就这一点而言,它们的重要性是必须被强调的。正如边缘一样,对于整个中心—边缘结构而言,边缘的重要性是不容忽视的。没有处于边缘的社会,作为中心的政府既没有实现(整个结构的)治理秩序和维护(结构之中心的)特殊利益的现实资源,也缺乏合法性这个对于工业社会治理至关重要的因素。这一特性,并不是在农业社会治理的基础上增添了社会利益表达的制度那样简单,而涉及治理体系及其运行的根本转变,在结构上,就是从一种立体结构向中心—边缘结构的转变。

### 3.3.2 中心—边缘结构中的政府

简单地讲,政府—社会的中心—边缘结构即整个社会的治理是围绕着政府的运行而进行的,或者说,社会治理的实际运作及其结果表现出的结构是一种以政府为中心而社会作为边缘的结构。那么,从中心出发,在这一结构中,作为中心的政府是如何实现对作为边缘的社会的主导或控制的?这种主导或控制方式与前工业社会的统治行政的方式又有什么不同?哪些方面的不同可以合理地引导我们将这种治理结构称为一种中心与边缘结构,而不是等级序列的上下分层或者其他什么结构?

显然,回答这一问题可以从许多角度展开讨论,例如我们在上面论及的中心给予边缘形式化的利益表达机制。如果采用目标与手段这组词语来分析,在农业社

① [美]西达·斯考切波:《国家与社会革命:对法国、俄国和中国的比较分析》,何俊志、王学东译,上海:上海人民出版社 2007 年版,第 30 页。但是,总体来说,斯考切波说:"行政组织和强制阻止是上述国家权力的基础。"

会的统治行政中，我们可以说，不存在现代语境中的手段与目标的分离，因为居于上层的政府/统治阶级可以不择手段地实现自己的目标，而不用特别在意下层被统治者。然而，到了工业社会的治理中，居于中心的政府就必须考虑目标与手段问题。目标与手段的区分不仅是在工业化管理的意义上我们通常需要这么做，更是由于人们认识到了二者之间所存在的长期冲突，这种认识尤其自默顿有关手段置换目标的观点①之后得到了许多讨论。由于在工业社会，政府声称的目标不能再是为特别利益服务，而必须声称为了公共利益服务，也就是说社会治理的总体目标是由整个社会定义的。这一总体目标——虽然模糊——是整个社会治理运行的基本框架，尽管政府在实际运行中可以界定具体的目标。虽然总体目标的设定可以说归于了社会，但实现目标的手段则可以说被合法地赋予了政府这个专门部门。在这个过程中，中心巩固其位置的方式之一就是用手段替换目标，或者具体地说，用中心的手段替换社会的目标，甚至于目标根本不存在了，而剩下的只有手段，继而整个社会治理就变成了“没有目标的手段”②。简言之，政府在理论上被赋予的或者说它自身所宣示的目标被政府的实际运作本身所替换了，如果我们认可这一点，为了理解政府—社会的关系，就必须更加关注政府的行动本身，因为手段已经变成了目标。也就是说，目标与手段的冲突最终导致，即使所有的现代政府，无论出于寻求合法性的理论需要，还是出于麻痹公众的实际需要，抑或确实希望如此，都宣称它们是以服务公众为己任的，也就是说治理应当以社会为核心；但在现实中，政府背离了这一点，形成了以政府为中心的结构。为此，安东尼·唐斯曾说：“整个官僚机构几乎没有忠于整个社会的官员。这是事实，尽管所有行政学教科书以及几乎所有行政管理者，至少都在言辞上奉劝所有的官员要表现出这种忠诚。”③

需要特别指出的是，尽管我们可以怀疑，工业社会的政府表面声称为公共利益

① 默顿在社会失范与官僚组织等议题中都讨论了目标与手段的问题，参见 Merton, Robert M. *Social Theory and Social Structure*. New York: The Free Press of Glencoe, 1963. pp. 131 - 206。

② 吉奥乔·阿甘本有一本著作的标题就是《没有目标的手段——政治学注解》，参见 Agamben, Giorgio. *Means without End: Notes on Politics*. Minneapolis: University of Minnesota Press, 2006。

③ ［美］安东尼·唐斯：《官僚制内幕》，郭小聪等译，北京：中国人民大学出版社 2006 年版，第 118 页。

服务，但实际追逐特殊利益。这种怀疑在现代人看来是再正常不过的，但是，这并不是问题的全部。我们必须看到，有时政府确实出于维护公共利益的良好愿望，然而，由于其所处的中心位置，就其运行和结果来看，最终偏离了这一初衷，甚至被一些利益集团或少数人的利益所裹胁。张康之教授就指出，这与一些人基于利益分析视角所得出的结论恰恰相反，政府并不是从最初就被个别利益所绑架，而恰恰是它的良好初衷加上它所惯用的治理手段使得它在运行过程中有着被特殊利益绑架的可能。[①] 就是说，对于现代政府，在有些（甚至许多）时候，那些对政府良好初衷的质疑也许并不成立。通常而言，这种质疑是人们对政府所表现出来的低效、懒惰或腐败的结果的一种原因解答，或者是人们对政府的普遍不信任造成的，甚至也可能是人们为生活不如意所找的一个理由罢了。法默尔曾说："行政管理的历史充满了计划最终落空的记录，这些计划在开始似乎很有前途，也很受欢迎。"[②]很多时候，行政管理原初的计划是良好的，"很有前途"的，但结果落空了。法默尔将其原因归结为两种：组织在实质上向外部机构而非公众负责以及组织官僚与公众之间存在"权力的不平等这一基本情景"。这种解释是合理的，但至少还存在另一种可能，即对于组织雇员来说，他们并没有在工作中过多地考虑这些实质性内容，并不是在大脑中出现的两类服务目标（外部机构和公众）之间选择了前者，也没有刻意选择和实施这种"权力的不平等"。更多的时候，他们的脑中什么都没有，他们只是按照规则划定的手段去做。政府雇员恪守组织规范（这不仅是外在强加的，也是内化的；是组织对他的角色的期待，也是他对自己的预期），而不愿、不会也就不可能主动地为其管理对象开展行动。

不仅是政府主动做了什么，政府一旦占据结构的中心位置，那就意味着它的不作为也会发挥重要作用，正如托马斯·戴伊（Thomas R. Dye）给公共政策下的定义那样，"公共政策就是政府选择做与选择不做的事情"[③]。也就是说，中心的任何选择都会对边缘产生影响，或者说，在彼得·巴克拉（Peter Bachrach）和摩顿·巴

---

① 张康之：《公共行政的行动主义》，南京：江苏人民出版社 2014 年版，第 205 页。

② ［美］戴维·约翰·法默尔：《公共行政的语言——官僚制、现代性和后现代性》，吴琼译，北京：中国人民大学出版社 2005 年版，第 315 页。

③ ［美］托马斯·戴伊：《理解公共政策》，谢明译，北京：中国人民大学出版社 2010 年版，第 1 页。

拉茨(Morton S. Baratz)看来,中心选运载不作为也是一种权力,即权力的非决策面向。[①] 而无论权力的第一(决策权)还是第二面向(非决策权),权力必然存在扩张的冲动。当我们说工业社会的政府(无论集权的还是民主的)都居于中心位置时,所指的另一个事实就是政府的(也常被表述为公共部门的)扩张。尽管社会在总体上要求限制政府的权力与规模,或者像许多人主张的那样要求一个"有限政府",但是现实中的政府从来没有囿于被要求的那种限度。多个维度(经济的、财政的、政治的、制度的、国际的)的衡量也都证实了这种扩张的存在[②],而且有意思的是,在那些更加热衷于周期性选举的国家中,政府似乎增长得更快,那些存在多个自主官僚机构的政府比集权政府增长得也似乎更为明显[③],这样的发现显然跟所谓自由民主政体中的政府—社会关系是社会主导的理论假说不相符。政府的扩张也成了中心—边缘结构自我巩固的机制之一,尤其当中心在单纯的控制维度方面可能有所弱化时,这就成了中心维持其权力的一种重要方式了。正如有学者指出的,"尽管政府明显丧失了对社会加以控制的有效性,它却比以前更加深入地植入更为广阔的政策领域之中"[④]。也就是说,这是中心—边缘结构区别于农业社会治理的另一个方面,那就是这一结构可以在横向扩散与纵向控制之间进行某种弹性调整。当社会关于分权的要求增加时,政府对社会某些领域的控制能力可能弱化了,但是,它却可以广泛地渗入更多的领域;而当社会要求政府将部分事务完全交给社会时,政府却可以提高在某些特定方面的控制程度和有效性。最终,无论是哪种扩张,作为中心的政府不仅挣脱了有限政府的要求,甚至造就了一种被称为"行

---

① Bachrach, Peter, and Morton S. Baratz. "Two Faces of Power." *American Political Science Review* 56, No. 04 (1962): 947 - 952.

② Cameron, David R. "The Expansion of the Public Economy: A Comparative Analysis." *American Political Science Review* 72, No. 4 (1978): 1243 - 1261.

③ Taylor, Charles Lewis. "Introduction: Multiple Approaches to Measurement and Explanation." In *Why Governments Grow: Measuring Public Sector Size*, edited by Charles Lewis Taylor. Beverly Hills: Sage Publications, 1983. p. 12.

④ Peters, B. Guy, Martin O. Heisler. "Thinking about Public Sector Growth: Conceptual, Operational, Theoretical and Policy Considerations." In *Why Governments Grow: Measuring Public Sector Size*, edited by Charles Lewis Taylor. Beverly Hills: Sage Publications, 1983. p. 184.

政国家”的国家形态。无论行政国家是指狭义的行政权的最大化①,还是笼统地指代国家尤其是官僚制的最大化②,它都表明了作为中心的政府的强势存在。

### 3.3.3 中心—边缘结构中的社会

正如我们在前面指出的,中心与边缘对于中心—边缘的治理结构的运行发挥着作用,这就意味着,我们不仅要考察中心,还要考察边缘。

理论上,尤其对于那些主张社会主导的人来说,政府是满足社会提出的需求的一种机制,然而,实际上,这些需求通常被转化为政府预先设定的各种流程,这是我们上面所论及的手段替换目标的问题。但同时应当看到,中心—边缘的治理结构还有另一个重要的机制,那就是它能够塑造、定义或改变社会的需求与社会对政府的期待。如果说前者关于手段是目标的替代物可以被视为是由中心主动做出的,那么,在一定意义上,后者关于社会对政府的期待与依赖则可以被看作边缘这一方做出的。

与前者相比,后者却通常被忽略了。通常认为,政府雇员在与公众的交会中,公众有着强烈的需求,而雇员仅仅将其视为一个案例而按照既定规程处理,但是,这种方式长此以往——至少在一定程度上——就形塑了公众的需求。“顾客(clients)也许仅仅把他们认为工作人员能给予他们帮助的情形定义为问题。”③这个观点是重要的!也就是说,政府处理案例的方式形塑了公众对问题的定义方式,形塑了公众对政府及其雇员的行为的期待。在此之前,或者理论的通常假设是,公众根据自身的需求以及现实对需求的满足情况来界定问题,然后以此为基准把问

---

① 卡彭关于“国内结构”的界定的第一个指标“国家结构”(state structure)就是指行政权的集中程度,而非整个国家权力机关的强弱,可见行政权之于治理结构的重要性,参见 Risse-Kappen, Thomas. *Bringing Transnational Relations Back In: Non-State Actors, Domestic Structures and International Institutions*. Cambridge: Cambridge University Press, 1995. p. 21 - 22。

② 马丁·克里杰尔(Martin Krygier)在讨论“行政国(administered state)的发展”问题时就是指广义的政府,但他有时也强调行政权的特殊地位。他说,行政国是一种“强权的、层级制的、中心化的行政机构(administrative institutions)”,它是 1500 年以后现代欧洲民族国家成长的一个关键因素,尤其是对于 17 世纪早期的法国和 18 世纪中期的普鲁士王国。参见 Martin Krygier, “State and Bureaucracy in Europe: The Growth of a Concept.” In *Bureaucracy: The Career of a Concept*, edited by Eugene Kamenka and Martin Krygier. London: Arnold, 1979. p. 3。

③ Rubenstein, Hiasaura, and Mary H. Bloch. “Helping Clients who are Poor: Worker and Client Perceptions of Problems, Activities, and Outcomes.” *The Social Service Review* (1978): 69 - 88.

题抛给政府或者说寻求政府的帮助。但是，还有一个向度，公众对问题的界定过程本身就已经将政府运行涵盖了进来，更确切地说，是政府的中心地位潜移默化地介入了这一问题的界定过程，因为“中心是一个价值观念的王国，是主宰社会的符号中心和价值观念中心”①。这就是我们说边缘围绕中心的另一个意义所在，边缘那些看似自主的行为，实际上却在无形中不自觉地将中心纳入自己的思考和行为中，也就是说，事实上，边缘就是围绕中心而行动的。尽管我们还未能估计这种情况的普遍程度，但这足以表明作为治理中心的政府的存在。通俗地说，当人们已经习惯了政府及其雇员的工作方式时，人们不再期待会在办事窗口碰到一个和蔼可亲、热情十足、行动敏捷的办事员，而仅仅希望他能解决甚至是部分回答他们的问题就好，哪怕把他们打发到另一个窗口，而不是直接丢下一句“这事不归我管”。这至少部分解释了一些学者所发现的一个表面看似矛盾的现象，即为什么“80%的人都认为他们与政府办事员的接触还不错，但是总体而言，只有 42%的人会说政府是公正对待大众的”②，因为前者基于社会成员对政府的具体期待，期待降低了，所以相比之下的“接触还不错”；而后者则是社会对政府的总体不信任。二者正是这样看似矛盾地共存于工业社会的治理结构中。

克罗齐耶说：“最为严重的问题是，人们业已不给予真正的事实尊重，所剩下的只有行政管理的事实，也就是说，只有由每一个专业职能部门依据知识的狭隘分类，刻意制造出来的事实。”③这里的“人们”显然不仅指政府雇员，还指社会大众，他们对事实的看法被政府的运行方式改变了，甚至不仅仅是事实，还包括人们基于这些事实对政府的需求与期待。如果说，从中心出发的做与不做对应着权力的前两个面向，那么这种改变边缘需求与期待的方式则可以。在一定意义上，被视为权力的第三个面向，即形塑社会大众的观念。④

---

① ［英］爱德华·希尔斯：《中心和边陲》，载苏国勋、刘小枫主编《社会理论的诸理论》，上海：上海三联书店 2005 年版，第 215 页。

② Gutek, Barbara A. “Strategies for Studying Client Satisfaction.” *Journal of Social Issues* 34, No. 4 (1978): 44 - 56.

③ ［法］米歇尔·克罗齐耶：《法令不能改变社会》，张月译，上海：格致出版社、上海人民出版社 2007 年版，第 82 页。

④ 参见 Steven, Lukes. *Power: A Radical View*. London and New York: Macmillan, 1974。

现在，让我们回到上文论及的第二个问题，即政府的扩张。让我们看看，社会在政府的扩张中扮演了什么角色。启蒙思想家论证政府的产生时就已经意识到了这个问题，而在整个工业社会，作为边缘的社会持续地、认真地甚至强烈地要求限制政府，但事与愿违，因为在这些关于限制政府的主张中存在着内在的矛盾。第一个矛盾点通常被人们提及，尽管一方面政府被要求是有限的，但另一方面又被认为是必须的，哪怕被视为必要的“恶”。前者是因为现代政府的产生（据称）源于社会成员对自然状态的无序的恐惧，而后者则是因为社会成员害怕被他们（理论上）创造的政府伤害。显然，二者可以归于同一个原因，即社会成员希望自己天赋的权利得到保护，既不被他人损害，也不被强权的政府损害。第二个矛盾点更为重要，一方面，政府被要求做有限的政府，另一方面又被要求承担起更多的责任。也就是说，政府在现实中的不断扩张不仅是被政府内在的膨胀驱动的，也同样是被社会外在驱动的。当一个社会问题出现时，社会成员总是自然地想到这是政府的责任，因为他们认为政府理应做好一切。正是如此，政府事实上被期望承担更多的事务。安东尼·德·雅赛（Anthony de Jasay）对让-雅克·卢梭在《社会契约论》开篇的著名引语“人人生而平等，但无所不在枷锁之中”所做的修改可以说是对这种情况最恰当而又最讽刺的写照：“人人生而欲求一个最小化的政府，但无不在创造一个最大化的政府。”①也就是说，政府的扩张不仅仅是政府自身为了利益和权力而主动膨胀的产物，同时也是社会创造的产物。而“政府的失败既可能由于它们做得太少，也可能由于它们做得太多”这句话所反映的就是这种矛盾。政府在事实上的不断扩张以及社会所给予的期望也让政府自身滋生了傲慢，这种傲慢不仅意味着它们认为自己可以做好一切，而且意味着它们认为自己应当（像人民期望的那样）做好一切，因此中心在占据现实权力的同时也占据了某种道德上的优势，而边缘不仅在权力关系中、在道德维度上，也在心理层面上处于弱势的地位。

① Jasay, Anthony de. *Against Politics: On Government, Anarchy, and Order*. London: Routledge, 1997. p. 40.

# 第4章　官僚制组织的中心—边缘结构

在上一章关于政府—社会关系的论述中，我们已多次提及官僚制这个对于认识和理解工业社会——尤其是工业社会的治理体系——不可能绕开的议题。本章将围绕官僚制展开讨论，尤其关注官僚制（组织）的结构问题。本章试图阐明，工业社会得以组织起来的官僚制形态就是一种“中心—边缘结构”，而非我们通常所言的“金字塔”结构。这种中心—边缘结构并不像人们想象中的那般僵化，相反却有着较强的弹性，它通过结构扩张将一些不确定的甚至是反结构的要素吸纳进入结构之中，以此来巩固官僚制。

## 4.1　官僚制的概念与比喻

### 4.1.1　概念的窄化：从“官僚制”到“官僚制组织”

一定意义上，我们可以说，“官僚制不仅是一种组织结构，而且是人类亘古以来的社会结构形态”①，但严格地讲，在前工业社会，官僚制仅仅是各种组织方式中的一种；而到了工业社会，社会不仅实现了完全的组织化，就这种组织化的方式而言，社会在总体上就是以官僚制的形式被组织起来的。因此，当说“官僚制组织的中心—边缘结构”时，我们不只是在谈论某个具体组织的结构问题，甚至也不只是在谈论从多个具体组织中抽离出来的某种抽象组织的结构问题，更是在谈论作为将

---

① 张康之：《论社会以及组织结构的“非中心化”》，《江海学刊》2008年第1期。

整个工业社会组织起来的官僚制的结构问题，或者说以官僚制方式结构化了的工业社会的治理结构问题。

因此，我们首先需要对官僚制的概念加以说明。今天，人们通常将“官僚制”等同于“官僚制组织”，进而将其等同于某种具体的微观组织，甚至仅仅定位于政府或公共组织。事实上，“官僚制”一词在最早的时候并没有被用来特别指称具体意义上的组织形态。在19世纪初它首先被用来指代一种由官员掌握国家权力甚至统治国家的制度形式，或者有时被视为一种与民主政体等概念相平行的政体形式，然后被用来指代这个由握有重要权力的官员们组成的群体（这一方面是因为，对官僚制这种治理方式的批判无可避免地就指向了官僚群体本身，另一方面是因为一些学者希望采取更为中立客观的立场来探讨官僚制的问题）。官僚制的概念在19世纪中期社会学家弗雷德里克·勒普莱(Frederic Le Play)那里发生了某种转向，即开始被用于对某种组织及组织制度的称呼。①

尽管在马克思·韦伯之前，关于官僚制的阐述和争论已经有很多了，但是，不得不说，韦伯关于官僚制的论述在影响力方面超越了他之前的所有学者，但也可以部分归因于这种影响力，后人在对韦伯的解读与评价中逐渐形成了将官僚制主要视为一种微观组织形态的观念。当然，这么说并不意味着，韦伯就是在微观组织意义上使用这一概念的。恰恰相反，韦伯本人似乎从来没有打算仅仅在微观组织的意义上去看待官僚制，或者说，要把官僚制的议题主要限制在微观组织的层面上。总体来说，韦伯的著作中缺乏一个确切的贯彻始终的官僚制概念，尽管他对官僚制做出了详尽的描述与分析。阿尔布罗对此指出，“韦伯并不把‘官僚制’这一语词看成是社会科学语言的一部分。值得注意的是，他是如此频繁地将之置于引号之内，力图表明它是引自日常用语。他实际所关注的，是阐明他认为是最理性形式的那种官僚制”，“有时他谈的是一般的和广义的官僚制，有时又以这一术语特指纯粹的、理性类型的官僚制”。② 韦伯谈论的存在于罗马帝国、古埃及和拜占庭帝国中

---

① 阿尔布罗认为：“勒普莱关注的是组织体制，而非有关的法理概念。这种对行政质量而非行政合法性的关注……导致了对政府与私人的管理方法的比较……这种比较，是20世纪对发展一般组织理论的关注的先声。”参见[英] 马丁·阿尔布罗：《官僚制》，阎步克译，北京：知识出版社1990年版，第17页。

② [英] 马丁·阿尔布罗：《官僚制》，阎步克译，北京：知识出版社1990年版，第29—30页。

的所谓"世袭官僚制"与他着力论述的作为理想类型的现代官僚制是明显不同的，它们的共性主要在于一个官员群体——这个在当时看来（包括学术争论和日常用语）是官僚制最为基础和重要的组成部分——的存在，但这些用法确实反映了韦伯的官僚制概念的模糊性。因此，韦伯也就不可能将官僚制的概念确切地限定在某个范畴（例如具体的组织形式）了。

正是考虑到这些因素，阿尔布罗对人们将韦伯著作中的基本概念"verband"翻译为"组织"（organization）的普遍做法暗暗抱有怀疑[①]——尽管阿尔布罗并没有明述——是有道理的。韦伯实际上在谈论和界定一种社会关系，即"一种封闭的或者限制局外人进入的社会关系，如果是由一些特定的个人……来确保秩序得到遵守，它就可以被称为一个 verband"[②]。而后来的人们由于受社会学、管理学尤其是组织理论及实证主义的影响很深，将韦伯概念体系中这个关于社会关系的基础概念等同于并简化为"组织"，随之，人们就会不自然地将"组织"同他们生活在的各种形形色色的具象组织实体关联起来。当许多人特别关注微观的组织本身而忽略了韦伯是将官僚制视为现代理性的一个典型这一更宏大的理论目标时，一个显而易见的结果就是，"官僚制"的概念缩小了，它不仅顽固地转变成"官僚制组织"的概念，而且通常指那些微观的具体组织。特别是针对韦伯的理想形态，当人们特别注意到并努力论证韦伯的理想形态与现实形态中的组织的差异时，人们关于官僚制的视野就被进一步压缩了。显而易见，那些出于批判韦伯理想形态之目的的人们会成功地从现实的具象组织中找到无数反驳韦伯的证据，这一批判的成功也就不断强化了官僚制与具体组织之间的联系。例如早期质疑韦伯官僚制的代表人物默顿就是如此，尽管他对社会的失范问题的讨论是在社会总体结构的视角下进行的，但当他讨论官僚制组织的问题时，主要是在具体组织层面上进行思考。R. G. 弗朗西斯（R. G. Francis）和 R. C 斯通（R. C. Stone）也曾这样定义："'官僚制'，这个词指的是一种组织形式（mode of organizing），尤其适用于在大型而复杂的组织中维

---

① ［英］马丁·阿尔布罗：《官僚制》，阎步克译，北京：知识出版社 1990 年版，第 26 页。

② ［德］马克思·韦伯：《经济与社会》第一卷，阎克文译，上海：上海人民出版社 2010 年版，第 141 页。英文版参见 Weber，Max，Guenther Roth，and Claus Wittich. *Economy and Society*：*An Outline of Interpretive Sociology*. London：University of California Press，1978. p. 48。

持稳定和效率。”①如果说前者的“组织形式”一词仍然有着被阐释成各种范畴的可能性，那么后者的表述就完全将官僚制限制在了微观组织的视野中。

这种倾向被关注组织问题的社会学家不断强化，不仅归结于这些社会学家和管理学家的关注点，而且在于他们所采用的研究方法，即对政府部门与私人部门之管理的比较研究。因为当过分关注公共部门的官僚制与私人部门的官僚制的比较（无论为了指出二者的不同，还是为了阐明二者的相似）时，人们自然会产生一种官僚制仅仅是或者说主要是一种具体组织的幻觉，而相应地忽略了作为其他方式存在的官僚制。当对组织边界或组织生态学的研究兴起时，人们也就自然地将官僚制组织视为某个具体的具有边界的组织；组织之外被称为组织的环境，似乎组织之外就不是组织了，官僚制组织之外就不是官僚制了。

### 4.1.2 概念的回归：作为社会组织形态的官僚制

当然，除了将官僚制组织狭义地理解为具体的组织，还有另外一种与之相关的倾向，那就是将官僚制组织与公共部门画等号，即认为只有公共部门的组织才是官僚制组织，尤其当人们需要表达对政府的某些质疑、反感、厌恶甚至反对时，就轻易地找到了“官僚制”或“官僚主义”这样的词。于是，官僚制的概念就不再具有相对确切的内涵和外延以观照某种现实，而是反过来，一切对政府的不满都被冠以了官僚制的称呼。正如爱德华·赫令（Edward Herring）所言，“官僚制（bureaucracy）变成了一种情绪化的陈规（emotional stereotype），被曾受到不良待遇的人用来指称行政管理中那些让人讨厌的方面”②。彼得·布劳对这一问题给予了特别关注，他明确指出，他要纠正“科层制可以适用于任何事情，除了商业式的”这种错误的观念。他以美国为例指出，“大规模的科层管理最早出现在私营企业而不是政府机关”，而且“在 20 世纪初，科层制被当作商业式的管理，而不是商业式管理的对立

① 参见 Albrow, Martin. *Bureaucracy*. London: Pall Mall Press, 1970. pp. 87 - 88。

② Herring, Edward Pendleton. *Public Administration and the Public Interest*. New York: McGraw-Hill, 1936. p. 15.

面”。[①]

事实上，早在 1890 年，皮埃尔·勒鲁伊-博利厄(Pierre Leroy-Beaulieu)就曾指出应当讨论股份公司中的官僚制的问题。[②] 而在韦伯看来，“现代组织形式在所有领域中的发展与官僚制行政的发展和持续扩张是完全相辅相成的”，包括“国家、军队、政党”，也包括教会、“经济经营、利益集团、基金会、俱乐部等等，概莫能外”。[③] 从另一个角度看，当一般管理学试图讨论政府官僚组织与私人官僚组织的异同问题时，尽管我们说它强化了人们将官僚制狭隘化为具象组织的倾向，但这种做法至少表明，作为一个概念的官僚制是在各种组织形态中通用的。因为无论公共权力机关、企业组织还是非营利性质的组织，在工业社会，它们具有许多共同的特点，例如工作与生活的分离、对非人格化的强调、对外在规则的依赖等在韦伯的理想形态中早已被明确讨论的特征。

“对于军事官员、学术研究者、商人、记者、药剂师和公务员而言，他们的标准显然不同，但是尽管有这些不同，他们却共同具有一种深深的倾向，那就是去追寻一种可以指导他们的利益、行为和思想的外部标准。”[④]这一表述不仅指出了外在规则之于工业社会的人的重要性，而且表明，无论人们如何就官僚制的概念进行争论，一个不争的事实是，工业社会的人存在许多共同的“深深的倾向”。这正是我们采用“工业社会”这一大概念及其视角需要关注的。而我们认为，这些共同的倾向就是官僚制的特征，正是这些共性让我们说，整个工业社会就是以官僚制的形式组织起来的，或者反过来说，不同的具体组织及其成员在被官僚制不断结构化的过程中被灌输了、被强制具有了或是习得了这些共同的特征。

因此，我们在这里使用的官僚制指一种社会组织形态或结构形态。显然，阐明概念不仅仅因为一个规范的学术思考与写作通常要求如此，更重要的是，它关系到

---

① [美] 彼得·布劳、马歇尔·梅耶:《现代社会中的科层制》，马戎等译，上海:学林出版社 2001 年版，第 163 页。

② [英] 马丁·阿尔布罗:《官僚制》，阎步克译，北京:知识出版社 1990 年版，第 17 页。

③ [德] 马克思·韦伯:《经济与社会》第一卷，阎克文译，上海:上海人民出版社 2010 年版，第 330 页。

④ Bensman, Joseph, and Bernard Rosenberg, “The Meaning of Work in Bureaucratic Society,” In *Identity and Anxiety: Survival of the Person in Mass Society*, edited by Maurice Robert Stein, Arthur J. Vidich, and David Manning White. New York: The Free Press, 1960. p. 184.

我们正在建构的中心—边缘结构理论本身,尤其是它的适用性。我们将在后面的讨论中看到,正是由于将等级制结构与官僚制组织画等号,人们仅仅将官僚制组织视为多种组织形态中的一种,即所谓科层制式的组织,而其他的组织形态则被冠以"平等型""个体型"等名称。然而,如果采用更为抽象的做法,并将一种中心—边缘结构(而非等级结构)赋予作为社会组织形态的官僚制,我们就可以说,任何具体的组织乃至整个社会都是官僚制的,也都是中心—边缘结构的。另外,特别指出和论证作为一种社会制度的官僚制,也是与本研究的研究框架相一致的。只有将官僚制视为一种同时存在于国家、组织和社会关系中的机制,我们才有可能去发现,具有中心—边缘结构的官僚制是如何在不同层面起作用并在不同层面间发挥交互影响的。

最后,需要简单说明的是,除了官僚制的概念,仅就"组织"这一用语而言,现代人也通常是在具象的组织实体层面进行理解的。但是,组织的概念范畴并不一定小于"国家""政体"或类似概念,有时恰恰相反,组织的范畴完全有可能比国家更广,罗伯特·米歇尔斯(Robert Michels)似乎就这样认为并由此开始他对官僚制问题的探讨。[①] 因此,将韦伯的理论称为一种组织理论也是恰当的,只是这时的组织并不是微观意义上的组织。因此,当用"官僚制组织的中心—边缘结构"作为这一章的题目时,我们同时是在两个意义上使用"组织"这一词语的:一方面,官僚制组织,无论在抽象还是具体的意义上,是由特定目标、人员和结构组成的组织实体;另一方面,它也指向比上述组织实体范围更广的社会组成及运作方式,或者说某种"体制"。[②]

### 4.1.3 "金字塔"比喻:对层级节制的过度强调

在官僚制的众多特征中,层级节制应当是最明显的一个,以至许多人通常将

---

① 参见[英] 马丁·阿尔布罗:《官僚制》,阎步克译,北京:知识出版社 1990 年版,第 23 页。

② 尽管在概念上,我们将"官僚制"界定为一种工业社会的总体的组织形态,但这并不是在刻意排斥较狭窄的"官僚制组织"概念。而且,正如我们在导论中提到的,如果我们将政府—社会、官僚制和社会关系(极其)粗略地对应三个视域不同的分析层次的话,那么为了论述的需要,我们在本章仍然会讨论"官僚制组织"的问题。

"官僚制"与"科层制"相等同。在结构的意义上,人们自然会认为官僚制组织的结构是一种层级节制的等级结构。尤其当人们谈论一个官僚制组织的结构时,第一个引入脑海的图像就是某个组织的结构图,绘制一个组织结构图也被认为是认识和理解一个具体组织的首要任务。在这个图中,许多纵向的命令链将众多组织成员连接起来,人员数量随着层级的降低而增加。这个图的最大优势在于,命令链清晰地展示了每个雇员应当服从的上司和他可以管理的下级,而不同层级则反映了每个雇员及其职位在组织中的层级地位,这意味着即使某个上层雇员与某个下层雇员之间没有直接的命令链相连,他也由于处于更高一层享有某种权力和权威。

事实上,早在官僚制概念开始逐渐流行的 19 世纪初,德国就产生了关于这两个概念的辩论。有意思的是,那些出于维护当时德国政治的人认为二者存在区别,他们声称新制度只是"科层制"(Bureausystem 或 Einheitssystem),而不是官僚制,前者仅仅强调事务性方面,即"责任被明确授予了处于各个权威层级上的个人"①,而后者往往指向官僚对国家事务的掌控权以及权力的膨胀,即包含着贬义。但是,反对国家的人则强调二者并没有什么不同,即新制度就是一群官员的权力膨胀。今天,尽管这种争论还偶尔出现,但总体来说,今天的人们并不会十分在意二者的差异,将官僚制等同于等级制的做法应该说相当普遍。尤其当研究者将其划归为一个特定的类别(例如一种组织类型)并与其他类别进行比较时,等级特征就更容易被突显出来进而成为官僚制的代名词。史蒂夫·雷纳(Steve Rayner)与罗宾·康托(Robin Cantor)曾对组织做了著名的四类划分:竞争型(competitive market)、官僚/等级型(bureaucratic/hierarchical)、平等型(egalitarian group)和原子化个人型(atomized individual)。② 显然,当我们以等级化(或者平等)程度作为一项指标来衡量组织时,官僚制就很容易被压缩成一个特殊的类型,一个可以等同于等级制

---

① [英] 马丁·阿尔布罗:《官僚制》,阎步克译,北京:知识出版社 1990 年版,第 14 页。英文版参见 Albrow, Martin. *Bureaucracy*. London: Pall Mall Press, 1970. p. 27。

② Rayner, Steve, and Robin Cantor. "How Fair is Safe Enough? The Cultural Approach to Societal Technology Choice." *Risk Analysis* 7, No. 1 (1987): 3 - 9. 有意思的是,与这里的作者相同,英文世界同时还普遍存在"官僚式不平等"(bureaucratic hierarchy)的表述,在许多英文写作者那里,它与"官僚"和"科层"(bureaucratic/hierarchical)并没有什么差异,但从构词上细致地看,"官僚式不平等"的表达已经明确地显示,官僚式不平等仅仅是不平等的形式之一。

的组织类型。这种做法的问题在于，即使我们退一步，接受将官僚制限定成一种特殊的组织类型的做法，而非一种普遍的社会组织形态，这种惯用的界定方法也是对官僚制的等级特征做了过分的强调，它不仅忽略了官僚制更为精细的结构化特征，同时，就这种分类方法而言，似乎意味着其他组织类型并不存在等级化的问题。相反，如果我们采用广义的官僚制组织概念，那么层级节制显然就不能反映官僚制的重要特征，因为对层级节制的特殊强调很难涵盖其他具体的组织，例如某些企业组织、大学、宗教团体这些更显平等（或者更准确地说，没那么不平等）的组织。尤其当我们在前工业社会与工业社会之间进行比较时，就会看到，用等级结构来描述一个实现了完全组织化的工业社会，可能会抹杀它与农业社会那种身份等级制之间的差异。

而与层级节制特点紧密相关的就是官僚制的“金字塔”比喻。金字塔比喻可以说完美地展现了官僚制的等级制特征。毫无疑问，上述对官僚制的等级特征的过度强调和简单总结无形中使人们更加接受金字塔比喻，反过来，金字塔的形象也让官僚制的等级特征得到了进一步强化。但是，随着这一比喻深入人心，人们会逐渐忘记它的比喻意义，而将它视为官僚制的真实写照。这可能误导人们理解官僚制。更重要的是，当人们试图批判和超越官僚制，甚至寻找官僚制的替代物时（20 世纪后期的许多理论家如此声称），就会以此比喻作为出发点。在商业管理和政府管理中，已经有许多学者提出了所谓的“倒金字塔”理论或模型。[①] 这些做法很可能会受到金字塔比喻的不良影响而误入歧途。因为金字塔比喻所传达的并非官僚制的真实面目，所以以此为出发点的理论也就很难真正超越当今的官僚制了。研究者呼吁“倒金字塔”无非希望在组织的纵向结构上做出调整，提出“减少规制、增加授权、将大部分组织控制交予基层”[②]等陈词滥调，但事实上，这些要求难以触及官僚制的本质。以至在实际情况中，尽管某些组织的领导声称“我们正在迎来一个有更

① 例如 Nayar, Vineet. “It's Time to Invert the Management Pyramid.” *Harvard Business Review*, October 8, 2008. Accessed July 10, 2016, https://hbr.org/2008/10/its-time-to-invert-the-managem; Mizaur, Don G. “Quality Government is Government of the People, by the People, for the People.” *Public Productivity & Management Review* (1993): 371 - 377。

② Nayar, Vineet. “It's Time to Invert the Management Pyramid.” *Harvard Business Review*, October 8, 2008. Accessed July 10, 2016, https://hbr.org/2008/10/its-time-to-invert-the-managem.

多参与的管理”，但中层人员说“大家嘲笑所谓倒置的金字塔(inverted pyramid)，把它戏称为插入的金字塔(inserted pyramid)”，基层人员抱怨：“倒金字塔？根本不存在！”①

要建构一种关于官僚制组织的中心—边缘结构的理论，或者说，要论证这一观点，在方法上，我们必须认真考量中心—边缘结构与关于官僚制的传统认识(例如科层制)之间的异同。尤其是差异，甚至有时在表面上看来是细微的差别但在实质上意味着重大不同。因此，我们不能重述关于官僚制的传统观念，更不能因为官僚制在传统认识中表现出所谓命令链等特征，而就将其称为中心—边缘结构。如果仅仅是这样，创造一个新的说法是没有任何意义的，我们必须努力阐明，中心—边缘结构能够帮助我们认识到某些被传统观念所忽略的官僚制的面向。当然，这并不意味着我们要完全绕开所有的传统认识。正如查尔斯·T. 葛德塞尔所说：“当研究官僚机构的学院派作者对韦伯的官僚机构引起的后果抱否定态度时，他们…… 只能算是从思想意识上批评等级制组织的批评家——很多知识分子都这样。”②因此，要对官僚制加以批判和超越，必须清晰认识官僚制的真正面目，如果仅仅以批判层级节制作为批判官僚制的全部，这种批判就不可能把我们引向正确的方向。

在一定程度上，对官僚制结构的这一次重新认识也可以被视为观察视角的一种转换。正如我们在上面指出的，如果我们过于强调官僚制的层级节制，就会自然接受“金字塔”的比喻，甚至认为官僚制的本来面目就是这样一种纵向的不平等结构。事实上，如图 2 所示，即使对于“金字塔”，如果我们不是站在侧面平视，而是站在高处俯视，“金字塔”呈现出的就是某种中心与边缘的圈层式分布。也就是说，当我们选择侧面平视的观察视角时，这种视角就决定了，我们所能看到的只有纵向的

① Foster-Fishman, Pennie and Christopher B. Keys. “The Inserted Pyramid: How a Well Meaning Attempt to Initiate Employee Empowerment Ran Afoul of the Culture of a Public Bureaucracy.” *Academy of Management Journal* (1995): 364 - 368.

② [美] 查尔斯·T. 葛德塞尔：《为官僚制正名——一场公共行政的辩论》，张怡译，上海：复旦大学出版社 2007 年版，第 8 页。

层级节制；相反，如果我们换成俯视的视角，就会看到另一番景象。[①] 这就意味着，“金字塔”仅仅是我们关于官僚制的众多认识或想象中的一种，而非全部。

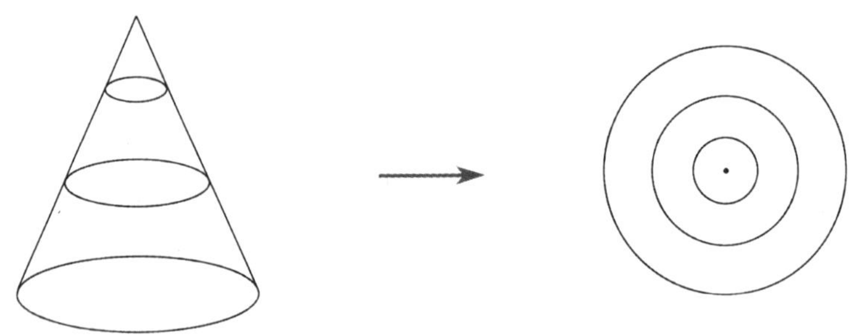

**图 2　视角转换：从“金字塔”到“中心—边缘”**

## 4.2　官僚制组织的中心—边缘结构

### 4.2.1　以规则为中心

当人们谈及官僚制组织时，首先看到的往往是处于金字塔等级序列中不同层级的组织成员，而谈论最多的是上层雇员对下层雇员的控制等问题。然而，必须强调的是，在组织成员之间的等级制之前（逻辑上）和之上（权威）存在的是规则或制度这个官僚制组织的核心。韦伯在描述理想型官僚制的多个特征时，第一项特征就指向了规则。“第一，存在着固定的管辖权限原则，该权限一般是由规则，即法律或行政法规，决定的。”[②]韦伯讨论的第二个特征才涉及了等级制这一要素，但他对此做了特别的补充，即只有在第一项关于制度规定下的管辖权原则实现后，等级制原则才会得到真正的保障，这样一来，“‘上级’权威就不能随意接手‘下级’的工作”[③]。显而易见，典型官僚制的所有功能或特征（无论管辖权、分工、命令链、非人

---

① 当然，这里仅仅为了指出视角不同可能带来的观察结果的不同，即所谓“横看成岭侧成峰，远近高低各不同”，但是，我们在本研究中构建的中心—边缘结构要比这种简单的视角转换所带来的观察结果更为复杂和精细。

② Weber, Max, Hans Gerth, and C. Wright Mills. *From Max Weber: Essays in Sociology*. New York: Oxford University Press, 1946. p. 196.

③ Ibid., p. 197.

格化、档案管理等)的实现都首先要得到规则的认可和保障。正是在这个意义上，我们可以说，在狭义的官僚制组织的明确边界里，规则处于中心，而所有的组织成员(包括等级链的上层和下层成员)都处于边缘，因为他们都是组织——更确切地说，是组织规则——的“雇员”。

尽管我们会看到，高级雇员拥有比低级雇员更多的权力和自主性，而且组织规则本身也通常是由高级雇员制定的，但是这并不意味着他们就可以超越规则而存在。不仅在理论上如此，在现实中我们也会看到，当某个高级雇员进入某个组织时，已经有大量的规则存在，这不仅包括他所在的组织的既有规则，也包括这个组织所存在的环境乃至整个社会的规则。这位高级雇员能够做出的对规则的改变事实上并不多，如果考虑到非成文规则，就更是如此了。除非一个极端集权的组织，如果某个成员能够任由自己的意愿改变组织规则，那么他就是组织的中心。但事实上，大部分的现代官僚制组织都不是如此。高级雇员的边缘化境遇在某个新领导进入某个组织时变得更为明显，这些新手首先要做的是了解和适应这个组织，而不是相反。由于研究者对官僚制的等级问题的过度关注，这一问题在研究中通常变成了关于高级员工如何调适的问题，而不是将其归为所有组织成员的边缘化问题。

简单地说，官僚制组织以规则作为中心，而雇员则围绕中心处在边缘位置。显然，将官僚制组织简化为科层制或等级制的观点无法容纳这一点，我们不能说在组织成员的等级之上存在一个可以称为“规则”的等级，这不仅在语言上讲不通，在理论上也不成立。因为规则对雇员的控制和影响并不是通过像上级对下级雇员的命令的方式实现的，而有关“达摩克利斯之剑”或“法律之剑”高悬头顶的说法仅仅是一种隐喻罢了。

尽管官僚制组织的设计初衷是希望通过将雇员凝聚为一个统一体来实现组织目标，但实际上造成了一种中心—边缘的结构。在这一结构中，边缘需要单独地向处在中心位置的规则负责，也就是说，要实现对组织规则的遵守，并不是依赖作为一个整体的雇员群体，而是要求每一个独立的雇员都去实践组织规则。官僚制组织不会仅仅就抽象的原则性问题做出规定，进而模糊地要求所有雇员都遵守这些规则，组织规则更重要的内容在于明确了每一类、每一层甚至每一个具体雇员的行为方式。最明显的表现就是工作分工，分工的细化在官僚制组织的发展中不断被深化，直到每一个职位都被要求书写详细的职位说明书。这样一来，每一个单独的雇员都能在组织规则中找到自己应当遵守的内容，通过这种方式，雇员在组织规则中找到了自己在组织中的合理“位置”(记住我们关于“位置”之于结构重要性的讨论)。这一点极其重要，使得雇员能够并且必须单独地向规则负责，这就造成了雇员间的分立，某个雇员只须关注自己的工作目标和内容，而无须关注其他雇员。由于无法理解或者说不去试图理解其他雇员的行动及其意义(事实上这些意义是组织规则指派的，也是无法真正理解的)，雇员之间也就不可能产生真正的信任。不仅如此，组织还特别鼓励竞争行为，雇员由于需要努力争取有限的资源、奖励和职务晋升，难以和彼此产生真正的友谊。这样一来，我们就看到了如下的情境。在一次失败的“倒金字塔”尝试中，一个基层雇员这样抱怨：“他们从来都是自己决策……看来他们根本不信任我们。”[①]不仅高级雇员不信任低级雇员，所有雇员之间都缺乏信任。这样一来，处在中心的规则就实现了对所有雇员“分而治之”。

必须记住，当在谈论上述情况的时候，我们显然没有在高级雇员和低级雇员之间做出区分。作为一种换取酬劳的工作方式甚至生活方式(由于工作成了工业人最主要的生存内容)，被组织规则雇佣的所有员工都是被边缘化的。

当然，要保证规则的中心地位，或者说，要实现雇员对规则的遵守，官僚制组织还需要更多精细的设计，比如尽可能消除雇员人格化的影响，让雇员机械化地、被动地按照既定的规则行事。即雇员的行为方式及其意义都是组织规则赋予的，而不允许雇员自主地行事并赋予其行为意义，这些在传统的官僚制讨论中已经属于老生常谈了。然而，正是在这里，我们能够恰当地引出官僚制中心—边缘结构的一个有意义的概念，即“边缘化感受”。当说“边缘化感受”一词时，我们首先承认人是有感受的，也就是说，感受本身是边缘的雇员与作为中心的组织规则之间冲突的第一个表现。最初，官僚制组织希望通过运用各种方法消除或至少隔绝人的感受，要求雇员作为一个无感情的零件存在于组织机器中，但是，这种设想与现实严重不符。因为无论如何，组织雇员都不可能被组织塑造成彻底的无感情的零件，或者更

---

① Foster-Fishman, Pennie and Christopher B. Keys. “The Inserted Pyramid: How a Well Meaning Attempt to Initiate Employee Empowerment Ran Afoul of the Culture of a Public Bureaucracy.” *Academy of Management Journal* (1995): 364 - 368.

准确地说，官僚制组织的这种设定和努力很难对所有组织成员奏效。当我们承认雇员的感受时，加上他们在组织中所处的边缘地位，这就构成了组织成员的“边缘化感受”。张康之就曾指出，“官僚制组织是最倾向制造组织成员边缘化感受的组织形式”①。这一感受是单元因其在组织结构所处位置而产生的感受，而不是单元关于自身的感受（例如对薪酬的不满），也不是单元间的关系导致的（例如对某个领导的不满）。回顾我们在导论中关于分析层次的区分，后两者分别关乎单元以及单元间关系，只有前者才是结构的。而在作为中心的组织规则面前，这种边缘化感受是所有组织成员都有的。

### 4.2.2　组织雇员中的中心与边缘

所有组织雇员被作为中心的规则边缘化了，但是，处在边缘的组织成员并非简单随机地排列在作为中心的规则周围，否则规则很难对数量众多的组织成员实现有效的控制。也就是说，上述的规则以割裂的方式对组织成员进行控制仅仅是一个方面，组织还必须通过更精细的结构将组织成员结构化到组织中；通过这种结构，规则对人的作用也就变得更具象和可操作化了。这种结构就是在组织成员内部也构成了一个中心—边缘结构，即“核心雇员—边缘雇员—临时与外围雇员”的中心—边缘结构。

显然，人们关于官僚制等级特征的通常讨论也发生在这个层面，即讨论所谓高级雇员与低级雇员之间的关系②，这些讨论形成的结果也对我们理解组织成员间的关系大有裨益。但是我们不断强调，层级节制的概括和比喻显然过于简单，它们并不能准确反映官僚制组织的结构的精要。另外，从论述的角度看，只有考察了规则—雇员的中心—边缘结构后，我们的关注点才能恰当地转移到雇员内部的中心—边缘结构上，也才能恰当地去关注那些处在组织最边缘的雇员。因为他们首先（同高级雇员一样）被组织规则边缘化，其次又被高级雇员边缘化，这就构成了低

---

①　张康之：《论社会以及组织结构的“非中心化”》，《江海学刊》2008 年第 1 期。

②　在用词方面，有意思的是，我们还可能继续使用“高层（级）雇员—基层（级）雇员”或“上司—下属”等类似的直接反映纵向序列的表达，仅仅因为这些词是人们习惯使用的。也就是说，我们可能再一次陷入在 2.3.3 注释中提到的那个关于流行语的冲突之中。

级雇员被组织边缘化的完整图像。而在现实情景中，这种区分同样是必要的，低级雇员的有些抱怨来自高级雇员而不是组织规则，也就是说，他们可能十分认同规则；但同样重要的是，有时候他们抱怨组织规则而不是高级雇员，在这个意义上，他们可能还会同情高级雇员，因为此时高级雇员一道被边缘化了。

其实，我们只要从关于层级节制的传统论调中再前进一步，就能看到这种等级化控制的一个明显结果，而它是中心—边缘结构的一个重要特质。官僚制组织的命令链设置的一个直接结果或者推论，就是下级雇员被割裂开来，这一点似乎在传统的官僚制讨论中被严重低估了，或者至少我们可以说，并没有给予其足够的重视。这种割裂表现在多个方面：同一级别不同上司的各自下属，由于他们向不同上司负责而被割裂；不同级别上司的各自下属也被割裂；即使同一个上司的不同下属也处于被割裂的状态。一方面，这种割裂是上述的组织规则—雇员的中心—边缘结构导致的，其中，组织规则为单个组织成员规划了特定的工资待遇和职位晋升路线；另一方面，也是我们这里讨论的高级—低级雇员之间的中心—边缘结构导致的，在这种结构中，低级雇员不仅出于遵守规则而服从高级雇员，更会（通过公或私的途径）尽力讨好上司。因此，在最严格的意义上，或者说在理想的官僚制形态中，对某个处在边缘的低级雇员而言，其中心（上司）是他与他之外的所有人和物（包括其他同级上司、更高级上司、其他低级雇员、组织外的其他组织等）发生联系的唯一节点。

除了核心雇员与边缘雇员构成的中心—边缘结构，在边缘雇员外层还分布着临时雇员，他们游离于官僚制组织的边界。总体上，我们可以说，中心—边缘结构既是利益输送或分布的机制，也是危机转嫁或分担的机制。从这个角度看，对于前者，临时雇员显然获益最少；而对于后者，临时雇员则充当了其内部成员的保护带。对于前者，临时雇员是以整个结构的一分子出现的，因为他们对整个组织是有贡献的，而且对于组织中正式的边缘雇员而言，临时工的存在消除了边缘雇员的“边缘化感受”；对于后者，当危机来临时，临时雇员被首先踢出组织，以保障整个组织的安全，对于组织中正式的边缘雇员而言尤其如此，因为如果没有临时工，面临裁员危机的就是他们。因此，我们说临时员工游离在组织边界，为组织所用。然而，一些研究者显然没有意识到这一点，将其视为组织发展的某种理想形态。查尔斯·

汉迪就在 20 世纪 90 年代提出了一种“核心专家—合同外包—弹性劳动力”的“三叶草”组织形态，核心人员指那些对组织发展最重要的资深专家、技术人员和管理人员，而次重要的工作则以合同外包的方式交给其他组织，最不重要的工作则交由临时工负责。① 从组织灵活性尤其是那些核心人员的利益来看，这种格局当然为那些处于困境的组织提供了某种解决方案，但是，类似的组织设计从来不考虑临时工(所谓弹性劳动力)的利益。可以想象，在一个普遍认同“能力强者就应当得到高回报和高保障”等观念而不考虑其背后可能包含的不平等的社会，这样的制度安排是无可厚非的甚至是被热烈欢迎的。面对裁员带来的冲突，这也成了组织的一剂良方，那就是在危机面前，心安理得地裁掉临时工，而不受任何法律或道德的拷问。② 尽管也有学者将汉迪提出的未来形态称为中心—边缘结构，但当他们使用这一词组时，并不是以批判的眼光看待这一结构中的不平等现象，而是以欣赏的目光拥抱这一结构：似乎社会就应当被区分为中心与边缘，前者理应被保护，后者理应得到较差的待遇，甚至在组织(和中心)需要的时候被牺牲掉。如果说“中心—边缘”词组还可能包含着某些不平等内涵，那么当人们(包括研究者和实践者)将这些制度设计放置在“组织弹性”(flexibility)的美名下而将临时工称为“弹性劳动力”时，不平等就完全被掩盖了。

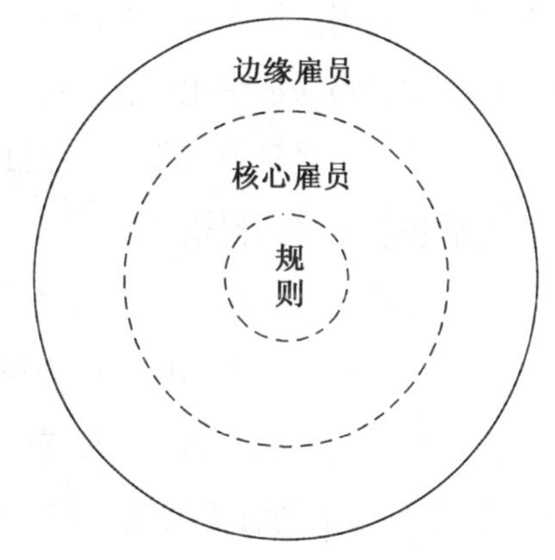

**图 3　官僚制组织的基础中心—边缘结构**

至此，我们看到了官僚制组织内部的中心—边缘构型，它包括处在最中心的规则，在规则面前，所有的组织雇员都是被边缘化的。而在雇员内部则同样存在着中心与边缘的区分，大量边缘雇员围绕着少数核心雇员存在(如图 3)。这也是官僚制中心—边缘结构的基础形态。所谓“基础”，不仅指其重要性，而且预示

---

① ［英］查尔斯・汉迪：《非理性的时代：掌握未来的组织》，王凯丽译，北京：华夏出版社 2000 年版，第 80—106 页。

② 参见 Kalleberg, Arne L. “Organizing Flexibility: The Flexible Firm in a New Century.” *British Journal of Industrial Relations* 39, No. 4 (2001): 479 - 504。

着在这一基础之上,中心—边缘结构开启了其结构扩张之路,从而将更多的要素纳入结构。

### 4.2.3 “边缘化感受”及其应对

我们在上面已经提到了组织成员的“边缘化感受”,但作为一个稳定的结构,中心—边缘结构是如何化解这一问题或者将其控制在一定的限度之内的?作为组织成员,处于中心—边缘结构的边缘者是通过何种机制应对其“边缘化感受”的?

我们已经提到了第一种方式,即通过将新人纳入中心—边缘结构,并将其维持在更边缘的位置,来安慰那些已经被边缘化的正式雇员。从单元间关系的层次来看,既然一切有关幸福的感受都来自比较,那么正式雇员在与临时工境遇的比较中获得了某种满足。而从结构的意义来看,由于整个结构多出了一层,以前被边缘化的组织雇员在整个结构中的位置就有所变动。尽管距离中心的实际位置并没有变化,但是他们距离组织边界的位置却变化了,他们被新的成员环绕,在危机面前他们也得到了实实在在的保障。

第二种方式则是组织雇员在同管理或服务对象的交流中通过贬低他人来缓解自己从组织中获得的边缘化感受。尽管在组织内部结构中的位置没有任何变动,但他们在一个——在某种意义上,假想的——更大的圈子中找到了更好的位置。这一点我们将在下一节讨论。

第三种方式就是边缘者之间的联合。我们已经指出,边缘化感受的一个来源就在于边缘者被组织规则和层级命令链割裂,那么边缘者最直接的回应就是通过相互联合来应对这种孤立感。也就是说,边缘的完全割裂仅仅是从中心—边缘的理想形态(如同韦伯的官僚制理想形态)中推导出的观点,但这并不意味着在现实中处于边缘的员工就是完全割裂的。在现实中,我们通常能观察到如下事实:边缘的员工之间常常能够形成“亲密”的关系。由于在整个组织架构中处于相同的位置(边缘),处在同一级别,面对同一个或同一类令他们憎恨的上司,他们总是能在对组织、对上司的抱怨中找到同病相怜的感觉。但是,我们应当如何解读边缘之间的这些联合呢?

在一定程度上,这些行为和其他官僚制组织的行为一样,所反映的仅仅是一种

"表面的和谐"(surface harmony)或者说和谐的假象。① 之所以称之为假象,首先是因为,边缘之间的大部分连接是组织所规定的,并且被组织严密监控的。当组织完成任务分工后,剩下的就是对分工的协调,只有这样,组织的目标才可能实现。在某种意义上,这些经常发生的连接不仅没能促进边缘之间的真正连接,反而让他们在频繁的表面连接背后心生怀疑。也就是说,物理连接也许是频繁的,但心理上是割裂的。在普遍缺乏信任的官僚制的环境里,"个体认识到,其他人只是表面上甚至具有欺骗性地向他做出回应,就像他对待他们一样。这种意识使得他对其他人所表示出的明显友爱保持着警惕。因此,尽管个体永远置身于与顾客和同事的无限互动之中,他感受到的只是孤立感:他与那些他生命中每个工作日都要面对的同事之间的联系是那么坚不可摧,但感觉又是那样遥远"②。之所以"坚不可摧",是因为他们之间的联系,或者说大部分联系,都是组织规定的,是他们无法自主选择的;之所以"孤立",是因为他们之间永远是协作(而非真正的合作)的关系,在这种协作中,他们各怀鬼胎,有着各自的谋划和打算,尽管最终通过协作确实达成了组织目标。

其次,除去这些组织所规定的连接,边缘之间还会有一些非正式的连接。如果说前者是组织提出的协作方案,并(可能)部分缓解了边缘者被割裂的感受,那么后者就可以被视为边缘者自己提出的应对边缘化感受的方案。由于边缘成员所得到的边缘化感受在既有的官僚制组织中并不能得到充分缓解,部分成员(只是部分,有些成员事实上已经被组织成功地改造了,或者变得麻木而缺乏"边缘化感受",或者自己压抑这种感受,或者敬畏正式规则与权威而不愿加入)就倾向于通过非正式的渠道加以释放。但是,我们将在后文看到,总体上看,非正式交往被正式组织边缘化了。

简言之,中心—边缘结构为边缘者的边缘化感受提供了应对方式,但所有的应对都被限定在一定的范围内。前者与后者同等重要。前者对边缘者的边缘化感受

---

① Bensman, Joseph, and Bernard Rosenberg. "The Meaning of Work in Bureaucratic Society." In *Identity and Anxiety: Survival of the Person in Mass Society*, edited by Maurice Robert Stein, Arthur J. Vidich, and David Manning White. New York: The Free Press, 1960. p. 182.

② Ibid., p. 185.

的有限缓解让边缘者稳定地居于边缘位置，防止“边缘化感受”激化中心与边缘的矛盾，甚至可以将中心与边缘的矛盾隐藏起来；后者则防止这些应对措施对正式组织以及组织中的核心成员提出根本性的挑战。

## 4.3 官僚制中心—边缘结构的扩张

### 4.3.1 官僚制结构的弹性

在对官僚制的众多批判与反思中，一个最为常见的论调就是官僚制（组织）是一个缺乏弹性的僵化结构，难以对变动（包括组织内和组织外的）做出合理的调整。但是，在这种认识已然变成一种根深蒂固的老生常谈之时，我们有必要对其进行重新审视。至少，从概念上来说，僵化与否显然是一个比较值而非绝对值，这就意味着，我们提出官僚制的所谓僵化一面时，必须同时看到其灵活的一面；这也意味着，对其任何一面的过分强调都是对官僚制的不恰当描绘。从反证的角度看，在漫长的工业社会乃至我们当下所处的后工业化进程中，如果官僚制（组织）真的如某些批评者所言是完全僵化的，那么它就不可能如此长久地存在。

因此，在我们讨论了官僚制组织的中心—边缘结构（规则—核心雇员—边缘雇员）问题后，关于官僚制结构的讨论并不能就此止步。无论从官僚制本身，还是从结构的视角出发，都能延伸出官僚制结构的灵活性或弹性这一议题。这就关系到一个组织学的关键概念，即组织适应环境的“弹性”，而这一点常常成为评论家对官僚制组织加以诟病的地方。官僚制组织的灵活性意味着它的中心—边缘结构可以做出在一定范围内的适度调整。布劳和梅耶就看到了这一点：“组织中非正式群体、非正式关系、不现实的神话和意识形态以及无序甚至混乱的决策过程说明，现代科层制结构与假定的韦伯理想类型比较，具有更大的弹性和韧性……它说明科层制具有消化多样化的、不确定的因素，并继续发挥作用的能力，它也说明了为什么科层制体制会得到加强。”①认识到这一点而并非一味地批判官僚制的僵化特征是十分重要的。官僚制的中心—边缘结构是一个灵活的结构，它的强大不仅在于它实现了中心对边缘的有效控制，更在于它能够“消化”那些起初看来是反结构的因素，并将其改造成适应这一结构的要素。在这个意义上，等级结构由于过度强调官僚制组织的层级节制特征而强化了其结构僵化的印象，中心—边缘结构的描述才更合适，因为这一结构是一个灵活的可变动的结构。这样一来，韦伯所描述的理想类型与现实的官僚制之间并没有特别难以调和的冲突。在一定意义上，我们可以说，韦伯所提供的只是官僚制最基础的特征描述，但是，官僚制结构的灵活性使得官僚制能够在这一基础上进行自我调适，以“消化”各种现实因素。后人依据现实的官僚制组织所做的讨论其实只是在努力展现官僚制更为完整的特征。

如果我们将“规则—核心雇员—边缘雇员”的排序视为官僚制组织最基础的中心—边缘结构，那么任何此后形成的，或者说在此基础上形成的中心—边缘结构(例如临时工的卷入)都可以被看作这一基础结构扩张的结果。如果“扩张”一词由于对主观动机的过度强调可能产生误解，那么可以说这是组织为了适应新环境而做的调整。或者说，结构扩张也许并不是官僚制组织及其核心雇员的动机，但是为了维护结构的生存，它确实走上了扩张的道路。

正如资本主义一样，一个稳定的结构一旦形成，它就存在着向外扩张的冲动和动力。扩张是为了更好地向既有结构输送利益，也是为了在危机面前更好地保护既有结构。从世界范围的中心—边缘结构来看，中心国率先在国内建立起中心—边缘结构，然后以此为母版开始结构的扩张运动，即将越来越多的外围纳入结构，并将其置于边缘的位置，最终将整个世界打造为一个总体性的中心—边缘结构。在一定程度上，如果我们可以说，就性质而言，资本主义按照自己的模样塑造了整个世界，那么就结构而言，也可以说，中心—边缘结构按照自己的面貌改造了整个世界。对于官僚制组织的中心—边缘结构而言，这一扩张意味着如何通过向外输送这一结构及其价值，深度影响甚至改造组织外在的环境(例如组织的管理/服务

---

① ［美］彼得·布劳、马歇尔·梅耶：《现代社会中的科层制》，马戎等译，上海：学林出版社 2001 年版，第 60 页。

对象)，最终组织之外的空间也被结构化为一种中心—边缘结构。

中心—边缘结构进行扩张的原因，或者说扩张可带来的预期收益是多重的，至少体现在利益输送与危机应对两个方面。首先，扩张将结构之外的单元纳入结构，同时将其置于边缘的地位，如此就能从更多的边缘那里攫取利益来供给中心，进而维护整个中心—边缘结构的运转。其次，新增的边缘分布在结构的最外层，成了整个结构新的保护带或缓冲带。在危机面前，这些最边缘首当其冲，即使中心受到了冲击，也能较容易将其转嫁给边缘。这种扩张不仅对中心而言是有利的，而且能够为既有的边缘带来好处。既有的边缘由于在其周围多了一层新的边缘，可能在利益输送和危机应对中获得好处，在心理上，其被边缘化的感受也得到了一定的缓解；最后，扩张也是那些游离于结构之外的单元所热烈欢迎的，它们因为终于挤进了结构而欢呼雀跃。总而言之，扩张对于中心、边缘和外围都是有利可图的，因而能够顺利实现。

官僚制中心—边缘结构的弹性同时意味着我们需要重新考量组织的边界问题。我们在上一节所做的讨论似乎主要指向了官僚制组织的边界，即在一个组织边界内存在"规则—核心雇员—边缘雇员"这一最基础的中心—边缘结构，但是，对组织边界的过度强调并不恰当。事实上，正如有学者指出的，组织与环境的边界很可能都是人为确立的[①]，至少我们可以说组织边界是模糊的。例如我们提到的临时雇员，他们游离于组织边界，但正是这种游离状态为结构提供了利益与保障，也提供了灵活性。事实上，组织边界的模糊还反映在组织成员与其管理对象之间的交流关系中，尽管管理对象通常不被视为组织的一部分，但管理对象与组织也一定不是两个完全不同的世界，二者在互动中并不仅仅是需求提出方和服务提供方的区分，价值也一定会在其中流动。同样，组织成员间的非正式交往也不是正式关系之外的另一个不同的世界，既然它们发生在组织成员之间，可能对正式组织产生影响，正式组织就一定会对其进行干涉。正是官僚制结构这些内在的灵活性提供了它扩张的基础，而向一切可能影响它的地方扩张让它变得更加强大。

---

① Perrow, Charles. *Complex Organization*. Glenview: Scott-Foresman, 1979. p. 246.

### 4.3.2　显性扩张：对管理对象的吸纳与边缘化

如果说将临时雇员吸纳在组织边界上是官僚制组织扩张的表现之一，那么这一中心—边缘结构还可以进一步扩张，那就是向其管理对象扩散。如果我们将官僚制组织限定在政府组织上，这一扩散过程可能更加明显。正如格勒侬(Glennon)所言，官僚体制把“公共手段和行政的取向扩展到了日常生活中，甚至包括了私生活”①。

传统观念把一个官僚制组织与组织之外的世界划分得十分清晰，即组织是作为一个整体与其外部环境互动的。对于组织与其管理对象的互动过程，人们通常的印象也是，个别管理/服务对象不定时地进入组织边界(例如组织所依托的建筑物)，与组织进行互动，互动结束后，管理对象离开这个组织的边界。但是，如果我们换个视角，所有的互动都是发生在社会之中，当我们采用更广泛的官僚制定义时，所有的互动也都发生在官僚制之中。这样一来，发生于组织成员与其管理对象之间的互动就必然与组织内部成员之间的互动关系存在某些相似性，二者就会呈现出某种相似的结构。

这一点从权威扩散的角度就可以窥见一二。在组织的中心—边缘结构中，总体上权威是从中心向边缘流动的。如图 4 所示，我们假定存在三级雇员，C 是 C1、C2、C3 和 C4 的上司，C4 是 C4p1、C4p2 和 C4p3 的上司。分开来看，C 对其下属(如 C4)的权力、C4 对其下属(如 C4p1)的权力都是显而易见的事实，但是，权威的流动意味着，C 与 C4 之间的关系必然会对 C4 与 C4p1 之间的关系产生一定的影响。或者说，作为中间层级的 C4，他对 C4p1 的权力方式显然会受到 C 对他的权力方式的影响。派尔兹(Pelz)的研究就指出，一个中层领导所感知到的其上司对自己的影响，将决定性地作用于他自己对其下属的影响。如果这一点成立，我们就可以推测，权威的这种扩散意味着，在组织成员构成的中心—边缘结构中，边缘雇员 C4p1 必然也会将他从 C4 那里获得的“边缘化感受”作用于他的管理对象(如

① [美] W. 理查德·斯格特：《组织理论：理性、自然和开放系统》，黄洋等译，北京：华夏出版社 2001 年版，第 5 页。

E)。这也是上文提到的边缘雇员应对边缘化感受的第二种方式,那就是他在与其管理对象的互动中获得了某种情感上的弥补。从非人性化——官僚制的特征之一——的角度我们可以提出同样的问题:既然官僚制雇员在其组织中被塑造成在规则链条上运行的非人性化的机器零件,而官僚制组织的管理/服务对象在与组织的互动过程中也仅仅是一个个被程式化处理的非人性化的案例,那么问题就是,这两种处理方式之间是否存在某种关联?我们能否恰当地得出结论,官僚制组织成员由于其在组织中的(边缘化)遭遇,同样对待其管理对象?葛德塞尔对此的回答是肯定的:“在权力分明的等级制中,那些处于权力底层的官员也同样受到压迫。为了弥补现状,他们冠冕堂皇地指责比他们地位还要低的公民。”①“为了弥补现状”清晰地反映了从雇员 C4p1 到管理对象 E 的传导机制的存在,总体来看,权力关系与行为方式从中心 C 经由 C4 和 C4p1 一直传导至 E。这样一来,官僚制组织的中心—边缘结构就将管理对象吸纳了进来,实现了结构的又一次扩张,即从圈 A

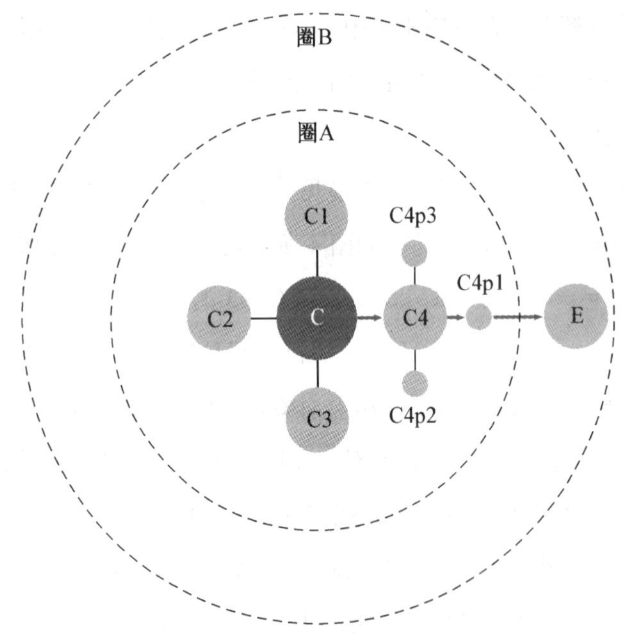


**图 4 官僚制中心—边缘结构的扩张机制**

---

① [美] 查尔斯·T. 葛德塞尔:《为官僚制正名——一场公共行政的辩论》,张怡译,上海:复旦大学出版社 2007 年版,第 20 页。

扩张至圈B，并通过将管理对象（如E）安置在更为边缘的位置而给予了组织边缘雇员（如 C4p1）一定的情感弥补，进而整个结构的稳定性得到了维护。

但是，这一扩张过程并未结束！接下来的现实是，正如葛德塞尔所叙述的那样：官僚制雇员并没有对所有管理对象一视同仁。组织规则——以效率的名义——要求其雇员对其管理对象采取分类管理的方式，但正是这种分类管理在实质上导致了组织雇员对管理对象的区别对待。组织雇员将管理对象分为不同的类别与级别，有些是他们乐意处理的，有些是容易处理的，有些则是疑难案例。如果组织规则不允许他们这么做，这些与管理对象直接接触的基层人员也会私底下形成类似的共识。他们对其管理对象中的“弱势群体”进行区别对待，有意或无意地拖延或抛弃这些“弱势群体”的案子。这种做法固化了——如果不是造就了——其管理对象内部的分化。如果我们把这里的官僚制组织换成政府组织，这一点就更清晰了。那就是政府基层官僚对社会大众的区别对待强化了社会的分化，或者像布劳和梅耶在讨论相关问题时所说的，“固化社会阶级差别，进而固化社会不平等”。[①] 从中心—边缘的结构看，这就意味着，官僚制强化了——如果不是造就了——其管理对象内的中心与边缘的区分；从整个社会来看，就是整体性的中心—边缘塑形（如图 5）。其实，约翰·戈雷斯（Johan Görres）早在 1821 年的《欧洲与革命》（Europa und die Revolution）就可能触及了这一问题。他指出，政府成功地实现了“将服从原则（principle of subordination）——而这正是它们发展的基础所在——从其自身扩散到了服从于它们的人们（the subject population），并逐渐将其聚合成普通大众（masses），其中的人仅仅被当作数字，其价值不是来自他们自身（selves），而是来自他们的地位（positions）”[②]。也就是说，一边是政府官僚制组织，服从是其内在的基础；另一边是社会大众，由于后者服从前者，政府内部的服从原则顺着政府对社会的控制流向了社会内部，服从原则在社会内的扩散强化了社会原有的分化结构，即强化了某个社会成员在社会结构内部的位置。总体来看，葛

---

① ［美］彼得·布劳、马歇尔·梅耶：《现代社会中的科层制》，马戎等译，上海：学林出版社 2001 年版，第 139 页。但是布劳及其所引述的学者在论及这一问题时，都只是在讨论官僚制组织内的成员所受到的不同待遇对其在整个社会的层级地位的影响。

② Albrow, Martin. *Bureaucracy*. London: Pall Mall Press, 1970. p. 20.

德塞尔也触及了这一影响和扩散的逻辑，在综述人们对官僚制的第三种批评——对人类的压迫问题——时，他对官僚制的压迫对象所采取的叙述顺序恰好是从官僚制的自身“雇员”到它的“服务对象”再到服务对象中的“弱势群体”。① 他似乎已经朦胧地感受到了这种扩散。②

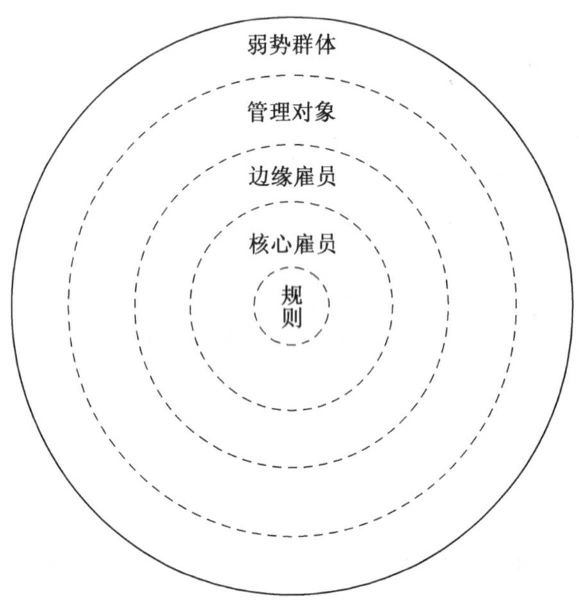


**图 5 官僚制中心—边缘结构的扩张结果**

### 4.3.3 隐性扩张：对非正式组织的边缘化

如果说上述的结构扩张是组织向外延伸的一次显性扩张，那么，当组织成员间的非正式交往这一不确定的甚至反结构的要素出现时，官僚制对它的吸纳与边缘化就是官僚制的中心—边缘结构及其价值在组织内部的一次隐性扩张。布劳和梅耶在论及官僚制的弹性问题时首先提到的例子就是非正式交往，我们也在“边缘化感受”的应对方式中提到了这一点。在这里，我们有必要对这一问题做特别的阐

① ［美］查尔斯·T. 葛德塞尔：《为官僚制正名——一场公共行政的辩论》，张怡译，上海：复旦大学出版社 2007 年版，第 18—20 页。

② 可惜的是，他并没有对此做出进一步的分析，当然，这在很大程度上应该归因于他在写作此书时为自己预先树立的理论目标，即为官僚制“拍手叫好”。

述，其目的在于阐明在“规则—核心雇员—边缘雇员”这一基础上的中心—边缘结构催生了雇员间的非正式交往后，官僚制结构是如何控制这一要素，并将其再次置于边缘化的地位的。

自 20 世纪二三十年代的霍桑实验以来，非正式组织/群体已经得到了理论界与实践界的极大关注，在一个相当长的时期内，人们争论的焦点似乎都集中在非正式关系对整个组织——尤其是组织的正式目标——的影响上，尤其是消极影响。霍桑绕线室（Bank Wiring Observation Room）实验表明，或者说研究者对实验结果的解读是，由于工人之间非正式组织的存在，他们在私下里无形中形成了低于组织“正式产量”要求的“非正式产量”，并通过非正式组织中的一些“鼓励”和“惩戒”机制让非正式组织的成员遵守这一非正式规范。在这里，非正式组织显然对正式组织造成了消极影响，正式组织也会将非正式组织视为某种威胁。由此激发的大部分研究自然也侧重于非正式组织带来的结果，而不是其产生的原因[①]，甚至有关非正式组织的研究——在很多时候——是以服务于正式组织为基本目标的。德尔伯特·米勒等人就提醒道：“我们必须记住，梅奥指导的所有工业研究都是在企业管理者的允许和安排下进行的。而且，众所周知的是，那些知名工商管理学院的教授和研究者是不会让企业界不爽的。对于终身服务于企业利益的梅奥来说，他在有意或无意中持有管理者立场的偏见（pro-management bias），这并不奇怪。这些研究者就是为了帮助管理者解决问题。”[②]显然，类似的批评并不仅仅适用于梅奥等早期研究者，此后的许多研究者同样如此——甚至可能更是如此。

既然已经认识到了非正式组织的存在及其对组织正式目标的消极影响，“服务于企业利益”的基本出发点也就促使更多的研究指向如何对非正式组织进行控制、领导、规范或引导，以使其符合正式组织的目标。换言之，更多研究指向了如何用正式组织去控制和规范非正式组织，以“帮助管理者解决问题”。在实践中，无论在组织中设置心理咨询师去关注员工，还是培训领导以使他们更加关心下属的需求，

---

① ［美］W. 理查德·斯格特：《组织理论：理性、自然和开放系统》，黄洋等译，北京：华夏出版社 2001 年版，第 58 页。

② Miller, Delbert C. and William H. Form. *Industrial Sociology*. New York: Harper and Brothers, 1951. p. 78.

目标都只有一个，那就是推动正式组织目标的实现，而不是实现员工的自我发展。有学者就不加掩饰地指明，正式组织就应当控制——如果不是扼杀的话——非正式组织。①

研究者在过分关注非正式组织对正式组织的影响时，自然会相应地忽视了另一个方向的作用，即正式组织对非正式组织的影响。显然，非正式组织的生成是源于正式组织的，更重要的是，正式组织为非正式组织提供了赖以生存和运行的环境。这就意味着，如果愿意，正式组织有能力也有机制去干预非正式组织，而相反的作用机制则不存在或者说弱得多。这与中心—边缘结构是一致的，即中心对边缘加以干涉的能力远强于相反的作用。

事实上，这一点在弗里茨·罗茨里伯格(Fritz Roethlisberger)和威廉·迪克森(William Dickson)关于霍桑实验的早期详尽报告中就有所触及，只是他们并没有给予足够的关注(考虑到其"管理者立场"，这一点很容易理解)。也由于这些论点没有像非正式交往对正式组织的威胁这一重大发现那样刺激人的神经，常常被人们忽略。在绕线室研究中，他们明确讨论了绕线观察室中的非正式组织的形成及其结构是如何受正式组织影响的，尽管很多时候他们并不是在非正式组织与正式组织这样的标签下阐述问题的。首先，非正式组织内的人际互动结构——尤其是谁与谁关系紧密/疏离——受到了空间关系(spatial relations，主要指物理距离)的重要影响，而这里的空间关系显然是由正式组织提供和规定的。换句话说，正是正式组织为非正式关系的生成提供了空间，也就在一定程度上给了非正式交往结构，尽管空间属性不能解释所有的非正式联接。其次，某个成员在非正式组织中的地位也受到了其在正式组织中的地位的重要影响。研究者观察并指出，绕线室中的成员之间存在某种非正式的社会分层(即检验工、connector 绕线工、selector 绕线工、焊接工和卡车司机)，而这种"社会分层是以其工种为基础的"。这就是说，非正式组织中的分层仍然是以正式组织给他们确立的工作类型及其等级关系为基础

① Alchian, Armen A. and Harold Demsetz. "Production, Information Costs and Economic Organization." *American Economic Review* 62 (1972): 777 - 795.

的，这一点就能解释非正式组织中的大部分人际交往的事实。[①] 研究者写道："我们也许能够得出这样的结论，职业地位是影响个体在非正式群体中的地位的一项重要决定因素。"[②]

也就是说，对于非正式组织而言，首先是正式组织，再加上差异化的个人特质与人类情感，共同构成其产生和运行的原因，或者说，只有同时考虑正式组织和情感类特质，才可能完全解释非正式组织。尽管罗茨里伯格和迪克森部分触及了这一点，但与他们不恰当地过度强调非正式组织相比，他们没能正确而充分地指出正式组织的作用，尤其是正式组织在非正式组织的生成与运作中发挥的重要作用。[③] 当发现组织成员无视正式产量要求，制定了比它低的非正式产量标准时，他们解释说："这表明官方标准对工人来说毫无意义(meant nothing)，取而代之的是，他们有一个关于日工作量的非正式标准，这个标准对于这个群体来说是行为准则，是社会规范。他们感到如果超出这个标准就是错的(wrong)。"[④]显而易见，官方标准不可能毫无意义！它至少具有两个重要的意义：首先，它成为确定(没有刻意制定，只是无形中形成的)非正式产量的参考值，即非正式产量不能比正式标准低得太多；其次，也是最重要的，正式组织提出的预期产量等正式规范仍然具有很高的权威，而这是任何非正式组织及其规则所不具备的。工人们明确地知道，这些与正式规范相冲突的非正式目标与行为"是'错的'，它们与管理规范相冲突。因此，不要让工头发现这一点很重要"[⑤]。也正是因为这一点，才让他们只能将非正式产量等与正式规范相冲突的行为和目标藏在秘密的地方。最后，我们看到，非正式组织或交

① 例如处于最高层的检验工与绕线工的关系仍然是等级化的，处于最底层的卡车司机就没有融进小圈子中，部分 connector 绕线工和 selector 绕线工分别构成了两个不同的圈子等。有些现象表面上与这种工种排序相矛盾，但研究者最终还是从正式组织所带来的工种排序中获得了某种解释。例如：connector 绕线工组成的圈子 A 容纳了一个明显低于其工种序列的焊接工，这表面上并不合理，但实际上，正是因为焊接工与 connector 绕线工相比显著地(而不是略微——像 selector 绕线工那样)低于 connector 绕线工，所以他才有可能被容纳进圈子 A 中。参见 Roethlisberger, Fritz Jules, and William J. Dickson. *Management and the Worker*. Cambridge, MA: Harvard University Press, 1946. p. 514。

② Ibid., p. 516.

③ 以至于有评论者批评他们——尽管有些极端——"忽略了工人的正式组织"。参见 Miller, Delbert C. and William H. Form. *Industrial Sociology*. New York: Harper and Brothers, 1951. p. 78。

④ Roethlisberger, Fritz Jules, and William J. Dickson. *Management and the Worker*. Cambridge, MA: Harvard University Press, 1946, p. 517.

⑤ Ibid., p. 522.

往也就只能潜藏在被正式组织边缘化的角落里。

换言之,正式组织对非正式组织造成限制——即使不是有意的主观上的限制,也会在客观上造成限制的结果——的一个原因在于,组织成员即使在情感上需要和欢迎这种非正式交往,甚至在实际中建立或融入了某个非正式组织。由于缺乏能够被正式组织所容纳的相应手段和机制,非正式交往也只能边缘化地存在着。换言之,只有那些符合正式组织的命令链和层级制的手段和机制才具有合法性,而那些确实客观存在的非正式组织即使在个体观念上被认可,也很难被正式组织所认可。当由于发现了非正式组织如何利用诸如鄙视、嘲笑、讽刺、邀请参加等非正式手段来维持其内部规则,感到惊奇时①,我们不应忘记,那些正式组织的手段具有独一无二的权威性与更强的正/负面效应,它们可以公开地使用这些手段并将其记录在案以震慑或示范给其他成员。正是这些原因使研究者们观察到工人们在报告中瞒报自己的实际工作量的事实。这一方面是为了契合其所在的非正式组织的规范,另一方面也反映了正式报告本身的权威性,因为工人们明确知道,如果他们如实汇报他们的较高的实际产量,“产量标准也许会提高,有人也许会被开除,监工也许会训斥工作慢的人”②。换言之,非正式组织成员所建立的非正式规则,不可能完全基于他们自身的所谓情感和情绪,不可能忽视也不能公然抵抗正式组织的规则,非正式规则的建立恰恰是在他们对组织正式规则的理解的基础之上(尽管这些理解可能是不正确的)。③

关于非正式组织的生成,罗茨里伯格和迪克森显然没有给出满意的回答与论

① 人类总是被那些意料之外的发现转移了注意力,却往往忽视那些“天然”存在的现象。正如当“棱镜门”事件让公众惊奇地看到中心国内部互相监视的事实时,人们似乎不再讨论边缘国早已被中心国监视的不争事实了,参见张康之、张桐:《大数据中的思维与社会变革要求》,《理论探索》2015 年第 5 期。

② Roethlisberger, Fritz Jules, and William J. Dickson. *Management and the Worker*. Cambridge, MA: Harvard University Press, 1946. p. 417.

③ 研究者指出,事实上,工人关于增加实际产量或如实报告较高产量可能导致企业改变产量、工资率或工作时间的认识并不正确,基于此以及其他方面,研究者进而指出,这些工人的做法事实上是不理性的。研究者在这里严格区分了理性和情感,并将理性与正式组织画等号,而把情感与非正式组织画等号,这似乎意味着,正式的管理中没有任何情感因素,而非正式组织中也没有任何理性因素(相关讨论也可参见 Miller, Delbert C. and William H. Form. *Industrial Sociology*. New York: Harper and Brothers, 1951. p. 79)。基于此,研究者认为关于工人限产等行为的通常的理性的解释都不合理,他们甚至说:“我们认为,限制产量的行为仅仅是群体情感(sentiments of the group)的一种表达……给他们的行为寻找的解释根本不是其行为的真正原因。”参见 Ibid., p. 535.

述。尽管对传统经济视角甚至所有理性的解读的批判显得过于极端，但是他们从组织外部功能的角度所给出的启示性结论——其论证过程十分脆弱——仍然值得在70年后的今天重申，“这里的分析可以指向这样的结论，绕线小组的非正式组织的出现主要是因为该群体在整个公司结构中的位置，以及由此造成的他们与公司其他群体的关系”[①]。这一结论表明，正式组织是产生非正式组织的最重要原因。既然在逻辑上非正式组织生成于正式组织，那么前者处于边缘地位似乎是不难想象的。总之，正式组织为其成员的非正式交往提供了框架和生存的空间，在这个空间里，非正式交往边缘化地存在着。在官僚制的中心—边缘结构中，非正式组织无非是对正式组织的某种有限的应对/回应机制，成员们在正式组织中无法得到的人性化表达在这里找到了宣泄的渠道。居于中心的正式组织允许这些渠道存在，但仅仅是边缘性的存在。这也是中心—边缘结构的灵活性所在，它能够“消化多样化的、不确定的因素”，通过这种消化作用，它将这一结构扩展到了其他要素，“并继续发挥作用”。

综上，官僚制结构具有显著的弹性，正是这一弹性使得作为一种结构的官僚制从狭窄的组织结构扩张成一种社会结构，使得官僚制显示出顽强的生命力。官僚制中心—边缘结构的强大，不仅在于它实现了中心对边缘的有效管理与控制，更在于它能够“消化”多种多样的、不确定的甚至反结构的要素，消化的途径之一就是通过结构的扩张将这些要素纳入既有的中心—边缘结构，同时将其边缘化。无论对其管理对象的吸纳与边缘化，还是对组织中非正式交往的边缘化，其结果都是整个官僚制的中心—边缘结构得到了巩固。但是，官僚制结构的弹性毕竟是有限的，在具有高度复杂性与高度不确定性的后工业社会中，这一结构已经表现出诸多弱化的迹象和趋势。对官僚制结构的重新认识，尤其是提出结构弹性这一命题，并不是要为官僚制正名，相反，恰恰是为了更有效的超越，因为对传统官僚制的超越之路必须以对它的全面认知为基本前提。尤其当我们的超越之路遭遇阻碍时，我们都应当回过头来去重新审视诸如官僚制结构等老生常谈的议题，正如奥尔森所指出的那样，“也许是时候重新认识官僚制了”。

---

① Roethlisberger, Fritz Jules, and William J. Dickson. *Management and the Worker*. Cambridge, MA: Harvard University Press, 1946. p. 548.

# 第5章　社会关系的中心—边缘结构

本章将讨论我们所选取的三个维度中的第三个：社会关系。在概念上，除了在此使用的"社会关系"一词，相似的概念可能还包括社会交往（互动）、人际关系（交往或互动）等，我们并没有在这些词语之间做特别的区分。① 本章将以农业社会与工业社会间的比较为基础——整个研究就是如此，但在本章这一点表现得更明显——去阐释社会关系及其结构的变化。但需要说明的是，正如前两节的标题可能产生的误导，考察社会交往发生的基础与环境的变化固然重要，对变动本身的描述并不是本研究的重点，因为这方面的研究已经非常多。前两节的重点在于努力阐释这些变动与我们在此论述的中心—边缘结构之间的关系，具体而言，即试图回答这样的问题：这些变动如何造成了人际关系中的表面平等，但同时导致了实质的不平等？这些变动为中心—边缘结构的生成或发挥作用提供了什么样的基础？

① 但粗略地说，在纳达尔看来，"关系"或"联系"的概念包含得更多，它至少包含了互动与位置两个层次（Nadel, Siegfried Frederick. *The Theory of Social Structure*. London: Cohen and West, 1957. pp. 8-11），而"互动"或"交往"的概念则仅仅指向单元间关系的层次。考虑到我们在结构与单元间关系两个层次之间所做的区分，我们在这里主要采用"关系"一词。更准确地说，当强调结构时，例如这里所称的中心—边缘结构，我们尤其指的是"关系"概念中的位置这一含义。

# 5.1　社会关系中的个体

## 5.1.1　身份与角色的变动

一般认为，农业社会的社会关系是一种等级身份制，其中个体被要求去做与其身份相符的事情，事实上，更多的并不是被某种类似于工业社会的外在制度“要求”，而是因为一种共享的共同体文化的内在“要求”而如此，以至于人们将其视为一种自然而然的事情，不会理性地认识和分析这种要求。到了工业社会，人们的基本共识是身份等级制被打破了，但是对于这一判断至少有两点需要说明：第一，身份等级制被打破，并不意味着作为一种社会规定的身份的消解。相反，人的身份变得多元化了，因为人们至少获得了与领域分化形成的公共领域、私人领域和日常生活领域相对应的“公民、市民和家庭成员”[①]等普遍而抽象的身份。正是这种普遍性（由于抽象获得的普遍性）给工业社会的人们制造了平等的身份氛围，这些普遍而平等的身份替代了农业社会那种等级制的不平等身份（例如贵族和平民）而成为一切社会建构的基础。这种替代是通过对身份概念或观念的基础的替换来完成的，因为农业社会的身份是建立在那些人们无法选择的自然因素（例如出生地和血缘）基础之上的，而工业社会的公民身份则是以理性的外在制度的形式被规定了下来，其中的自然属性则弱化了许多。这样一来，在一个特定地域的人们由于同时都具有公民的身份，不再在法律的意义上被分为三六九等。尽管人们仍然不能随意选择自己的身份（例如国籍，这种情况已经在发生变化），但是至少对于个体而言，他与周围的人之间不再有法律上的身份差异。

也就是说，从社会结构的角度看，农业社会的社会关系是一种基于感知的拥有共享文化的立体的等级结构，而在等级结构崩塌后所建立起的工业社会的社会关系就必将是在一个平面上铺展开来的，或者更准确地说，是被要求在一个平面上展开的。正如农业社会虽然是一个感性的混沌体系，但仍然具有一种（等级）结构来

① 张康之：《社会治理的依据：从身份到角色》，《中共浙江省委党校学报》2015 年第 5 期。

整合社会关系，以为人们的行动提供一个基本的框架一样，工业社会的社会关系虽然被要求在一个平面上展开，但人们并不是像一盘散沙一样随机地散落在这个平面上，而是形成了一种中心—边缘的结构。也就是说，工业社会只是在形式上显示出同一个平面上的平等社会关系，而在实质上，由于一些人处于中心，更多的人分布在边缘，呈现出了另一种不平等的结构。这就是我们关于身份等级制在工业社会被打破这一判断的第二点说明，即身份等级制被打破只意味着农业社会的那种基于自然因素的不平等身份被打破，并不意味着人与人之间的不平等完全消解。就身份而言，赋予工业社会平等形式的就是公民这样的普遍身份，为了强化这一点，不管是理论叙述还是制度设计都将公民作为基本的出发点。但这些方案只是在形式上为人们设定了各种平等的场景，实质上则不然。例如，法律可以选择将什么人排除出公民身份之外，反过来，只有少数人才可以选择更换自己的公民身份。更何况工业人除了这种普遍身份，还有更多具体的身份，社会成员在获取这些身份的资格方面也不是平等的，甚至还有一些未被承认的身份，这些人还处在为自己的身份承认而奋斗的阶段。因此，关于工业社会之社会结构的理论或模型应当能够同时反映形式平等与实质不平等这两个特点。

对于工业社会中的社会关系而言，身份仅仅为人们进入某个领域提供了一种资格，在具体的行动过程中，人们又在扮演着不同的角色。多元化身份、多重角色，以及二者之间的多种互动让工业社会的人际关系变得复杂。角色是与组织联系在一起的，由于工业社会是一个完全组织化了的社会，角色在其中也就发挥着重要作用，或者说，在大部分人都具有的公民等抽象身份的基础上，甚至起着决定性的作用。尽管公民身份也蕴含着一定的强制性，但由于其指向的是抽象的公民群体而非具体的个人，这种强制性应当说比较弱；而角色则不同，工业社会中的人们都是通过组织开展活动的，组织为不同角色设定的规则更具有针对性和可操作性，也就更具有强制力。组织预先根据某种需要设定了岗位和职位，并规定了其所需要的人，进而从众多候选者中进行招募并加以培训，个体在被组织化的过程中也总是压制个性而变成组织所需要的那种人，这就完成了角色对人的塑造。角色的形式化特征表现在角色对个体的同化作用，即用一个预先设定的模具去形塑一个人，组织所设立的各种表面平等的程序只是不同的筛选过程，通过层层筛选以及入职后的打磨，最终成功地将一个原本完整的人塑造成完全适合那个模子的不完整的人。这样一来，角色就变成了一种工具。就组织一方而言，是组织或组织中某些个体实现利益的工具，就角色扮演者及边缘一方而言，他们也只是把角色当成实现自己的利益的工具，即通过扮演各种角色换取自己的生活所需。“人们并不是出于某种真实的内在要求去扮演某种角色，而是出于利益、权欲等要求去争夺职位。”①人们既然不能在虚假的角色扮演中过上真正的生活，就将所有的精力都用于在这种形式化的生活中向某个形式化的目标(例如某个组织职位)奋斗，在社会关系的中心—边缘结构中，那就是绞尽脑汁、竭尽所能地向中心靠拢或成为中心，而不是在自己的位置上享受真正的生活。也就是说，一方面，那些边缘者的境遇没有给他们享受的资本，他们必须通过进军中心来换取这些实在的利益；另一方面，这也是整个社会的氛围，无论中心还是边缘，他们都难以追寻自己的真正的生活，只能追求形式化的利益。

## 5.1.2　个体的碎片化

工业化导致了个体的碎片化，即人不再是完整的人，人被技术、组织、规则肢解开来，个体在某个碎片上努力过完一生。个体碎片化的原因有很多，例如工业社会的技术发展、领域分化、社会分工、完全的组织化与思维模式等。马歇尔·麦克卢汉就指出，技术发展对现代人进行了单向的延伸，例如车的提速大大延长了人的腿脚，电话和广播等媒介的普及延伸了人的声觉系统。但是，与单向延展相伴的是具有综合思维能力的大脑的萎缩，拼音文字、印刷物、电视屏幕延展了人的视觉功能，却剥夺了人深度思考的能力，在大脑对这些视觉冲击物无须过多加工的情况下，人已经得到了各种前所未有的满足。② 而在赫伯特·马尔库塞看来，技术已经主导了整个工业社会的一切，“在这个社会里，生产设备不仅决定着社会需要的职业、技艺和态度，也决定着个人的需要和欲望”③。

---

① 张康之:《社会治理的依据:从身份到角色》,《中共浙江省委党校学报》2015 年第 5 期。

② 参见[加] 马歇尔·麦克卢汉:《理解媒介——论人的延伸》(增订评注本),何道宽译,南京:译林出版社 2011 年版,第 102—109 页、第 181—188 页、第 207—215 页。

③ [美] 赫伯特·马尔库塞:《单向度的人》,张峰、吕世平译,重庆:重庆出版社 1988 年版,第 7 页。

不同于农业社会的混沌一体，工业社会出现了领域的分化，其中最主要的就是公共领域、私人领域和日常生活领域的分化。对于个体而言，这种分化意味着人的生活世界的碎片化，即人至少要在三种不同的领域中过三种不同的生活。这种不同并不简单地意味着人要去经历或者去做不同的事务，而是人们必须学会运用不同的价值观念去在三种(甚至更多)不同的世界中穿行，或者说努力去适应这些不同的原则。这几乎成了现代人生活的一项必备技能，如果没有这项技能，其生活就会陷入困境。当在私人领域中出现时，他是在自由市场和平等交换的观念下行事的，为了个人利益而计算、谋划并和他人讨价还价；当出现在公共领域时，他努力发表个人关于某项公共事务的意见，提出自己的权利主张，甚至要与那些可能损害他的权利的人或群体进行抗争；而当出现在日常生活领域时，他得以(至少部分)卸下面具，自如地释放着自我的情感。这些相互独立且排斥的原则不允许人们将错误的价值和行为习惯带入错误的领域。正因如此，我们看到，官僚制组织要求其成员不得将个人在日常生活领域的情感带入工作，也要求组织成员将换取酬劳的工作行为与私人的购买等活动分开。

从社会交往的结构来看，我们可以说，正是一种被分化进而造成相互隔离的结构造成了人的碎片化。反过来说，当作为个体的人是不完整的、碎片化的时候，中心—边缘结构才更容易建立起来。一方面，正如领域分化才让现代诸如公共领域和私人领域这样的概念和分析性思维成为可能一样，当个体不是以一个完整的人出现，而是被分裂为不同的身份和角色，并在不同领域中过着不同的生活时，我们也才能用分析性的语言(例如中心与边缘)来界定人际交往；另一方面，当个体只是被单向延伸的时候，边缘只需要在某一个极狭窄的领域中取得成功，取得中心设立的标准所界定的那种成功，沿着边缘向中心的连线这个单向上进发，这就是边缘毕生的努力。这也让中心对边缘的支配更加容易，同时显得更加隐蔽，总体的中心—边缘结构也就更加可能了。如果个体过着完整的生活，真正理解并享受自己的生活，也理解和尊重他人的生活，他就不会以某种他人设立的标准为奋斗目标，中心—边缘结构也就失去了一个重要的基石。

人的单向延伸不仅弱化了人的整体性思维，而且，与这种碎片化的个体生活相适应，人的思维方式也同样是碎片化的。用麦克卢汉的话说，人们不仅生活在“专门化的、分割肢解的中心—边缘结构的文明”中，而且“在使用陈旧的、前电力时代那种支离破碎的时间模式和空间模式来思考问题”。① 正是由于领域之间的界限分明，同时由于工业社会的学科体系，人们对工业社会的理解也就有了从不同领域出发进行分析的不同视角，这些视角之间彼此分割，以至于当人类进入后工业社会需要运用总体性视角考察人类社会时也很难走出这种分割。例如，关于人的假设，现代人就提出了诸如“经济人”“政治人”“行政人”等多种假设，这些不同的假设无非是对社会成员在某种情境下彰显出的特质的特殊强调。对于习惯了学科分割和有限思维的现代人而言，人们不仅能够接受而且还能热烈拥抱这种思维方式，这就使得从不同假设出发的主张都彰显出了一定的解释力。对于那些认为这个世界因为复杂而很难被认识的人而言，只要透过某种单一的视角认识到部分甚至片面的图像，他们就知足了；而那些在认识论方面更加傲慢的人则声称这是在“窥一斑而知全豹”，进而用某个狭窄的视角观察到的结果批判持有不同视角和主张的人，不愿放下傲慢去聆听他人。②

对于人际交往而言，我们也许能从这种思维的碎片化中为如下现象找到部分解释。前工业社会的信任由于是总体性的，也就是说，人们对于他人要么信任，要么不信任，因为人是作为一个整体被看待的，正如陌生人是一个整体概念一样。相比之下，工业社会由于信任的终极对象不是人而是契约，对于人而言，如果存在某种表面的信任的话，也只是部分的信任，只是在与其交往的方面或者说被契约规定了的方面存在(不)信任的问题，至于其他方面，则不重要甚至不在考虑的范围之内。我们经常看到，一些人对所谓“合作伙伴”的其他方面的评价并不高，但是他们之间的协作一直存在。这意味着只有在他们交往的方面，双方才是认可的，因为这是可以给他们带来利益的。

### 5.1.3　人的符号化

工业社会的人不仅在不同领域中穿梭，扮演不同的角色，而且每一次扮演都只

---

① ［加］马歇尔·麦克卢汉:《理解媒介——论人的延伸》(增订评注本)，何道宽译，南京:译林出版社 2011 年版，第 114—115 页。

② 回顾我们在 2.3.3 注释中关于莫斯卡等人的说明，我们认为许多看似矛盾的主张仅仅由于研究者采取了不同的视角，这样一来，某个视角只是对其他视角的补充，而非批判。

是符号化和形式化的。首先是社会规则对个体的符号化，社会成员仅仅作为一个形式化的符号存在于组织和社会中。我们说，整个工业社会都是以一种官僚制的方式被组织起来的，也就是说，任何个体都生活于这个大的官僚制中，也当然生活在一个个具体的官僚制组织之中。官僚制组织要求组织成员剔除自己的性格，而成为非人格化的组织的一部分，而整个社会也是由符号化了的社会成员组成，每个人作为一个零件共同构成了一部机器。

事实上，仅就分工本身而言，它并不必然会带来符号化的结果，人们完全可以以饱满的热情投入各自的工作而丝毫不用削减个性化特征。然而，工业社会的全面分工不同。也就是说，工业社会的社会分工与前工业社会的分工的重大差异并不在精细化的程度上，即无论在社会化大分工，还是一个生产部门内的劳动分工方面[①]，工业社会都比前工业社会更加详细。但更为重要的差异则在于，首先，工业社会的分工是建立在家庭（生活）与职业（活动）相对立的基础之上的，正如官僚制组织要求的那样，组织成员被要求在公私之间划出明确的界限，这种做法是将个体特征逐出组织的一次努力；其次，工业社会的细致分工最终导致大部分劳动者的能动的技能变得不再那么重要，以至于工人从作为生产流程/机器的一部分变成了机器的附属物，如果说还需要什么技能的话，就只剩下服从人和机器的命令并自动执行的技能，“工人跟随劳动资料的运动……在工厂中，死机构独立于工人而存在，工人被当作活的附属物并入死机构”[②]。这样一来，技术发展和管理方式足以让人可以毫无情感地、“轻松”地参与一项工程。表面看来，这对于人而言是一种便利甚至解放，但这并非真正的自由，因为真正的自由意味着个体在不想掺杂情感的时候可以将任务交由机器完成，而在自己想注入情感的时候也能顺利如此。但长久以来，工业社会的分工导致人们在想让情感加入的时候已不再可能，甚至很难提出这样的想法。最终，分工本身变成了一种社会规划的工程，成为一种社会统治的力量。因此，无论中心还是边缘，都被整个结构符号化了。这也是我们理解工业社会之中心—边缘结构的一个重要基点，即在我们强调中心与边缘的不平等之前，我们必须

---

① 关于“社会劳动分工”与“劳动内部分工”的讨论，可参见林其泉：《分工的起源和发展》，厦门：厦门大学出版社 1988 年版。

② ［德］卡尔·马克思：《资本论》第一卷，北京：人民出版社 2004 年版，第 486 页。

记住，在工业社会的制度规则面前，包括中心与边缘在内的所有人都是被边缘化的。当然，更细致地区分，符号化的程度必然存在不同，中心之于整个结构的重要性显然要高于边缘，这一点就连边缘也深信不疑。

然而，这并不是符号化的全部。设想一下，尽管组织强烈要求成员以符号的方式存在于组织中，但成员仍然可以抗争，即使他无法在组织内实现抗争，也可以在组织外坚守自己的个性化特征，以真正的自己的方式应对他人和他事。然而，工业社会的符号化是全面的、整体性的。社会对其成员的形式化处理方式完全同化了成员自身的思维和行为方式，社会成员自身对他人和他事同样采取符号化的处理办法。工业社会的分工根本无须某个工人去了解他人的工作，或者说组织对雇员根本没有提出这一要求，而善于服从的雇员由于失去了自我判断的能力，自己也不会提出这一要求。他们仅仅专注于自己的那一部分，而不去关注同事的工作，也就不会去理解同事，甚至无须理解整个工程的程序和意义，也就无须理解自己在整个工程中的意义。当然，工业社会赋予人的表面的自由选择权并不阻止——像欧洲中世纪的一些手工业行会要求的那样[①]——人们这样去做，但是人们已没有意愿和精力去这样做。不仅对于处在工厂生产流水线上的工人，而且与他人的任何交往活动都是如此。对于官僚制组织中的雇员而言，他们也用同样的形式化方式对待他们的管理/服务对象，将这些对象视为一个个须要处理和应付的案例，按照规则将对象分成不同的类别，按照针对不同类别的处理流程加以处理。简言之，对于工业人的整个生活而言，既然生活以符号化和形式化的方式对待个体，个体也就以同样的方式对待生活。正因如此，中心—边缘结构才得以扩散，官僚制组织中的边缘成员以符号化的方式去应对他的管理/服务对象，事实上是将其吸纳进官僚制组织的中心—边缘结构之中，并贬斥在最边缘的位置，如此一来，旧的边缘之外又多了一层边缘的包围，整个结构得以强化。

形式化的人缺乏思考，缺乏批判，缺乏想象力和创造力，他们关于自己生活的所有要求和想象都不是出于自己的理性，而是被塑造出来的，因此马尔库塞称这样的工业人为“单向度的人”。单向度的人失去了从自我出发向社会提出要求和批判

---

① 参见林其泉：《分工的起源和发展》，厦门：厦门大学出版社 1988 年版，第 106 页。

社会的向度。因为工业人的生活是简单的，那就是在工业社会的生产流水线上努力做好自己那一份工作，不会做也不关心整个流程中的其他部分，所以工业人不仅无法真正地为自己而活，而且还无法真正地为某种集体功能而活，尽管他被组织努力塑造成某种集体功能的一部分。组织中的个体只须具备人类万千技能中的一种，并不断地重复劳动，在这种重复中换取报酬，进而换取自己一生的生活。就像组织要求他们的那样，人们甚至无须进行真正的思考。所有信息已经足够清晰，只需大脑简单地加工就能满足自己的需求，如果说需要"思考"的话，那人们只须"思考"(事实上是算计)如何为自己谋取更多的利益。福开森在谈到工厂手工业的情况时说道："无智……是产业之母，思虑与想象力是易犯错误的。手足的活动习惯，既与思虑无关，也与想象力无关。"[①]在工厂手工业如此，在大机器工业时代就更是如此了。固化的职业分工体系将人们凝固在细分的工种上，由于缺乏对其他个体与领域的了解，加之组织化的体系剥夺了人的思考和想象力，创造力也就荡然无存了。这种创造力最好反映在艺术领域，在前工业社会，为当代人津津乐道的诸如达·芬奇那样的艺术家大都身兼数职，他们不仅在横向上熟知(现代意义上的)多个领域，在纵向上也熟练掌握从设计到制作的整个流程；而工业社会的人，由于完整性蜕化，被严重地符号化，已没有此种能力。在后工业社会到来之际，这种创造力和想象力的匮乏则越发显现出来，严重限制了人类思考和建构未来的能力，因此法默尔呼吁"想象"，呼吁不仅在"美学的领域"，也要"在科学的和规范的领域"，不仅要在"科学发现的语境"中，也要在"论证的语境"中让"想象""发挥更大的作用"。[②]

综上所述，在人类社会从前工业社会向工业社会变迁的过程中，社会关系中的个体在身份普遍化与角色多元化、碎片化、符号化等三个方面的变动共同促进了一种可以称之为"中心—边缘"的社会结构的生成与巩固。具体而言，公民等抽象身份的确立为人们赢得了平等，但这仅仅是理论上所确立的形式平等性。在实质上，

---

① 转引自[苏]卢森贝：《政治经济学史》第三卷，郭从周译，北京：生活·读书·新知三联书店1960年版，第283页。

② [美]戴维·约翰·法默尔：《公共行政的语言：官僚制、现代性和后现代性》，吴琼译，北京：中国人民大学出版社2005年版，第270页。

人们则在同一个形式化的平面上形成了少数中心与多数边缘的不平等分层；人的碎片化让人变得不完整，也使得少数中心对多数边缘的支配与控制成为可能；而人的符号化则让人失去了应有的判断力和想象力，也就很难认清这一社会结构中的不平等实质及其原因，更难对其进行反思与抗争。

## 5.2　社会关系中的交往

### 5.2.1　从习俗到契约：社会交往之基础的变化

在谈论工业社会与前工业社会的社会交往时，人们经常使用熟人与陌生人这对词语，据此也将前工业社会称为熟人社会，而将工业社会称为陌生人社会。所谓熟人社会首先指向的是交往的对象和频率，即社会交往主要发生在熟人之间，尽管由熟人组成的小团体也要不时地与其他团体（陌生人）发生关系。但更为重要和本质的是，熟人社会主要是指交往发生的价值基础或者说“信任关系的条件”，即熟人之间组成了一个基于血缘和地缘的、共享同一种习俗和文化的小团体，而将其他团体天然地、先入为主地理解为陌生人并加以排斥。这些陌生人没有在这个血缘系统内，也没有长期居住于此，因此陌生人之间基于共同文化模式的感性信任自然不能扩展到其他人。正如吉登斯所言，这时的陌生人只是作为整体的模糊的“一整个人”被看待，而不是具体的陌生个体。必须指明的是，尽管我们可以用现代的分析性思维和语言去做如上的描述，但是在熟人社会中，整个交往行为的产生所依凭的可以说是“对一种行为的规矩熟悉到不假思索时的可靠性”①。也就是说，此时的社会交往是以共享价值为内在基础而自然发生的，自然到我们根本无须去分析其行为发生的内在逻辑，甚至这个问题本身都不应被提出。

而到了工业社会，随着社会脱域化过程的不断加深，人们不断走出习惯性的区域，与其他区域的人进行广泛的互动；分工体系的不断加深也让人们无法在既有的熟人群体内满足生活需要，转而须要频繁地跟陌生人进行交换活动，所有这些都让

---

① 费孝通：《乡土中国》，北京：生活·读书·新知三联书店 1985 年版，第 6 页。

前工业社会的信任基础逐渐瓦解。为此，社会交往亟需某种基础或中介，或者说人们的交往需要某种理由（这是现代理性思维和分析所必需的），而契约及作为其形式化变体的制度规则成功地提供了这一中介因素。这种制度规则和契约——由于其权威性和各方基于妥协和利益算计达成的同意——赋予了人们（尤其是交往双方）形式上的平等。形式平等是契约的一个重要特征，也是契约得以普遍化的一个重要原因。像前工业社会那样基于身份和习俗的交往具有明显的局限性，它们天然地限制了社会成员与其他不同的身份等级以及不同文化模式的陌生人之间的交往，但是，契约的平等特征能突破这些限制，具有了可以无限扩张的性质。由于它只是形式化的，能更容易更高效地实现这种扩张，基于契约的陌生人交往能很快扩展到更广阔的地理范围，哪怕是到了新的地域，只要我们能跟当地人签订合约，双方之间就能开展交往活动。随着契约范围的扩大，人类的交往范围进一步扩大，反过来，其立基的契约也得到了普遍化和强化。亨利·梅因（Henry James Sumner Maine）就将传统到现代的这种变迁（有些保留地）概括为“从身份到契约”的运动，并坚定地指出这是“所有进步社会的运动”。①

但是，必须看到的是，这种平等只能是形式上的，赋予双方形式上平等地位的目的主要是促成一次交往。事实上，平等与否并不仅仅反映在交往本身是否发生，还反映在交往的结果。一些自由经济的鼓吹者声称，交往的双方是平等的，他们在一次交往中发挥了各自的比较优势，获得各自所需，可谓一个共赢的场景。这种论证之粗浅，就相当于说，在一个工厂中，工人贡献了自己的技能和劳动而赚取了生活所需的报酬，资本家贡献了自己的知识和资本而通过出售产品赚取了利润，这看来也是一种双赢的局面。这些说法并不考虑交往双方从交往中是否得到了其应得的量，更丝毫未提这种交往对双方的长远影响如何。加尔通在其帝国主义的结构化理论中就明确批判了这种形式化的平等假象，他尖锐地指出，那些在交往时看似

---

① ［英］亨利·詹姆斯·萨姆那·梅因：《古代法》，沈景一译，北京：商务印书馆1996年版，第96—97页。从梅因的表述中可以看出，他意识到了这种简单的概括可能包含的问题，但是，正如该书导言撰写者亚伦所说的那样，尽管梅因的用语有待商榷，“但他的结论实足以表现一条为当今历史法学家没有任何争执的原则——个人自决的原则，把个人从家庭和集团束缚的罗网中分离开来”（同上，导言第17—18页）。

平等公正的交易在长期看来却是极度不平等的。①

与此同时，在工业社会中，契约的普遍化与强化的过程也在有意无意地排斥和压抑此前社会交往的基础——习俗。那些在工业社会的交往中依旧使用习俗作为交往基础的人被不断排挤，他们在契约机制面前受挫，最终也“习得”了这种新的交往方式。从熟人与陌生人的角度看，工业社会中的一些人如果继续使用熟人之间的交往逻辑来应付其他人（包括熟人和陌生人），总会被对方基于利益计算的行为所算计，最终不得不逐渐放弃熟人交往的基础，而逐渐学会了陌生人的交往逻辑。

但是，必须同时强调的是，正如大部分农业社会向工业社会的特征转换那样，当我们说社会交往赖以发生的基础从传统习俗转向外在契约时，并不意味着后者对前者的完全替代。即使在今天，“习俗（custom）还没有像梅因所声称的那样完全让位于自由契约和竞争。习俗仅仅随着经济情势的变化而变化，在今天可能还具有相当的强制性（mandatory），以至于一个独裁者都无法将其推翻”②。而那些潜藏在社会边缘位置的习俗化的交往成了现代人寻求精神慰藉的场所，同时也应当成为我们关于后工业社会建构与想象的重要组成部分与思想来源。

### 5.2.2　从互助到协作：社会交往之形式的变化

农业社会的社会交往是一种感性的互助体系，主要是为了应对自然的威胁。农业社会的身份等级制要求，只有同处一个等级的人们才可能“互助”③。互助这种低级的合作的关键就在于其感性特征，即互助双方基于血缘或地缘带来的共享的风俗习惯以及道德信念而交往，其中并不涉及对交往可能带来的自我利益的理性计算，一切交往都是自然而然发生的。而工业社会的社会交往则是一种理性的协作体系，其中个体以自己的利益为出发点，对某次协作可以给自己（甚至各方）带

---

① 加尔通对此区分了行动者之间的效应（inter-actor effects）与行动者内部的效应（intra-actor effects），并指出对于交易是否公正的分析不能忽略后者，参见 Galtung，Johan. “A Structural Theory of Imperialism.” *Journal of Peace Research* (1971)：81 - 117。

② Commons，John Rogers. *Institutional Economics*：*Its Place in Political Economy*. New Brunswick：Transaction Publishers，2009. p. 72.

③ 张康之指出，广义的合作包括互助、协作与真正的高级形态的合作三种形态，而狭义的合作仅指后者，可参见张康之：《“协作”与“合作”之辨异》，《江海学刊》2006 年第 2 期。

来的得失进行计算和衡量，并最终选择协作对象与协作行为。也就是说，实质上，协作并非基于对彼此的信任，而仅仅是一个交换的过程，这种交往的发展是因为各方对此都有所期待甚至“各怀鬼胎”。也正因如此，在工业社会，感性互助在理性算计面前总是甘拜下风，以至于逐渐被整个社会边缘化，仅仅在部分领域（如家庭）的部分行为中存在着。

对于工业社会的人际交往，不仅平等是形式上的，交往双方的信任也只是形式上的。表面上看，参与交往的人信任他的交往对象，但最终人们信任的对象是契约而非与之交往的人。因为人们相信，即使对方的行为突破了某些界限，契约也可以帮助解决纠纷。我们甚至可以说，对制度与合同这些外在规则的信任正是因为对他人本身的不信任。具体分析来看，人们之所以订立契约，是因为害怕他人的不当行为对自己的利益造成破坏，是出于一种对他人的防范心理。这样一来，不仅订立契约的交往源于不信任，而且因为它每次都强化了人们的防范心理，也就强化了人们之间的不信任；而在订立契约后遵守契约，并不是人本身的道德使然，而是契约签订者害怕毁约后的惩罚。简言之，工业社会中的协作交往的基础是契约而非信任，协作则是为个人谋取利益甚至可以说是最大化的利益，协作的结果不仅没有促进信任，反而可能加剧不信任。

在工业社会，协作发挥了某种黏合剂的功能。进入工业社会以后，失去了共同体文化这种黏合剂的人们像一盘散沙一样亟需某种黏合剂，以为集体行动提供支持。而在一个不以信任对方为基础的社会中，人们只有找到某种类似第三者的更高的东西才能获得安全感，外在契约或规则就扮演了这一角色。契约所规定的协作让某个组织甚至整个社会以一体化的形式出现。当然，这并不是工业社会之协作的唯一形式。我们在前面已经指出，边缘间的割裂是中心—边缘结构的一个基本特征，尽管组织规定的协作是为了黏合个体力量，但其形式化的特征并不能满足工业社会人的情感需求。因此，作为向心力的协作事实上制造了一种离心力。为了防止离心力的过度增加让整个体系分崩离析，工业社会又提供了许多相应的调节机制，或者说容许一些调节机制的存在。非正式交往就是其中的一种，也是我们提到的应对“边缘化感受”的三种方式之一。我们已经指出，总体来说，非正式组织是被正式组织边缘化的，它被正式组织限定在不会对组织构成致命威胁的范围内。

这样一来，非正式交往不再是与正式组织相对抗的形式，在实际运行中，它成了另一种协作的方式，与外在规则所明确规定的协作形式相比，它包含了更多情感的内容。

我们在将非正式交往视为协作的一种形态时，不能像大多数研究者那样仅仅关注边缘雇员的非正式交往问题，而应当同时关注中心雇员的非正式交往。可以想象，正式组织的中心成员由于掌握更多的资源和权威，更容易利用非正式交往获取利益。这些中心成员之间联络紧密，频繁交换信息和意见，从而形成了一个利益一致的小团体。例如，连锁董事现象就是公司治理研究中的一个重要议题，一个公司董事会的某位成员同时是其他公司的董事会或管理层成员。这种连锁现象非常普遍，使得各个公司高层之间形成了一个密集的联系网。而这不仅仅是一种正式的基于组织规则的联络（例如以董事身份出席正式的会议），更是一种非正式联络，例如他们会经常一起出现在高端的社交场所。由此，他们结成了利益团体，当共同利益面临威胁时，他们有时无须公开或正式地抵抗，通过非正式交往就能轻易化解难题。有学者就观察并分析了其中的一种情况：一些公司治理的改革措施意欲限制高层的管理自主权，此时，如果某个董事支持并参与这种对董事们普遍不利的改革中，就会受到其他董事的一些隐形惩罚，例如不被邀请参加下次的社交活动。如此便很少有人会支持这一改革了。[①] 可见，一方面，形式化的协作并没有给交往双方带来真正的平等，反而加剧了不平等；另一方面，形式化的协作在不同群体之间也分布不均。对于边缘者而言，协作往往被中心者把控，但对于中心者而言，协作能更好地为他们的利益服务，中心与边缘的不平等现象再一次得到了巩固。

---

① Westphal, James D., and Poonam Khanna. "Keeping Directors in Line: Social Distancing as a Control Mechanism in the Corporate Elite." *Administrative Science Quarterly* 48, No. 3 (2003): 361-398.

# 5.3 社会关系的中心—边缘结构

## 5.3.1 “社会分层”:纵向 vs 横向

我们在将工业社会的社会关系描述为一种表面平等而实质不平等的“中心—边缘结构”时,有必要对人们通常使用的相关概念做简要的讨论。“社会分层”是人们描述和理解社会关系的一个常用词汇。通常人们都倾向于将社会分层解释为一种纵向划分,即将社会成员划分为不同的等级或层级。这部分可能是因为社会学中的社会分层概念来源于地质学的分层概念[①],因此,那些关注社会不平等问题的社会学家在借鉴这个词语时,就自然而然将社会成员的层化理解为纵向的不同等级或层级,尤其当我们受身份、等级、阶级等概念影响时。即使一些人为了区别于“阶级”的概念而采用了“阶层”的概念,仍然主要是在纵向的意义上使用“阶层”一词的,但是仅仅从“分层”或“层化”的概念看,在我们建构一种模型时,完全存在另一种可能,那就是将其阐述为一种横向的分层,正如费孝通先生关于差序格局所做的比喻那样。也就是说,我们将“社会分层”简单而抽象地界定为“社会中存在拥有不平等财富和权力的群体”[②]或类似的仅仅反映不平等特征的定义,并不一定意味着,我们在定义这个社会的“结构”时就一定要采用纵向分层的方法。纵向分层尽管强调了社会不平等的现实,却忽视了形式平等这一工业社会的重要特征,我们认为后者不应被忽略,不仅因为它是人类从身份等级制的农业社会转向工业社会所取得的“进步”,而且正如我们在关于身份、契约和协作的讨论中看到的那样,它也是工业社会中人际交往的基础,而且是工业社会的人对包括社会交往在内的一切行为和机制进行谋划的前提。尽管它只是形式上的,但并不意味着我们可以完全忽略它。因此,我们认为使用“中心—边缘结构”这个同时包含了形式平等与实质

---

① 参见李强:《社会分层十讲》,北京:社会科学文献出版社 2011 年版,第 1 页。英文“social stratification”中的“stratification”的词根“stratum”就是指地质的纵向分层。

② Sanderson, Stephen K. *Macrosociology: An Introduction to Human Societies*. New York: Harper Collins, 1991. p. 48.

不平等的概念更能完整地反映工业社会的社会关系结构。

不得不说，纵向分层的观念影响很深，即使对于那些曾试图采用中心—边缘结构语词的学者也是如此。当我们谈及中心—边缘结构时，通常想到的是加尔通关于帝国主义的结构化理论，但加尔通同时也指出，这一分析方法还可以适用于对其他主体的讨论，例如“非领土主权行动者/非主权国家行为者”（non-territorial actors）以及个人。① 而早在20世纪60年代，加尔通就已经讨论了个体层面的“中心—边缘”关系，但是不得不说，他对个体层面“中心—边缘”结构的论述显然远不及他分析帝国主义结构问题那般系统和清晰，他更没能清晰地向读者阐明个人层面“中心—边缘”的“结构”力量。加尔通仅仅指出，由于中心同时占据传播内容（知识与意见、认知与评价）与传播渠道（大众传媒和社会关系），传播是由中心向边缘进行的。② 除此之外，加尔通对个体交往中的“结构化”问题的阐释并不多。换句话说，加尔通关于个人层面“中心—边缘”结构的论述并不能让读者抛弃传统的“上层—下层”的纵向划分，转而接受“中心—边缘”式的横向划分。他关于个体互动的思考仍然受制于传统的纵向层级观念，在同期的另一篇关于攻击性（aggression）的文章中，加尔通主要使用的就是上层（top dog）和下层（underdog）这对词语，却极少使用“中心—边缘”的表达式。③ 其实，这两种表达式存在重大差别，而这种差别在加尔通关于帝国主义结构化理论的阐释中就显现了出来。“上层—下层”的划分强调的是简单的纵向不平等，即在一定的社会标准和维度下，一些人处于另一些人之上，但是，中心—边缘结构则明显意味着更为“复杂而精细的支配关系”，这种结构同那些“一方通过施加权力来控制另一方”的更为直接的纵向关系存在本质不同。④

---

① Galtung, Johan. “A Structural Theory of Imperialism.” *Journal of Peace Research* (1971): 81-117.

② Galtung, Johan. “Foreign Policy Opinion as a Function of Social Position.” *Journal of Peace Research* 1, No. 3-4 (1964): 206-230.

③ Galtung, Johan. “A Structural Theory of Aggression.” *Journal of Peace Research* (1964): 95-119. 唯一的例外是，他在再次谈到国家认同时说：“我们可以想象，任何一个国家都由一个不可谈判的地理中心与一个围绕着它的边缘构成。”

④ 参见 Galtung, Johan. “A Structural Theory of Imperialism.” *Journal of Peace Research* (1971): 81-117。

同样的情况也在社会网络分析中出现。与前两个层面(政府—社会关系和官僚制)不同的是[①],关于社会关系中的中心—边缘结构的学术探讨已经较为成熟,至少在量化研究者的眼中如此。这集中表现在形成于20世纪30年代的社会网络分析中。这种分析"方法"——甚至被一些学者视为社会学研究或者说关于社会结构研究的一种"范式"——收集并测量有关社会关系的经验数据,并采用可视化图形展示各种关系,将社会关系的研究发展到了量化的深度。[②] 而这类研究中的一项经典当属沃纳等人在20世纪三四十年代关于美国东南部地区的研究,在这项研究中,研究者在尝试对"小圈子"(clique)[③]的内部结构进行描述时就使用了中心—边缘的区分,这一区分对后来有关中心—边缘结构的研究有着重要的影响。但是,在沃纳等人看来,这种存在于非正式交往中的中心—边缘结构式的圈层分布最终仍然受制于更为重要的其他两种社会机制,即种姓(caste)和阶级(class),而后两者在结构分布上仍然是一种"垂直的"结构。[④] 可以看到,沃纳等人仍然受纵向等级制的影响很深,只是在研究那些被边缘化了的小圈子时(应当说是尝试性地)采用了一种平面圈层式的分布来描述它们的结构。我们必须看到,他们的这种尝试是极富创造力的,不仅对于小圈子如此,对于被他们认为更为基础的种姓与阶级问题也是如此。我们应当抛弃传统的纵向结构,大胆采用一种横向的层化结构来描述工业社会,尤其当要将工业社会与农业社会身份等级制加以比较的时候。而事实上,沃纳等人显然已经朦胧地感受到了这种差异,在这项研究中,他们也承认,身份等级制崩塌后的社会结构已经存在本质不同了,其中一个最明显的差别就在于,"正式的法律文本表明,两种种姓(castes)之间没有歧视"[⑤],而这一点不能仅仅在

---

① 不仅如此,甚至在所有采用中心—边缘的结构视角或词组的研究领域中,社会网络分析都是发展最为成熟的,至少在量化的这一维度上如此。关于此的简要讨论,可参见张桐:《工业社会的"中心—边缘"结构及其对社会治理的启示》,中国人民大学硕士学位论文,2013年,第26页。

② 弗里曼总结了社会网络分析的四个要素:结构性思想、经验数据、图形绘制和数学模型,而某个具体的社会网络分析通常是这几种要素的不同组合。参见[美] 林顿·弗里曼:《社会网络分析发展史》,张文宏、刘军、王卫东译,北京:中国人民大学出版社2008年版,第3页。

③ 中文有时将其译为"派系",这一译法值得商榷。

④ Davis, Allison, Burleigh B. Gardner, Mary R. Gardner, and W. Lloyd Warner. *Deep South: A Social Anthropological Study of Caste and Class*. Chicago: University of Chicago Press, 1948. p. 9.

⑤ Ibid., p. 4,13.

理论表述中被一笔带过，还应当确切地反映在人为建构的理论模型之中，尤其是在关于社会结构的理论之中。

至此，我们简单阐述了工业社会之社会交往的两项重要特征：基于契约的陌生人交往与基于利益谋划的协作。从社会交往之结构的视角看，这两项特征均指向一种可以被称为"中心—边缘"结构的形态。无论作为社会交往之保障的契约，还是作为社会交往之基础的信任，都只是形式化的存在。外在契约为社会交往中的所有人提供了形式化的平等，却让人们忽视了看似平等的交往背后所蕴藏的实质不平等；交往双方表面信任对方，实则信任的是契约，而对契约的过度依赖恰恰反映了对对方的极度不信任。正是形式与实质的矛盾使得用中心—边缘的概念来命名社会交往之结构的做法合理化了：中心与边缘表面上均处于同一个平面，但实质上存在着不平等。

## 5.3.2　中心—边缘结构：中心圈的生成

到了工业社会，信任的基础从基于习俗的对熟人的信任转向基于契约的陌生人交往，而且我们强调，实质上，信任的对象只是制度或契约而非交往对象本身。但是这并不意味着当某人需要一次交往的时候，所有交往对象都随机地散落在他面前，即每个潜在的交往对象都有平等的机会被选中，当事人在每一次决策前都进行一次重新计算进而做出理性的选择。这种决策和行为的成本很大，风险也很大（除了收益，成本和风险都是工业人决策必须考量的因素，因为它们直接影响收益）。这就使得当事人只会从几个对象中进行选择，这些少数对象要么是曾经与当事人直接或间接联系的，要么是被某种外在机制认可的。长此以往，当事人就会固定地和少数对象联系，他们就构成了一个核心圈，数量众多的其他人与之产生的互动则较少，围绕他们构成了边缘层。对一个已经形成了中心—边缘区分的结构来说，中心者在选择交往对象时不会重新进行决策，而会选择与中心圈或者说距离中心者更近的对象协作。从结构的意义看，这一选择模式的不断重复就是对中心圈的不断强化，同时也让边缘层得到了巩固。

上述过程仅仅是一个理论假设。这一假设似乎表明，每个人都是或者都能以这样的方式进行决策以选择交往对象，也就是说，每个人似乎都可以成为中心，进而形成一个由近及远不断扩散的圈层，正如费孝通先生在讨论乡村社会时所给出的一个形象比喻那样，“好像把一块石头丢在水面上所发生的一圈圈推出去的波纹。每个人都是他社会影响所推出去的圈子的中心”①。但是，这并不是中心—边缘结构所要着重讨论的，中心—边缘结构所反映的是一种社会的结构化力量，这种力量将不同的人结构化到不同的位置。也就是说，即使理论上，每个人都有着形成上述以自我为中心的交往圈层的可能，但实际上，从整个社会看，只有少数人真正可以成为中心，而大部分人居于边缘的位置，所想的只是如何与中心产生互动，而不是构筑以自己为中心的交往结构。正如工业社会的一切设置都是以形式平等为基础的一样，理论上我们完全可以说，每个人都可以形成以自己为中心的圈层式的交往结构，社会在法律上政治上并不会否定这一说法，但是并非每个人都有能力如此，也并非每个人事实上都如此。

正如我们在关于熟人与陌生人的讨论中强调的那样，熟人之间交往频繁只是从量化角度观察得来的，比这种表面现象更重要的是要看到熟人交往背后的信任基础，只有这一基础才是区分熟人与陌生人的关键。对于中心—边缘的区分同样如此，互动频次仅仅是区分中心与边缘的一个表象特征。对这种表象特征过度强调带来的危险就在于，人们进而会认为，那些交往频繁和关系紧密的人构成了一个群体，那些交往稀疏的人则构成了另一个群体，只是二者内部的交往程度不同。这种认识显然忽略了两个群体之间可能存在的权力关系。对于中心—边缘结构而言，比这一表象更为重要的是，中心圈内的高频互动形成了一种对边缘的权力，反过来，边缘对中心圈则产生了依赖。边缘间的稀疏联系（或我们称之为“割裂”）只是这种权力关系的结果，而不是边缘的本质，也就不能以此来界定边缘。沃纳等研究者在将“小圈子”划分为“核心圈（core）—初级圈（primary）—次级圈（secondary）”三层时已然触及了这一点。他们的定义显示，只有核心圈才构成一个群体，也只有核心圈的定义是根据自己群组的内在特征的，而其他圈层本身根本构不成一个群体，对后两个边缘圈层的定义恰恰是根据它们与核心圈的关系来进行的，例如“那

---

① 费孝通：《乡土中国》，北京：生活·读书·新知三联书店1985年版，第23页。

些与核心成员偶尔联络——但其本身从未构成一个群组——的人们是'初级成员'"①。这种定义方式应当说准确地抓住了中心—边缘结构的一个关键点。在这个结构中,边缘成员很难实现自我的认同,他们自身无法完成对自我的定义。对他们的界定必须从整个结构及其中心出发,这样一来,边缘成员也就只能通过自己的中心与其他成员联系②,他们在结构中的交往行为正如对他们的定义一样都是要从中心出发的。

在研究个人关于对外政策的意见态度与其社会地位之间的关系时,加尔通同样将相关人划分为"中心"与"边缘"。笼统地讲,在加尔通看来,社会的中心成员处于一种可以获得社会奖励或回报(socially rewarded)的位置,而边缘成员获得的回报较少,甚至被社会排斥。③ 由于中心与边缘在社会参与、知识、所持意见、交流等方面存在差异,在对外政策上,二者就表现出态度与行为的一致性、思维模式、对待现状与改变的态度等多个方面的差别。例如,由于中心通常接受了更多的教育,对一些事务通常拥有更多的知识和意见,而且可以在客观认知、主观评价,以及实际行动之间做出区分,他们就能比边缘更多参与和影响这些事务,而对外政策这类通常由社会精英把持的事务尤其如此。④ 如果采用加尔通的排序、剥削和互动网络等三个维度来定义社会关系中的中心—边缘的话(加尔通也是从这三个角度对帝国主义的中心—边缘结构进行了定义),我们可以说,首先,依据某项绝对指标(例如教育水平)的排序,中心者在该指标上的得分较高;其次,从相互关系看,中心从互动中获益更多,也可以说他从社会或结构得到的回报更多;最后,从互动结构看,

① Davis, Allison, Burleigh B Gardner, Mary R Gardner, and W. Lloyd Warner. *Deep South: A Social Anthropological Study of Caste and Class*. Chicago: University of Chicago Press, 1948. p. 150, 217.

② 沃纳等人的研究也证实了这一点,参见[美] 约翰·斯科特:《社会网络法分析法》,刘军译,重庆:重庆大学出版社 2007 年版,第 18 页。

③ 加尔通事实上区分了决策中心、中心、边缘和绝对边缘四类。加尔通还指出,这都出于分析简化的需要,而绝对中心与绝对边缘之间应该是一种连续体,参见 Galtung, Johan. "Foreign Policy Opinion as a Function of Social Position." *Journal of Peace Research* 1, No. 3-4 (1964). p. 207-208。在《帝国主义的结构化理论》中,加尔通同样指出,中心国家与边缘国家的二分也可以扩展到三个国家甚至一个连续体,但出于分析的需要,他通常采用中心与边缘的划分。

④ Galtung, Johan. "Social Position and Social Behavior: Center-Periphery Concepts and Theories." 1976. Accessed March 21, 2015. http://www.transcend.org/galtung/papers/Social%20Position%20and%20Social%20Behavior%20-%20Center-Periphery%20Concepts%20and%20Theories.pdf.

边缘围绕中心而存在,对中心产生强烈的依赖。

### 5.3.3 中心—边缘结构:边缘及其作用

正如我们一再强调的那样,对于一个完整的结构,尤其是中心—边缘结构而言,边缘是不可或缺的。尽管在(对中心和中心把持的结构的)重要性排序方面,我们可以说中心更重要,但是边缘在整个结构的形成与运作中的作用是不能被忽视的。那么对于社会关系的中心—边缘结构而言,边缘发挥了什么作用?回答这一问题,不仅有助于更全面地认识和理解中心—边缘结构,而且在于我们在试图批判这一不平等结构时,不能仅仅斥责中心,完全忽视边缘的责任;当我们试图超越这一不平等结构时,不能仅仅诉诸对中心的抗争,同时应当从边缘出发寻求这一结构的破除之道。

在中心圈的形成中,我们看到,中心紧密圈的形成有着表面看来极其合理的理由,那就是规避风险和减少成本,因为它们对那些距离它们更近的人了解得更多[①],这种解释显然是从中心的角度出发而给出的。但是这并不意味着,这是中心圈得以形成的全部事实,也不意味着这是中心强加给整个结构的某种解释。更为关键的是,这种合理性不仅是中心者认可的,也是被边缘者认可的!罗伯特·福克纳曾深度描绘和分析了好莱坞电影音乐人圈子的社会交往,论及了交往的中心—边缘结构(尽管他并没有对其进行深度挖掘)。在讨论中心者为了规避风险而将交往范围限制在自己熟悉的小圈子时,他引述了一位作为边缘人存在的电影剪辑师的话,“制片在投钱,我想他们大概没有勇气去冒险或做什么实验。我不怪他们。他们要的是安全”[②]。是的,当人们普遍被工业社会的成本收益理念统治时,边缘者也能体谅中心。这样一来,边缘者根本不会认为这种结构有什么不合理之处,因为他深深地理解和认同这一结构及其中心,这一结构所体现的价值也正是他认同的那些价值,甚至由于深深地被结构化了进去,他根本不会认识到这种结构的存

① (仅仅)在这个意义上,我们也可以说,工业社会仍然存在“熟人”现象,但是,这里的“熟人”与前工业社会的“熟人社会”中的“熟人”存在着本质不同,因为其信任的基础发生了变化。

② 参见 Faulkner, Robert R. *Music on Demand: Composers and Careers in the Hollywood Film Industry*. New Brunswick; London: Transaction Books, 1987. p. 172。

在，根本不会考虑这些问题，也就更不可能对这一不合理的结构提出什么挑战。

既然认可这一结构，边缘能做的就是将毕生精力放在自己的狭窄领域上，努力向中心挺进，而为了实现这一点，边缘首先要做的就是与中心产生某种联系（哪怕是间接的）。精英圈对某个领域的把持被普遍认为是可接受的，进而被认为是合理的，人们通过各种方式与精英产生联系也被认为是合理的，甚至是被鼓励和高度赞赏的。因此，我们会看到，工业社会除了强调个体的能力，也强调社会关系，或者将人的社会关系也称为一种能力，而这种社会关系又通常被理解为与精英的连接关系。但这一结构的问题就在于，固定的中心者由于长期处于中心地位而稳定地把持着各种稀缺资源，形成了一种权力。当其成为一种持续的权力时，就会出现边缘通过各种手段向权力者谄媚的情况。无论通过正常的还是不合道德甚至不合法的手段，边缘都将其视为与中心精英产生联系、挤进精英圈的必由之路。

而进入中心圈的过程将是一个再次社会化的过程，如果我们把从婴儿时期开始社会化学习的过程看作另一个社会化过程的话，由于这两种社会化观念的差距并不大，仅就观念的冲突而言，边缘进入中心的过程并不是特别困难。在这个过程中，部分边缘者学会了中心圈的规则，并由于适应甚至熟练运用这些规则挤进了中心圈，至于其他边缘者，则由于不愿或不能做到这一点，持续地处在边缘位置。那些新加入中心圈层的边缘者由于受到中心圈规则的同化，会以同样的方式对待众多边缘者，整个中心—边缘结构得到了强化，尽管中心的构成发生了微小的变动。

让我们回到对中心—边缘结构中“边缘”的定义方式。以中心为出发点界定边缘，不仅反映了中心对边缘的支配，也反映了边缘对中心的认可与依赖，当边缘毕生的努力仅仅是向中心进发的时候，对它的定义也就只能通过中心来完成。正如“中心—边缘”这个词组一样，尽管我们也可以说，中心只有边缘存在才能称得上是中心，而边缘也只有以中心为前提才能被称为边缘①，但是二者的互相依赖性并不意味着二者的平等性，其不平等的一个重要方面就在于，边缘自身是以中心为坐标来界定自己的。

---

① 这种表述并不十分准确，我们在导论中已经指出，中心或边缘首先指向的是结构，即他们是结构的中心或边缘，其次才可以谈论中心与边缘之间的关系。换言之，我们说中心只有边缘存在时才能被称为中心，这句表述省略了“结构”这个中介概念，即中心或边缘都是通过“结构”才形成了针对彼此的关系。

从中心一方出发，选择与谁交往是重要的，因为正是这种选择及其重复构成了中心圈，也构成了中心与边缘的区别；但换个角度看，中心选择与谁不交往同样是重要的，中心者"根据自己的喜好和资源选择与谁合作。通常更重要的是，他们选择与谁不合作"[①]，这就有选择地将一些人排斥到了边缘的位置。这种情境与权力空间相类似：当观看一个中心—边缘结构的交往节点图时，我们可以说，正是那些空白的地方——即没有交往存在的地方——凸显了交往的意义，也构成了权力（施展）的空间。如果从边缘一方看，边缘更倾向于仅仅从中心圈选择合作的对象，而不是同其他边缘交往，这不仅强化了中心的权力，也强化了边缘之间的割裂，总体上就是对整个结构的巩固。

我们在这里频繁使用了"选择"一词，正如福克纳所说，"将作曲家和电影制片人结合在一起并组成一个稳固的社会结构就是如下模式的重复出现：制片人在为其电影选取作曲家时面对的选项（choices）和作曲家在决定与哪个制片人合作时所做的选择（selections）"[②]。表面上，每个人都可以选择，用"权利"的惯用语来说，每个人看来都有选择"权"，这就是中心—边缘结构的形式平等；但实质上，中心与边缘的所谓选择权并不对等。居于中心的制片人面对的是大量备选项，他们不是在做"选择"，而是"挑选"；而居于边缘的作曲家只希望从有限的几个顶尖的制片人中间进行选择，他们也有选择"权"，事实上只是为了实现自己向中心的靠拢而不得不做的选择。

总而言之，中心—边缘结构的视角为我们重新认识和理解工业社会的社会交往提供了一种独特而有益的途径。正如"中心—边缘结构"这一词组同时涵括了形式平等与实质不平等两个面向，解读工业社会之社会交往，形式平等与实质不平等缺一不可。片面强调形式平等的做法，将无视表面平等的社会交往可能为社会成员带来的深度不平等；片面强调不平等的做法，将忽略工业社会较之前工业社会在社会交往方面发生的深刻变动。在思考后工业社会的社会交往问题时，我们只有同时考量这两个面向，才可能建构一种真正平等的社会关系形态。

---

① Faulkner, Robert R. *Music on Demand: Composers and Careers in the Hollywood Film Industry*. New Brunswick; London: Transaction Books, 1987. p. 169.

② Ibid., p. 185.

# 第6章　综论:工业社会治理体系的中心—边缘结构

至此,我们完成了政府与社会、官僚制组织,以及社会关系等工业社会治理体系中三个具体层面的讨论,并尝试将工业社会的政府—社会关系解读为中心—边缘结构,而不是陷入有关政府主导 vs 社会主导的传统争论中;将官僚制组织的结构阐释为一种中心—边缘结构,而非人们习以为常的金字塔或科层结构;将工业社会中人与人交往的社会关系也描绘为一种中心—边缘式的分布格局,而非片面强调纵向维度的社会分层结构。在以上三个分论的基础上,本章尝试建构"工业社会的治理体系是一种中心—边缘结构"的总体性结论。本章的"重点"[①]在于通过描绘中心—边缘结构的一个理想形态来阐述该结构的结构化特征(见6.2),同时努力建构一种中心—边缘结构的分析视角(见6.5)。

## 6.1　中心—边缘结构中的价值观念

如果我们接受斯格特将"结构"分为应然的"规范结构"(包含"价值观、规章制

① 所谓"重点",表明6.2与6.5所讨论的内容对于本研究议题本身的重要性,尤其在建立中心—边缘结构的理论与视角过程中,清晰描绘其结构图景并简明阐述其总体特征对于相关研究的推进具有重要意义;但需要指明的是,这并不意味着其他节所讨论的内容就不重要,对作者而言,这可能意味着相关讨论还不够成熟,亟待进一步修改与完善。

度和角色期待")和实然的"行为结构"("活动、互动和感知")的做法[①],那么在对中心—边缘结构的结构性特征与机制做总结之前,我们就有必要首先讨论与之相关的价值问题,或者说对我们在前述章节的论述中所涉及的一些价值做简单的总结。因此,在本节,我们将讨论一些工业社会特有的价值观念及其与中心—边缘结构的关系,主要目的不是讨论工业社会的所有价值,也不是重点阐述在此所"挑选"的诸多价值观点本身,而是阐述工业社会的某些价值观念是如何促成中心—边缘结构的。当然,价值与社会结构之间是一种相互影响的关系,我们可以说前者派生出后者,但同时后者也会影响前者。[②] 因此,中心—边缘结构在运行过程中也不断强化着这些价值观念。

人为挑选一组社会特征或"价值清单",这种方法看来是——甚至必然会是——主观性的,正如巴伯所言,尽管它是"一种粗略"的描摹,但"是有用的量度",它帮助我们理解社会成员普遍接受的或被灌输的价值观念和一种社会结构之间是如何相互影响的。[③] 当然,需要说明的是,研究者们为每种价值观念所起的名称可能存在差异[④],这些被研究者拣选出来的多个价值也不是完全的清晰可辨,也很难对它们进行某种分级化的处理(例如将某种价值放在另一种价值之上以宣示其重要性或者根本性),它们彼此之间显然是相互影响的。最后,除了这里我们特别论述的秩序、规则与标准化等价值,我们还可以挑选出很多与中心—边缘结构相关的价值。例如效率原则或可称之为"实践的效率中心主义",在社会关系的中心圈的产生中,我们就看到,中心之所以仅仅从少数成员中选择交往对象,是因为风险和

---

① [美] W. 理查德·斯格特:《组织理论:理性、自然和开放系统》,黄洋等译,北京:华夏出版社 2001 年版,第 16 页。里斯-卡彭甚至在其对"国内结构"的定义中直接纳入了价值因素,即国内结构不仅包括政治与社会组织的制度(这是研究者们通行的做法),还包括嵌于其中的"价值、规范,以及非正式的理解和规则"。正如作者所言,这种观点对于那些以机械论观点看待结构的人来说是很难接受的。参见 Risse-Kappen, Thomas. *Bringing Transnational Relations Back In: Non-State Actors, Domestic Structures and International Institutions*. Cambridge: Cambridge University Press, 1995, p. 21。

② 参见[美] 伯纳德·巴伯:《科学与社会秩序》,顾昕、郑斌祥、赵雷进译,北京:生活·读书·新知三联书店 1991 年版,第 78—79 页。

③ 巴伯在分析现代社会的价值与现代科学之间的相互作用时也采用了同样的选择性方法。(同上,第 71—99 页。)

④ 巴伯在选择价值清单时说:"任何类似的价值清单大概都会与这个清单有很大的重叠,尤其当通过严密的分析仅仅清除了字面上的差异时。"(同上,第 73 页)

成本的考虑，即以较小的风险和较少的成本实现效益的最大化。

### 6.1.1　对秩序的特别追求

秩序历来都是人类的一项追求。然而，由于不同社会阶段的社会形态发生了变化，尽管对秩序的需求是共同的，但是需要何种秩序以及通过什么方式实现这种秩序是不同的。农业社会由于比较简单和确定，维系农业社会的可以说是一种“自然秩序”。① 在农业社会，由于人们在空间维度上生活在一个相对狭小的地域内，在时间维度上只是在基于血缘的某个固定的身份等级中世代相传，在交往中人们则生活在一个基于传统习俗的熟人社会中，人们的生活总体上是确定的，尽管人们仍然会面临偶尔的来自自然和其他族群的威胁。

但是到了农业社会后期以及工业化过程，人们失去了熟人环境、血缘和地域空间对自己的保护，将自己完全暴露在一个由陌生人组成的陌生环境中，旧的“自然秩序”得以维系的基础不再起作用，许多新的因素又不断出现，人们就面临着很大的不确定性。尤其是个体意识的觉醒让人们对这一切有着明确的感知，同时又急于在理性的召唤下尽快消除这种不确定性。在失序状态中，人们对秩序的渴望是可想而知的。社会契约论者对自然状态的想象与描述反映的正是人们对失序的恐惧与担忧，人们急切呼吁一种新的秩序的出现，甚至不惜让渡自己的部分权利，并将其交给一个由少数人组成的部门。随后，工业社会的制度和规则登场了，它们为人们提供了新的秩序形式，让人们重回有序状态。因此，如果说农业社会的人们自然而然地生活在一种“自然秩序”之中，理所当然地在某种自然的先验的价值框架之中进行生命的延续，那么工业社会的人们则习惯于生存在一种由自己创制的或者说理论上自己意识到并“同意”的价值框架之中。

赫德利·布尔（Hedley Bull）曾在“社会生活秩序”和“有助于秩序的建立与维持的规则”之间做了区分。② 也就是说，规则原则上并不是秩序的必要条件，因为人们完全可以自发地以类似“条件反射”的形式形成秩序，但是随着外在秩序的作

① 参见张康之、张乾友：《论复杂社会的秩序》，《学海》2010 年第 1 期。

② ［英］赫德利·布尔：《无政府社会——世界政治秩序研究》，张小明译，北京：世界知识出版社 2003 年版，第 44 页。

用不断增强，在工业社会，外在规则成了秩序的基础。这样一来，尽管布尔特别强调，规则不应被视为秩序这个概念的内在构成部分，然而在工业社会，我们已经很难将二者割裂开来，我们也可以恰当地将工业社会的秩序称为“创制秩序”。这种人为创制的秩序在工业社会所起的作用如此强大，以至于人们通常忽略了其他形式的秩序，甚至改变了人们对“秩序”一词的理解。[①] 而在工业社会的现实中，那些类似于自发秩序的秩序仅仅在被边缘化的位置上存在着，或者说被结构化，进入了整个人为创制的秩序。

“事实上一个系统的独特的有序性可以设想为它的组织结构”[②]，或者借用埃德加·莫兰的表达方式，我们可以更明确地说，“结构”的概念是从“组织”的概念到“有序”的概念的“中途”。[③] 也就是说，一个体系是通过其结构实现秩序的。那么问题就是，工业社会这种人为创制的秩序是通过哪种结构得以实现的？回答是“中心—边缘结构”。

由于工业社会是在农业社会等级制的废墟上建立起来的，也由于个体意识的觉醒，这种新的秩序首先被要求对所有个体（包括中心与边缘）的权利进行平等的保护，而不是像农业社会那样总是为统治阶级的特殊利益服务。这样一来，能够实现这种秩序的结构就必须首先是在一个平面上展开的，而不能出于对等级制的维护在一个等级结构中展开。但与此同时，这种秩序并没有带来真正的平等，我们在描绘这个结构时，也就不能将所有社会成员简单随机地平铺在一个平面上以反映这种不平等，他们最终还是被结构化了，被颇为隐秘地置于不平等的位置。这一次不是被结构化成一种立体或纵向等级的结构，而是一个在平面铺展开的中心—边缘结构。简言之，随着农业社会的混沌的“自然秩序”的崩塌，农业社会那种纵向的

---

① 正如哈耶克所看到的，现代语言中人们通常使用的“安排”和“组织”这样的词所反映的就是一种不同于自然秩序的人为秩序。最典型的莫过于法约尔关于一般组织的职能概括，即计划、组织、指挥、协调、控制，其中的每个词都是对组织或秩序这个概念中的“拟人化”色彩的强调，参见［英］弗里德里希·哈耶克：《经济、科学与政治——哈耶克思想精粹》，冯克利译，南京：江苏人民出版社 2000 年版，第 360—361 页。

② ［法］埃德加·莫兰：《复杂思想：自觉的科学》，陈一壮译，北京：北京大学出版社 2001 年版，第 156 页。

③ 莫兰的原话是：“我认为结构的概念处于从有序的概念到组织的概念的中途。”（同上，第 156 页）但由于组织与有序之间是一种相互生成和促进的关系（莫兰也认同这一观念），因此我们在文中的这种表达也就是合理的。

等级制或立体结构也崩塌了,人们对秩序的追求转向了创制秩序这种特别的形式,它以形式平等作为基石,是人类社会在平等方面发生/实现的不容忽视的转变(如果不被视为人类所取得的“进步”的话),但同时人类社会被“创制秩序”结构化,成为一种具有实质不平等的“中心—边缘结构”。

### 6.1.2　对制度的信奉

尽管我们可以将工业社会的秩序称为一种“创制秩序”,但是正如布尔强调的那样,秩序与规则并不必然相通。既然人们对秩序的追求并不一定意味着用规则来统治,或者说并不一定意味着人们对外在制度崇拜,那么我们就有必要单独考察规则之于工业社会治理的重要性。

在一定意义上,对秩序的追求(至少部分)也是对确定性的追求,而要实现对确定性的追求,就要实现对一切不确定因素的控制和对一切未知事物的预测。也就是说,确定性与可预测性能够给那些走出曾经的舒适区走向广袤天地的工业人一种特别的安全感。而制度与规则恰恰能够提供这一点,因为一切正在发生的和可能发生的都被纳入了预先设定的规则框架。

正如唐斯在官僚组织中看到的那样,“在其他因素不变的情况下,官僚组织中行为的相互依赖性越强,就越依赖于正式规则而不是个体的判断力。在高度相互依赖的情况下,规则的使用可以很大程度地增强官僚组织各个组成部分行为的可预测性”①。这不仅适用于官僚组织内部的人和行为。在缺乏普遍信任的工业社会中,人们仅仅信任规则,无论组织内的人和事,还是组织外的人和事都被工业人视为不确定因素,组织规则乃至所有社会规则都要消解这些不确定因素。因此社会规则所塑造的整个社会就是一个“相互依赖”的社会,但事实上人们并不是真正地相互依赖,而是“依赖于正式规则”,因为“规则的使用可以很大程度地增强”整个社会“各个组成部分行为的可预测性”。

规则的功能不仅在于此,外在的制度和规则(无论政府的法律和政策、组织的规章制度,还是社会成员共同遵守的社会规范)由于它的“非人格化”特征而具有了

① [美] 安东尼·唐斯:《官僚制内幕》,郭小聪等译,北京:中国人民大学出版社 2006 年版,第 65 页。

超脱于任何人的平等色彩，并带来和谐氛围。但是这种平等只是形式化的平等，社会成员之间的平等性仅仅反映在一个超脱的外在的规则和每个人都必须遵守中，而非真正的相互间的平等。实质的不平等就反映在一个由少数人把持的中心圈的出现，他们持续稳定地——虽然不再是永久地和世代相传地——将权力固定在自己的身上，这种权力的一个方面就在于对规则的垄断。他们进而可以通过控制规则来控制由多数人构成的边缘者。而规则却很好地将这些东西隐藏了起来，用形式化的平等外衣遮蔽了实质的不平等内容。正如莱茵霍尔德·尼布尔所说，今天我们已经很难确定一项政策被通过是因为决策者认为这一政策能为大众服务，还是仅仅因为他们相信有强力为其政策做坚实的后盾①。在一个极度依赖制度的形式化治理社会中，这种怀疑是相当合理的。也就是说，制度所强调的决策流程已经掩盖了决策的实质性内容，即使决策是经过公开讨论和集体制定的，我们也无法确定它的实质性内容。人们将太多的精力放在让一项决策"显得"更开放、更民主和更透明上，而外在规则对决策全过程的形式化的规定就满足了这一点。

那些精明的中心者就是要不遗余力地宣称和证明这些规则是所有人（而非少数人）制定的或同意的，反映的是所有社会成员的共同利益，政党的选举纲领就是这方面最典型的例证。这种形式化的宣示的另一项社会功能就在于，它可以让规则的执行顺畅许多，以至于规则的实际执行不再主要依靠暴力，尽管后者作为某种威慑和终极保障一直存在着。总之，在中心—边缘结构中，人为创制的规则，就其产生、（主要）目的或本质而言，只是社会中少数占据主导地位的人的特殊追求，而不是所有社会成员的真正追求（尽管所有社会成员无论出于对惩罚的恐惧、对赞成与否的理性计算、受了蒙蔽、认同其中的部分价值、遵守规则的习惯思维或行为，还是没有什么特别的原因，都认可或者至少没有反对这些规则）。因为工业人失去了批判性思维，失去了判断力去判别那些根深蒂固的东西是否就是自己真正追求的，形式化的社会对他们而言已经足够了。

---

① ［美］莱茵霍尔德·尼布尔：《道德的人与不道德的社会》，蒋庆等译，贵阳：贵州人民出版社 1998 年版，导论第 15 页。

### 6.1.3　对单一标准的依赖

工业人似乎更容易接受或者说已经习惯了生活在单一的,至少存在主导或者所谓主流(价值、知识和规则等)的框架中,而无法接受或容忍多元并存的局面。尽管工业社会已经在多样性方面远远超越了农业社会,但工业社会的人必须有一种主流价值和标准。也就是说,在工业社会价值的范畴中,可以说也存在着某种中心与边缘[①],即使面对许多价值选择,人们也总是要寻找某种主导的核心价值,而将其他价值贬至边缘的地位。一方面,它是对前工业社会留下的遗产的边缘化,比如在社会交往中,将熟人之间的交往基础与形式压缩在微小的家庭范围内,甚至很多时候家庭也面临被工业社会主流的利益交换等原则侵蚀的风险;另一方面,它也是对工业社会可能或已经出现的新价值的排斥。也就是说,无论我们在本节"挑选"出哪些价值观念以描述工业社会的特征,这些价值至少都具有一个共同的特征,那就是排斥其他可能与之竞争的价值的存在。由于工业社会的温和性,这当然不是完全的公开的排斥,而是以一种类似于中心—边缘结构的方式将其他价值观念边缘化。

这也与我们前面讨论的对秩序的追求和规则密切相关。如何维持一种秩序,最简单的办法就是选择单一的标准作为指导;规则如何实现统治,最便利的方式就是明确地规定单一的行为标准。如果标准是多元的,工业人便无所适从。尽管后现代的评论者提出所谓"元制度"设计,即制度只对抽象的原则做出规定,具体的行为则依据具体的情形而变动,但这种情况对于工业人而言是难以接受的。

工业社会的治理得以运行的一个基本逻辑是:首先对某个单元的某项特征进行测量并得出一个值,然后用这个数值与某个既定的标准值进行比较,或者对多个单元的这一得分进行排序,其比较或排序的结果就成了一切治理的前提。在政府

---

① 尽管当谈论价值时,我们也可以说,某某价值或观念被其他主导的价值边缘化了,甚至可以说,这些多元价值观念之间也构成了某种中心—边缘结构。但是我们在这样表述时,只是在日常用语或比喻的意义上使用"中心—边缘"这组概念,所强调的就是某种主导价值的存在以及这些价值对其他价值的排斥。正如贝尔所使用的中轴(axis)概念一样,其所反映的仅仅是某一结构必然围绕着某种主导价值运行,但是,我们并不是要特别强调所谓价值的中心—边缘结构,或者阐述一种关于价值排序的中心—边缘结构的理论。严格地看,价值排序并不属于结构视角,价值构成不了结构,也更不可能具有我们在本章中总结的那些精细的结构化特征。这样滥用"中心—边缘"概念,可能会让这个结构术语失去其潜在的价值。

与社会的关系中，法律的运行依据的就是前者；在组织中，组织成员的选拔依据前者或者后者，组织对管理或服务对象的处理也是如此；在社会关系中，对交往对象的选择同样如此。这一逻辑不仅适用于常态化的社会运行与管理，也适用于所谓的“危机管理”，那就是对某个要素进行检测，如果其数值超过了某个预先设定的警戒值，就预示着危机的到来，这是增加可预测性的重要手段；而如果超过另一个临界值，则自动启动预先设定的应急程序。这个流程和逻辑是被普遍认同的（尽管不是所有人参与了制定的过程），因为它——和所有规则一样——对所有人都显得是客观的，所有人在它面前都是平等的，进而也就被认为是合理公正的。

然而，这种机制的问题就在于：首先，只有中心才能制定标准，边缘只负责服从。就整个社会的运行而言，这种标准就是少数人制定的法律规则，它为所有社会成员的行动提供了基本的框架。对于广大的社会成员而言，他们要么选择接受这种规则和标准，进而在规则和标准的引导下参与竞争，努力向中心进发；要么不接受这种被规划的生活路径，希望做出自己的选择，然而这往往意味着被边缘化。其次，这种标准往往是单一的，而单一标准往往造就了稳固的权力。这种方法为中心对边缘的管理提供了便利，中心制定评价体系和标准，并依次对边缘进行量化、分类和排序，但事实上，不仅中心，边缘也热衷于单一标准。工业社会的人们热衷于各种形式的排名，因为这种排名为人们的行为选择提供了效率和便利。人们无法忍受多重标准的并存，因为它对个体决策构成了障碍。于是，在社会关系中，在单一标准的衡量下，少数对象被定义为优异者，其他人所要做的，或者被期待做的，就是向少数人看齐，于是少数人就有了权力。最后，单一标准显然塑造了人们单向的行为。标准一旦确立并被普遍接受，或者说没有得到足够的反对，接下来所有人的行为都会以此为准则被形塑，行为所指向的目标则完全被标准所塑造的形式化手段所代替。例如，政府在开展的社会治理中，为了回应社会的需求，总是要对生产质量进行把控，于是政府颁布了各种检验的标准。手段对目标的替代就意味着，企业生产就会以通过检验而非生产高质量产品为目标，并在能够通过标准检验的范围内尽可能压缩成本来赚取更多的利润。也就是说，标准不仅成为产品或服务的检验标准，而且能够引导、塑造甚至扭曲行为，使得行为虽然偏离了实质目标，却能满足形式化的指标。

因此,我们再次强调,当我们说中心制定单一标准进而形成自己的权力时,并不是说中心将此强加于边缘身上,在工业社会,这种强加显然是不可取的。当希尔斯写道"中心是一个价值观念的王国,是主宰社会的符号中心和价值观念中心"[①]时,我们说,这句话并不主要指中心提出并把持一种适用于整个结构的价值,甚至向边缘灌输(尽管表面看来不是在强行灌入)这些价值;它主要指这些价值是被整个结构中的所有单元普遍认可的。对于政府—社会的关系而言,尽管政府被当作必要的恶,但它总是被社会赋予太多的责任和职责,以至于中心也傲慢地觉得这是自己应尽的责任。对于官僚制组织而言,边缘雇员向往中心的位置,他们向中心谄媚,与中心交换,目的是离中心更近一些。尽管有一些边缘对中心持怀疑甚至敌对态度,但是为了生存,他们不得不隐去这些态度,采取与前者同样的行为模式。对于社会关系而言,中心者总是边缘者仰望的对象,边缘倾其一生向中心的精英学习,不去怀疑整个结构的不合理之处,不去怀疑少数精英长期稳固占据资源的不合理之处,而是在自己的思维中将中心和整个结构合理化了。简单地说,边缘认可甚至赞美中心,在这种情况下,边缘要么甘当边缘,要么努力成为中心。无论哪一种选择,整个结构都得到了维护。而且,任何一次对单一标准的服从都是对这一结构的又一次强化。

## 6.2　中心—边缘结构的结构化特征:一个理想形态

### 6.2.1　中心—边缘结构的一个理想形态

正如我们在作为社会关系研究之成熟形态的社会网络分析中所看到的那样,可视化的图示是描述一种结构最为清晰和直观的方法。这也是我们在为结构赋予了一个形象名称(即"中心—边缘结构")之后,为了让结构理论更为明晰能做的第二件事。结合中心—边缘结构在众多领域内的不同形象,我们尝试绘制了一个中心—边缘结构的"理想类型",以期为构建作为总体性分析视角的中心—边缘结构

① ［英］爱德华·希尔斯:《中心和边陲》,沈青译,《国外社会学》1988 年第 1 期。

提供基础，也希望借此弥合多种具体研究之间的割裂状态。

当然，像所有简化一样，它虽然一目了然，却注定包含许多弊端。正如人们在对韦伯官僚制这种“理想形态”的批评中指出的那样，我们在这里对中心—边缘结构的诸多特征的总结与简化表达，也只是对中心—边缘结构的一般性概括，它并不意味着每个特征在工业社会的所有方面都得到了充分体现，现实的复杂性就在于，这些理想特征在现实的不同方面有不同程度的体现。① 此时，我们也许可以说，不同具体领域中的中心—边缘结构是如下一些理想特征或要素的不同组合，或者换个说法，现实中也许并不存在完全贴合这一理想类型的中心—边缘结构，但是理想类型的构建能够为具体结构的分析提供一个可比较的范本。我们大抵可以说，现实中的某个结构离这一理想类型越近，它就在更大程度上可以被称为一种“中心—边缘结构”。正如富永健一在研究社会结构时指出的那样，作为理想形态的结构是一个“抽象地构成的概念，它是对现存的这样或那样的发达社会之现实的抽象，而不是其现实本身”②。同时，这种从现实中进行筛选和加以纯化的做法也不可能将所有要素或特点包含其中，甚至对于某些具体领域的某个重要特征，这种做法也存在忽略的可能，因为“没有一个概念图式可以把一个社会现实描述穷尽。每个概念图式都是在各种特征中遴选某些特征的棱镜，以便突出社会变迁，或者更具体地去回答某些问题”③。

图 6 是我们构建的中心—边缘结构的理想形态，工业社会治理的中心—边缘结构具有以下结构化特征④（以下中括号“[ ]”内的数字是各种具体机制的标识，以

---

① 例如，当我们说“边缘向中心的进发”特征时，它在社会关系中表现得更为明显，而在政府—社会的关系中未必如此，也就是说，并不是所有人都想成为政府雇员或领导。但换个角度我们也可以说，在政府—社会关系中，这一特征的体现采取了不同的方式，那就是社会组织和社会成员都必须向政府靠拢，即使是那些资本家或有钱人，也必须通过与权力媾和来实现自己的利益。

② [日] 富永健一:《社会结构与社会变迁——现代化理论》，董兴华译，昆明:云南人民出版社 1988 年版，第 8 页。

③ [美] 丹尼尔·贝尔:《后工业社会的来临——对社会预测的一项探索》，高铦等译，北京:新华出版社 1997 年版，前言第 6 页。

④ 除此之外，关于本图的另外几点说明如下:1. 实线表示线两端的单元通过某种机制被直接连接;2. 为了表述方便，虚线的圆圈表示圈内单元构成了一个中心—边缘结构;3. 本图的部分观念和启示来源于加尔通在其帝国主义结构化理论中绘制的简单示意图，可参见 Galtung, Johan. “A Structural Theory of Imperialism.” *Journal of Peace Research* (1971): 81 - 117，但我们认为，工业社会的中心—边缘结构在精细化与结构化程度方面要比加尔通所展示的更高，同时加尔通的结构示意图也有许多可以改进的地方;4. 本图是本研究的核心图，在后文的论述中，除了特殊说明，我们都是针对本图。

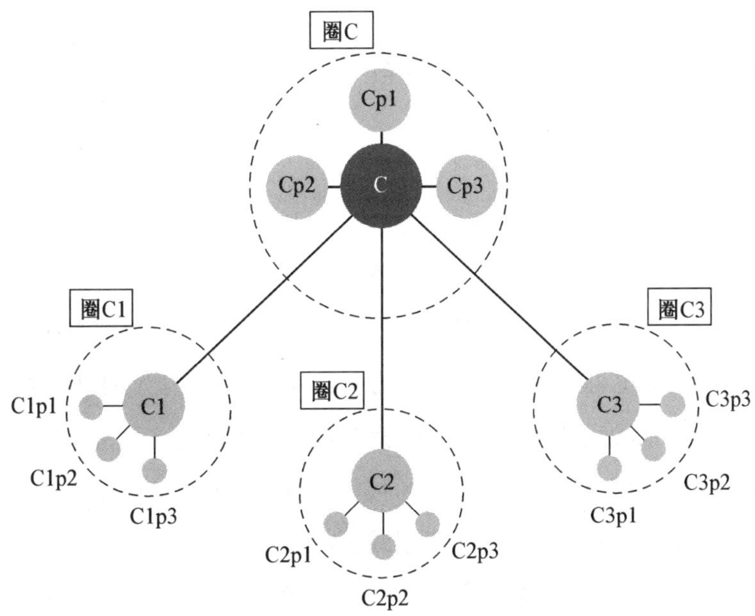


**图 6　中心—边缘结构的理想形态**

方便后文的叙述):

1. 中心与边缘的区分(包括总体的中心—边缘结构[1.1],即由圈 C 和圈 C1、圈 C2、圈 C3 构成;中心内部的中心—边缘结构[1.2],即由 C 与 Cp1、Cp2、Cp3 构成;边缘内的中心—边缘结构[1.3],例如由 C1 与 C1p1、C1p2、C1p3 构成的结构);

2. 中心与中心之间的一致(包括同处一个层面的中心与中心之间的相对一致[2.1],例如 C 与假想的 C,或者 C1 与 C2 之间;中心的中心与边缘的中心之间的一致[2.2],例如 C 和 C1 之间);

3. 中心与边缘之间的分化不均[3][边缘内比中心内分化更为严重,在图中通过圆圈的半径大小来表示,例如在圈 C 内部,其中心 C 和边缘 Cp1 的(半径)差距相对较小,而在边缘的圈 C1 内部,其中心 C1 和其边缘 C1p1 的(半径)差距相对较大]①;

4. 边缘之间的割裂(包括同属一个中心的边缘之间的割裂[4.1],如 C1p1 和

① 我们并没有在例如 Cp1 和 C1 之间进行特别的比较,因此它们在图中的半径相似。

C1p2 之间；隶属同一层级的不同中心的边缘之间的割裂[4.2]，如 C1p1 和 C2p1 之间；隶属不同层级的不同中心的边缘之间的割裂[4.3]，如 C1p1 和 Cp1 之间）。

### 6.2.2 复合结构

中心—边缘结构首先是一种多层复合的结构，即上述特征 1。在工业社会治理的某个具体层面（例如政府—社会、官僚制组织和社会关系等），如果我们总体上将其称为中心—边缘结构[1.1]，那么在中心内部也可以区分出中心和边缘[1.2]，而在边缘内部我们也可以再次区分出中心和边缘[1.3]。当然，指出该结构的多层复合特征，一方面是为了揭示中心—边缘结构的精细，以及这种精细所带来的结构力量，例如中心的中心与边缘的中心之间媾和的特征[2.2]；另一方面则是为了强调中心—边缘作为一种可能的分析框架或视角的意义，也就是说，无论我们面对工业社会的哪个层面或观察对象，都可以说它内部存在着一种中心—边缘的结构，或者说，存在使用中心—边缘加以分析的可能性。① 这也是为什么这一概念或视角能够在多种研究领域中得到广泛使用。

因此，本研究所构建的中心—边缘结构并不是图 7 所示的简单的单层分布关系（这可能也是人们关于中心—边缘最简单直接的想象）。我们将在接下来的讨论中看到，如果中心—边缘结构仅仅是单层分布的，那么它的许多结构化特征都会消

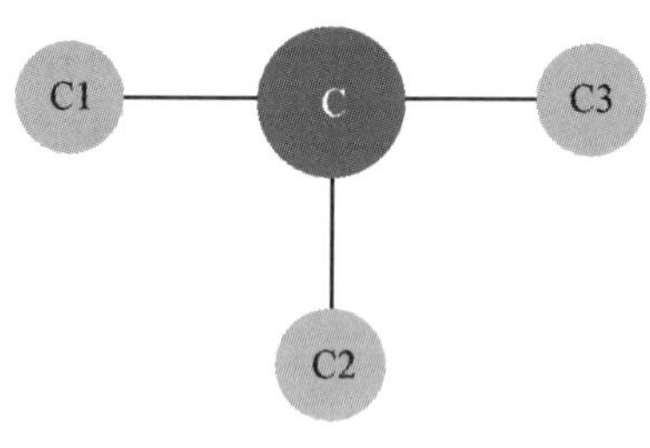


**图 7 中心—边缘结构不是什么？**
**——单层分布的中心与边缘**

① 如果中心—边缘结构是一种复合结构，顺着中心的中心推导，理论上就必然存在最终的核心，但需要注意的是，此时，这几个核心之间可能不是中心—边缘结构的，而可能采取其他的连接方式（例如，如果我们认可三权分立的话，三权之间构成的可能是三角互动的模式，或者在政策研究中著名的铁三角模型），这不是本研究的重点所在。本研究所建构的理论视角的要义在于，我们可以通过该视角去分析一些工业社会的现象或关系，其中存在着少数中心者，他们通过一些机制，实现了对众多边缘者的支配，而不是要将这个框架在最精确的意义上进行测量和描述，这一工作大概要留给实证者去做。这里，我们无须（尽管在量化的意义上可以这样做）对某个对象——例如某个社会——进行严格的分割，然后指出具体哪些单元构成了中心，哪些单元组成了边缘，在中心内哪些单元构成了中心的中心，并以此类推直至最终的核心单元。这并不是该分析视角的目标所在，甚至如果过于强调这种模型的量化特征，可能将在对量化的追求中失去该视角的解释力和批判力（尤其是后者）。

失，它的结构化力量也会大打折扣。

### 6.2.3　中心之间的媾和

中心与中心之间有着共同的利益诉求，或者说他们更容易达成某种利益一致或者妥协。其利益之一，对于中心—边缘结构而言，就在于对其边缘的控制和支配，进而从中获取利益，或者让边缘充当缓冲带，在危机面前向边缘转嫁危机。部分原因也在于中心数量较少，相互之间交往频繁，也就更容易达成一致。也就是说，在图 6 中，如果我们假设还有与 C 处于同级的 C，他们之间则能够较容易地达成一致[2.1]。在一个理想结构中，C1 和 C2 之间并没有联系(图 6 中并没有线条连接 C1 和 C2)，因为这样更有利于 C 对其边缘 C1 和 C2 的支配，但在实际情况下，C1 和 C2 之间，与其各自的边缘之间相比，更容易达成利益一致[2.1]。

但更为重要的是，中心的中心与边缘的中心之间达成了一致[2.2]，这是中心 C 实现对其边缘 C1、C2、C3 支配的重要机制。也就是说，对于圈 C 或者其中心 C 而言，它对它的多个边缘(例如圈 C1)的控制并不是笼统实施的(在图 6 中，圈 C 与圈 C1、圈 C2、圈 C3 之间并没有实线连接)；同时，它也不可能对所有边缘(包括 C1、C2、C3、C1p1、C1p2、C1p3、C2p1、C2p2……)实施各个击破，由于边缘数量多，这样做几乎不可能，或者至少是低效的。也就是说，图 7 那样的简单结构很难实现，少数中心需要更为精细的机制才能实现对多数边缘的控制。于是，如图 6 那样，C 在其边缘培植起各个边缘的中心(例如圈 C1 中的 C1)，C 通过 C1 进而控制 C1 的其他边缘者，即 C1 充当了 C 实施治理的“桥头堡”(加尔通语)。因此，在图 6 中 C 与 C1 之间用实线连接。C 从最边缘者(例如 C1p1)攫取利益的方式就是通过他们的中心(例如 C1)实现的，尽管 C1 在向 C 输送利益的途中为自己截取了一小部分——事实上是被 C 认可的，作为一种交换或酬劳的一小部分。

### 6.2.4　内部分化不均

在工业社会的中心—边缘结构中，在中心与边缘内部都存在着分化情况，正如我们在“复合结构”中指出的。然而，总体来说，中心内部的分化程度要比边缘内部的分化程度弱[3]，例如，在图 6 中，圈 C 内部的中心(C)与边缘(如 Cp1)之间的收益分配差距较小，而边缘圈（如圈 C1）内部的中心（C1）与边缘（如 C1p1）之间的收益分配差距较大，这就使得 Cp1 与 C 更为亲密一些（同 C1p1 与 C1 之间的亲密程度相比），因此图中连接 Cp1 与 C 的线段比连接 C1p1 与 C1 的线段更短。或者说，用加尔通的话来说，即使中心和边缘内部都存在“利益不和”，但与中心内部的差异相比，边缘内部的“利益不和”更明显或更严重。① 这一结构机制的意义在于，由于在中心内部，中心的边缘（如 Cp1）感受到了其中心（C）所给予的相当程度的关照，尽管他们有时也与其中心存在矛盾，但总体来说，他们是向其中心靠拢的。另外，Cp1 的境遇应当说要比边缘的边缘（如 C1p1）好，这使得他们更难与那些最边缘（如 C1p1）联合，尽管他们都是边缘。以政府与社会的中心—边缘结构为例，政府内的边缘者（如基层官僚）更容易与政府内的中心者（如领导）达成一致（尽管在组织框架内他们可能也存在分歧），而很难与社会的边缘者（例如某个社会组织的基层雇员）联合起来。因此，对于一个政府的基层雇员来说，其一生的关键在于如何在政府内与领导进行互动（哪怕是博弈），而不是如何与他们真正的服务对象（社会成员）进行交往，因为这些服务对象是被他和他的中心一道边缘化的（因此，在图中，Cp1 与 C 同处在一个虚线圈内）。

在这个意义上，中心—边缘结构不仅不是图 7 那样的单层分布，也不是图 8 所示的简单多层分布，而是我们在图 6 看到的多层复合结构。也就是说，即使我们不同意图 7 那种过于简单的处理而将其延伸成图 8 的形式，这种形式依然无法完整展现中心—边缘结构的重要特征。依据图 8，诸如 C1 和 C2 那样的中间单元只能被视为其上级（C）与下级（如 C1p1）之间的中介，这种处理方法掩盖了中心—边缘结构更为精细的机制。例如，如果仅仅将政府组织的基层官僚视为从政府高级雇员到其服务对象（即社会大众）之间的中介，我们就无法在结构上解释这些基层雇

---

① Galtung, Johan. “A Structural Theory of Imperialism.” *Journal of Peace Research* (1971): 81 - 117.

员为何不与社会大众联合起来共同抵抗其上级。①

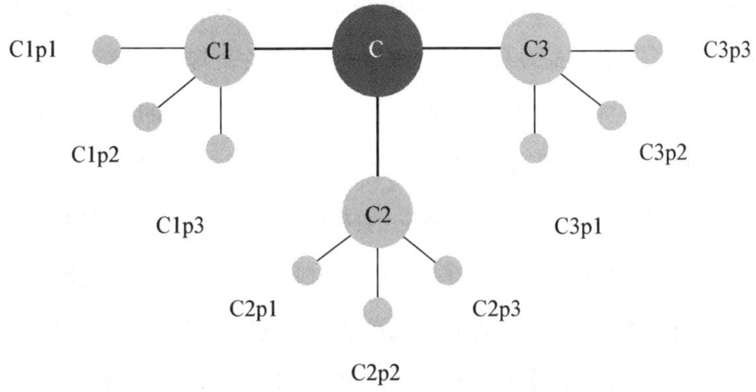


**图 8　中心—边缘结构不是什么？——简单多层分布的中心与边缘**

### 6.2.5　边缘之间的割裂

边缘之间的割裂是中心—边缘结构得以稳定以及中心能够对边缘实现支配的一个重要原因。不仅对某个单独的中心—边缘结构如此[4.1]，例如在某个特定的官僚制组织内，规则和核心成员对边缘成员的割裂，对多个不同的中心—边缘结构也是如此[4.2]。例如，某组织的雇员要与其他组织的雇员就工作内容进行交流的话，其内容与方式都会得到更为严苛的限定（与对同一个组织内的不同雇员之间的交往的限定相比），或是必须经过其领导的同意。② 对不同层次的中心—边缘结构同样如此[4.3]，例如我们在上面提到的关于政府雇员与社会组织成员的例子。在经过这一复杂结构的层层割裂之后，就整个复合结构而言，那些最边缘的个体之间的联合几乎成了不可能。例如，在政府与社会的中心—边缘结构中，整个社会的广大边缘群体之间（如图 6 中的 C1p1，C1p2，C1p3，C2p1，C2p2……）很难联合起来，

---

① 考虑到这些，我们就会发现在此阐述的中心—边缘结构（见图 6）与我们通常看到的诸如组织结构图那样的结构有什么重大不同了。首先，中心—边缘结构同时强调形式平等与实质不平等，而组织结构图仅仅强调后者而忽略前者，因此，即使是图 8，也比组织结构图那样的纵向示意图更为精确；其次，当我们考虑到中心与边缘内部的不均匀分化等特征时，图 8 的结构也就显出了不足，因此我们需要图 6 这样更为精细的结构来描述社会现实。

② 例如，政府雇员（一个结构内的边缘者）接受媒体（另一个结构）采访的形式与内容都必须经过其上司的同意，企业员工（一个结构内的边缘者）被限制不能与其他组织员工（另一个结构内的边缘者）谈论某些企业“秘密”。

因为他们不仅被分组地结构化进了个别的组织中，即使在组织内部，他们之间也是被割裂的，而且各个组织的中心者之间也是被割裂的；同时，他们也很难与那些政府组织中的边缘者联合，因为总体上，政府的边缘者更倾向于向其中心靠拢。因此，我们说，中心—边缘结构并不是某个中心加一层边缘者的单层分布（如图 7 所示），也不是某个中心加多层边缘者的简单多层分布（如图 8 所示），而是一种复杂的多层分布结构（如图 6 所示）。如果是前两者，边缘者之间的割裂程度将大大削弱，边缘之间联合的障碍也会少许多，而正因为是后者，边缘的联合几乎成了不可能，正如下图所示（图 9），类似“全世界无产者联合起来”的革命口号所呼吁的边缘的联合就很难付诸实践，即图 9 中假想的联合带几乎成为不可能。

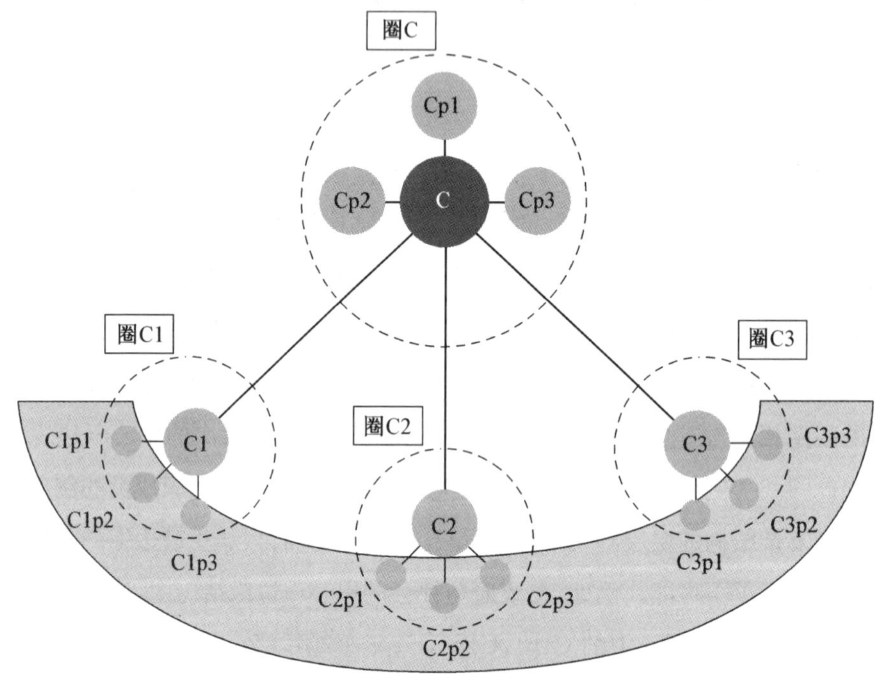


**图 9　中心—边缘结构中边缘的割裂**

## 6.3　中心—边缘结构的内在机制

如果我们将上述的结构化特征视为中心—边缘结构的静态表现①,那么我们还须要考察是什么样的机制导致了这些特征的出现。本节我们将讨论其中的三种,它们是中心—边缘结构得以形成和巩固的几个重要机制。

### 6.3.1　"依分而治":中心对边缘的割裂与边缘的虚假联合

上述特征 2、3 和 4 都共同指向了一种可以被称为"分而治之"的机制。显然,对边缘的"分",首先依赖于中心与中心之间的"和"[2],边缘的割裂既是中心之间"和"的结果也是原因;同时,还依赖于单个中心内部的一致或较小的分化[3]。也就是说,一个中心(圈 C)只有作为一个整体(C 加 Cp1、Cp2、Cp3)才更容易控制某个/些边缘,而对边缘(如圈 C1)的控制则是通过将其分化成中心(C1)和它的边缘(如 C1p1 等)[2.2]。这些机制最终导致了多层次的边缘的割裂[4]。

作为一个词语,"分而治之"(divide and rule)也可以被用来描述前工业社会的治理问题,但我们这里强调的是在中心—边缘结构中的分治的独特之处。前工业社会的分而治之依据的是被治者的自然差异,这种差异是天然的、难以变更的,分而治之的手段则更加暴力,人们通常称之为统治者的"权术之治",这种称呼反映了统治者的主观态度甚至主观恶性。而到了工业社会,治理的基础不再是自然差异,而依赖于系统的分工体系。这一体系将那些从工业化过程中独立出来的个体重新划分进每个不同的群体、组织或专业领域中,个体耗费了大部分的时间和精力在某个狭窄的组织中,以至于身体和思维都被这个狭窄的领域所驯化。正如齐哥尔特·鲍曼所言,由于我已经习惯了在某个特定群体或组织中生存,当我们涉入其他

---

① 当然,在理想形态中显示的部分特征,既是结构的外在表现,也可以被视为某种机制,进而导致其他特征的出现。例如中心与中心(尤其是中心的中心与边缘的中心)之间的媾和,既是一个中心—边缘结构的外在表现,也导致了各自内部分化差距的拉大以及边缘的进一步割裂。

群体时会感到不自由①，以至于长此以往我们也就不再愿意去尝试了解和理解他人（无论同一个群体中的，还是其他群体中的他人）。也就是说，工业社会的分治是通过结构方法或“结构暴力”（加尔通语）而非直接的暴力实现的，这就使得工业社会的治理手段缺乏明显的主观恶性。

当然，分工仅仅是“分治”中“分”的一种机制，另一种机制是分类管理，它所依靠的核心逻辑就是我们在本章第一节讨论的单一标准。中心垄断了标准的建立和解释权，而边缘普遍接受或者不反对这些标准，他们要做的就是按照这些标准采取行动，以让自己向标准不断靠近。在政府与社会的中心—边缘结构中，或者在官僚制组织与其管理对象的交往中，政府雇员对一个个“案件”实行分类管理，为不同的管理对象贴上不同的标签，或者划归不同的类别。这种分类管理也进一步强化了社会分层。无论分工还是分类，当一切社会设置都成为人们习以为常的既定设置时，所有人（包括边缘）都不再怀疑它们，甚至有时候急切呼唤它们。这样一来，对于中心而言，他们要做的就是利用这些现实来实现治理。在工业社会，由于对平等的特别强调，治理者不可能再采取对被治者区别化对待的方式来故意制造割裂，相反，政府甚至需要给予一些弱势群体特别的照顾。甚至也不存在治者将原本一体化的被治者分成碎片以实现控制的情况，因为所有分裂的状况已经成了既定事实，是所有人（包括边缘）面对和接受的既定事实。在这个意义上，工业社会的中心—边缘结构中的“分而治之”更强调的是中心如何利用“分”的社会事实来实现治理，实现对边缘的控制，并防止边缘的联合，因此我们可以将其称为“依分而治”。

当然，正如我们所强调的，理想状态的中心—边缘结构形态与现实并不完全相符。在工业社会的中心—边缘结构中，边缘的联合一直在不同程度地存在着，甚至逐渐走向普遍化，但是我们必须警惕这些联合，它们在多大程度上意味着边缘之间真正的合作的出现？在多大程度上意味着图9那样的联合带的出现？必须看到，这些边缘的联合，在工业社会协作体系的大背景下，只是一些基于利益考量的协作，而不是真正的合作。这些虚假的边缘联盟很难形成稳定的合作机制，在既定的

① ［英］齐尔格特·鲍曼：《通过社会学去思考》，高华等译，北京：社会科学文献出版社2002年版，第1—18页。

中心—边缘结构中,也不可能改变其边缘地位,因为在一个普遍分工的社会系统中,人们并没有真正合作的动力。对于整个社会而言,个体或具体的组织只要完成自己的任务,就能生存,因为协调机制是早已存在的;在一个组织中,个体无须与他人进行真正的合作,因为他们之间的联合已经被组织——例如生产流水线——代为完成。同时,在一个强调非人格化的社会中,人们也没有真正合作的愿望,他们的全部精力都耗费在了完成社会或组织交付的碎片化任务上。在官僚制组织中,由于个体甚至变成了组织机器的附属物,思考和情感不被允许,被边缘化的个体只能完全按照组织既定的规则和程序完成特定的动作。

虚假的协作或联合不但不是真正的合作,甚至可能相反,成为为中心—边缘结构服务的机制,那就是掩盖"分"的事实与问题。这种联盟的假象不仅让许多边缘者误以为自己有着抵抗中心的可能,也被知识界的许多人认为是人类的一种进步。"这种文化认为在当代的阶级与阶级之间、国家与国家之间非常明显地增长着团结与友爱。"①当然,我们并不是要完全质疑"联合"的积极意义,但是至少应当看到这种联合中可能存在的问题。在中心—边缘结构未消解之前,这些联合都很可能不是真正的合作行为,或者说,即使初衷是指向合作的,也可能被强大的结构力量修正为服务于结构及其中心的行为。

### 6.3.2 "竞相逐心":边缘向标准和中心的进发

工业社会的竞争是一种表面温和的、全面化的斗争,或者更准确地,应当称之为"竞争"②。从中心—边缘结构视角看,这种竞争主要发生在边缘之间(但同时也发生在中心之间,以及中心和边缘之间),或者说,边缘之间的竞争对于结构的巩固而言具有更为重要的作用。如果我们将上述的"依分而治"视为中心向边缘辐射出的支配机制,那么边缘间的竞争就可以被视为边缘向中心发出的机制,二者最终都

---

① [美]莱茵霍尔德·尼布尔:《道德的人与不道德的社会》,蒋庆等译,贵阳:贵州人民出版社 1998 年版,导论第 13 页。

② 正如"竞争"这个概念本身所显示的那样,它是表面温和的,甚至可以被理解为是完全合理的,而不像"斗争"那样总是与暴力、冲突相连。关于斗争与竞争的差异,可参见张康之:《论组织从竞争到合作的发展》,《天津社会科学》2008 年第 3 期。

导致了边缘的割裂,进而稳固了中心—边缘结构。

显然,中心之间也存在竞争关系,他们不仅在当下要争夺核心地位,争夺对边缘的控制权,而且希望在未来占据最核心的地位。然而,总体来说,中心之间的竞争关系,与他们在控制边缘方面或者说在维护中心—边缘结构方面所达成的一致相比,则处于次要的地位。另外,在中心与边缘之间也存在一种竞争关系,苏瓦科维奇甚至将当代社会的主要矛盾归结为中心与边缘之间的冲突:“今天的社会不是19世纪和20世纪初的阶级斗争,也不是20世纪中叶的东西方竞争,而是中心与边缘的冲突。”[①]但是,中心与边缘之间的竞争事实上并不激烈,这种激烈只是在人类进入后工业化过程后才被人们不断发现的。

中心—边缘结构中的竞争主要指边缘之间的竞争,他们竞相追逐中心,向中心靠拢。具体而言,这种竞争包含两种机制。第一种机制是中心设立“客观”标准,标准塑造边缘的行为和思考,边缘努力向标准靠近,于是边缘之间只能是竞争的关系,纵使边缘之间存在联合现象,也是为了以联合的力量同其他联合体竞争。在政府对社会的治理中,政府设立许多标准,一方面是为了限制不当行为,另一方面是在鼓励被标准认可的行为,即事实上导致了社会不同部分间的竞争。特别是当资源极为稀缺时,政府会设置限额,并设立摇号、竞拍等规则来让边缘者争相获取。在官僚制组织中同样如此,由于中心掌握重要的稀缺资源(职务、荣誉和薪酬等),他们会释放出有限的资源让边缘竞相争取,而掌握资源也就转变为一种分配的权力,进而成为支配边缘的权力。在社会关系中,中心者从边缘中筛选交往对象的方法之一就是依靠竞赛这种表面客观的设置,边缘在竞赛中获得好的名次就能获得与中心交往的机会或中心圈的门票。

第二种机制与标准机制相关,但也有差别。由于标准是由中心设置和评价的,对于边缘而言,除了按照既定标准改变自己的行为之外,另一种途径就是与中心交往、向中心靠拢。一些边缘通过各种方式与中心建立关系或者达成一致后,中心要么无视标准直接向边缘输送利益,要么根据特定边缘的特征修改或建立标准。如

---

① Šuvaković, Miško. “The Transgressive Policy of Parasitism.” Accessed July 19, 2015. http://www.parasite-pogacar.si/theorymisko.htm.

此一来,一些边缘就通过这种特别的机制快速获得了利益。于是,在一些社会组织领导(如图 6 中的 C1)与政府领导(如 C)之间,在一些社会成员(如 C1p1)与政府组织成员(如 Cp1)之间,在一些边缘者(如 C1p1)与该领域的核心人员(如 C1)之间就出现了各种灰色或非法的交易。

对中心—边缘结构中的“边缘”来说,如下图所示(图 10),他们通常面临四种选择:像 Cp1 那样努力挤进中心;像 Cp2 那样待在边缘,却通过与中心的互动/交换或者向中心谄媚换取部分利益;像 Cp3 那样甘愿/麻木地待在边缘;或者像 Cp4 那样被驱逐出或“脱钩”[①]于整个结构。无论上述的哪种竞争机制,对于那些希望摆脱边缘地位、消除边缘化感受的边缘来说,既然已经存在改变现状的机制,他们要做的就是遵循这些机制,努力向中心或标准靠拢,甚至挤进中心,或是代替中心(如 Cp1);次优的选择则是,即使处在边缘,也希望得到中心的认可,获得中心的资源(如 Cp2);至于后两种“选择”,它们事实上已经不是边缘的主动的“选择”了。边缘不曾怀疑这些竞争机制的任何环节,甚至热烈拥抱竞争,因为竞争对所有人来说是公平的,正如以自由竞争为基本特征的市场所代表的平等那样,人们不会怀疑竞争有什么弊端,不会将竞争与冲突相联系,也不会怀疑结构本身有什么问题,结构并没有受到(致命的)冲击。

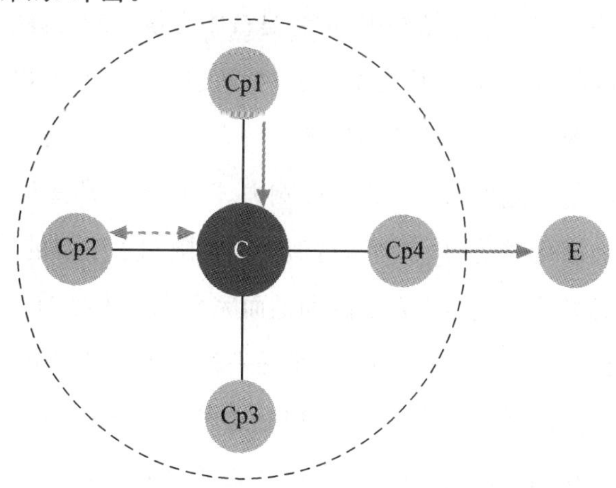


**图 10　中心—边缘结构之“边缘”的选择**

---

① 阿明曾提出了所谓“脱钩”(delinking)战略,参见[埃及] 萨米尔·阿明:《论脱钩》,《国外社会科学》1988 年第 4 期。

由于竞争的过程，一些边缘者即使最终成功挤进中心圈，也被贯串于竞争过程的规则所同化，最终变成了中心圈的一分子，继续维护着中心—边缘结构。也就是说，在全面竞争的氛围中，许多边缘者为自己树立的目标，或者说抵消边缘化感受的目标，就是挤进中心，将来成为中心，享受中心的利益，享受中心剥削其边缘的那种趾高气扬，尽管他们曾经也以边缘存在。在这样的心理驱使下，他们就会不断地模仿中心，主动地学习中心的方法和策略。即使那些最初怀有“最终挤进中心并努力改变整个结构”的梦想的边缘者也在整个过程中逐渐被同化了，在强大的结构面前，他们的梦想变成了“为了将来改变整个结构，先努力适应结构并挤进中心”。也就是说，两种人最终是殊途同归的，那就是促进了中心—边缘结构的巩固。

竞争的结果之一就是边缘之间的割裂被加剧了，而边缘的向心性增强了，整个结构得到了强化。当边缘都将目光投向中心或者都遵从中心制定的规则和建立的竞争标准时，他们自然就忽视了与其他边缘之间的互动；同时，竞争加剧了边缘之间的敌对意识，也就是说，工业社会中的边缘者不仅缺乏合作意识，还可能对其他边缘抱有敌对心理，这就让边缘间的割裂更为严重。

### 6.3.3 “有限宽容”：边缘的重要性以及中心对边缘的恩惠

在工业社会的中心—边缘结构中，边缘是被中心承认的，当然，在中心看来，这种承认不是对边缘的真正承认，而主要在于，承认边缘对于自己以及自己把控的整个结构的重要性。约瑟夫·奈说：“如果某种关系对双方都有利，弱小一方因压力而崩溃的可能性限制了似乎强大一方的影响力。”[①]中心必须保证边缘不至于因为“压力”或过度的边缘化感受而“崩溃”，这似乎确实限制了中心的部分权力，也就是说他们不能肆无忌惮地仅仅考虑自己的利益而完全无视边缘的利益或需求。中心必须让边缘感受到，中心与边缘之间的联系是一种平等而且双赢的联系，让边缘切实从中心与边缘之间的联系中获得实惠，但是这种有限照顾完全是从中心自身的利益出发的考量。在利益输送方面，中心显然是通过对边缘的剥削实现自己的利益占取的，也就是说中心需要从周围的边缘不断攫取利益，具体而言，如图 11 所

① [美] 约瑟夫·奈：《硬权力与软权力》，门洪华译，北京：北京大学出版社 2005 年版，第 106 页。

示,利益从边缘的边缘(如 C1p1)经由边缘的中心(如 C1)流入 C,或者也可以从中心的边缘(如 Cp1)流入 C;中心 C 获得利益后,对整个结构的利益分配也可以沿着相反的方向流向各个边缘。而在危机转嫁方面,中心同样需要周围的边缘作为保护带或者外界危机的缓冲带,例如在图 12 中,虚线箭头所示的危机将首先冲击边缘地带;即使中心感受到了危机,也可以将危机引向各个边缘来保全自己。也就是说,边缘对整个结构进而对中心的重要性是不容置疑的。当然,除了结构方面的重要性,我们说,工业社会的分工协作体系增强了人们之间的相互依赖性,人们无法再自给自足,而需要用自己在某个极细微的分支上的劳动换取其他方面的所需,这种互赖性显然也反映在中心与边缘之间。简言之,中心必须承认边缘。当然,这也包括中心的中心对边缘的中心的利益承认,其目的是拉拢边缘的中心、帮助他们支配众多边缘,以及帮助他们输送利益。

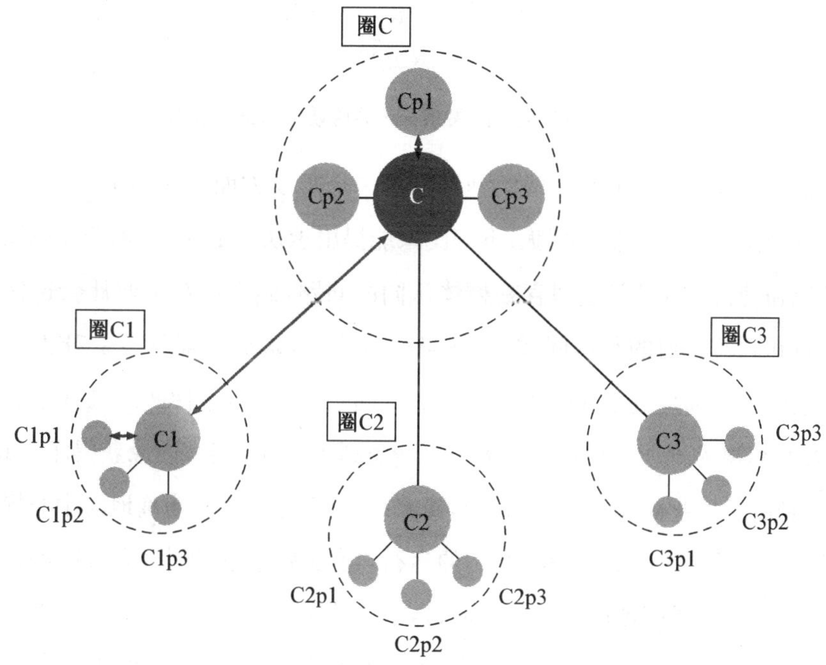


**图 11　中心与边缘的关系——利益输送与利益分配**

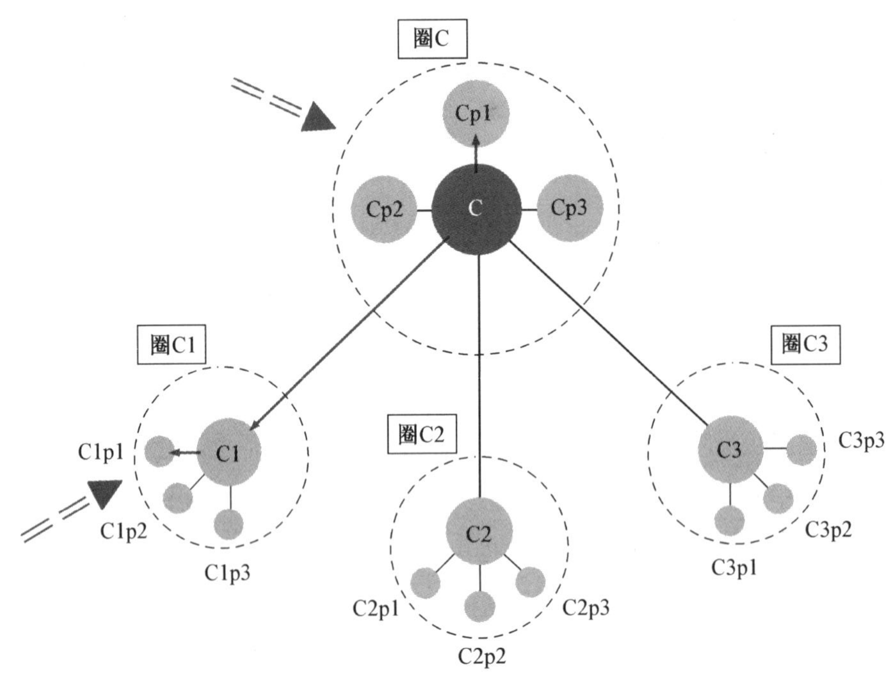


**图 12 中心与边缘的关系——风险防范与危机转嫁**

这也是区别于前工业社会的治理结构的一个重要方面。在前工业社会，由于固化的等级制以及个体意识朦胧，下等民未能提出承认的要求，上等群体也没有这样的意识和动力。农业社会只存在群体认同的问题，而不存在工业社会这样基于理性分析和利益谋划的承认问题。“在早些时代，承认从来都不会上升为一个问题。普遍的承认都是嵌于那种源于社会的认同之中的，而这种嵌入又基于这一事实，即人人都视为理所当然的社会范畴。”①而到了工业社会，边缘获得了承认，一方面，这是由于工业社会对平等的基本要求，也由于边缘可以明确地向中心提出这项要求；另一方面，中心为了整个结构的运行，也必须（在剥削中）为边缘保留一些利益，而不是尽其所能地剥削。具体而言，中心给予边缘的有限的恩惠或宽容至少还包括以下方面：通过承认和利益分配维护边缘的持续存在、允许边缘向中心移动、允许边缘的有限联合、允许边缘的有限反抗。

① Taylor, Charles. “The Politics of Recognition.” In *Multiculturalism: Examining the Politics of Recognition*, edited by Amy Gutmann. Princeton: Princeton University Press, 1994. p. 34.

第一,中心要维护边缘的持续存在,因为这是中心的利益来源,维护边缘的存在就是维护自己的利益。当然,这个道理对于奴隶社会的奴隶主而言是显而易见的,他们不可能竭尽所能地、毫无保留地剥削奴隶,因为奴隶的消亡也必然意味着奴隶主的衰落。对于工业社会的边缘者而言,仅仅做到这一点显然是不够的。边缘者往往会提出更多的诉求,而中心在其可控范围内必须有限地满足这些诉求。第二,中心(不得不)允许边缘向中心进发。尽管边缘挤进中心,甚至替代部分中心是部分中心所不愿看到的,但是在整体上维护了整个结构。或者用社会学家的话语,工业社会的问题是社会阶层流动的问题,尽管总体上阶层流动是艰难的、小范围的,但是工业社会不会在法律和政治上限制这种流动。第三,中心允许边缘的有限联合。例如在官僚制组织中,正式组织允许边缘雇员的非正式交往,这是边缘成员消除其边缘化感受的一种方式,这种允许让边缘不至于极端地反抗中心或集体脱离整个结构,但是,正式组织必须将非正式交往限定在自己的可控范围内,并为组织目标所用。第四,中心允许边缘有限的反抗。旧社会的倒塌是通过下等民的反抗实现的,因此工业社会的人将这种权力作为一项重要权力牢牢掌握在手中。在农业社会,上层通过暴力消除任何形式的抗争,或者通过教化的方式让被统治者放弃抗争的想法;而在工业社会,上层则将部分抗争规定为一种被承认和保护的权利,并用法律的形式将其限制在可接受的范围之内。

这也是中心—边缘结构中"边缘"一词的优势所在,它与"排斥"等词不同。边缘是处在结构之中的,中心不希望边缘者替代自己,但同时,他们也不希望边缘者被排除在结构之外,与自己完全没有关系,中心希望在二者之间找到平衡。对于边缘而言,同样如此,他们一方面防止被完全踢出结构,因为这意味着同主流完全背道而驰,另一方面又不甘于仅仅处在边缘的位置,而是怀有从中心那里换得利益甚至挤进中心的希望。

## 6.4　中心—边缘结构的生成与扩张

结构及其视角被许多学者视为一种静态的分析,甚至有学者指出,"所谓结构,是个不包含时间的概念”[①]，但是，我们并不赞同这种观点，结构不仅仅是从某个截面看到的现象，还是涉及自我变动的过程。因此，在完成了对中心—边缘结构的静态特征与机制的总结和描述后，我们还须考察这一结构的生成与扩张过程。它不仅关系到中心—边缘结构是如何在前工业社会向工业社会变迁的过程中生成的，也关系到这一结构是如何在漫长的工业社会中实现自我巩固的，更关系到这一结构在后工业社会的变动趋势。

### 6.4.1 中心—边缘结构的生成

作为一个描述和解释工业社会治理体系之结构的模型或理论，或者说，要将中心—边缘结构建构成一种理解工业社会治理问题的视角，除了描述结构自身，同样重要的是，尝试解释这一结构是如何产生的，尤其当我们试图将这一结构视角限制于工业社会的历史阶段而非整个人类历史时，就更须要解释它是如何随着工业社会的产生而产生的。另外，在中心—边缘结构的某些具体方面也存在一些理论和学说阐释某种制度或结构的生成问题，例如，对于政府与社会的关系，社会契约论中关于现代政府的产生的讨论就提供了一种解释，它解释了社会是如何为了避免沦为一种恐怖的自然状态而将部分权力让出来组成一个专门政府的。但是，当我们试图建构一种超越或包含各种层面（包括政府—社会关系、官僚制、社会关系等）的总体性的工业社会的中心—边缘结构时，是否也存在一种总体性的有关中心—边缘结构生成的解释。当然，需要说明的是，寻求一种结构生成的总体解释与构建中心—边缘结构的理解形态面临同样的问题，前者可能对于解释某些层面的中心—边缘结构更为合理，而对其他层面的合理性较差。

对于工业社会的中心—边缘结构的产生，一个可能的解释路径[②]是：从“差异”到“偶尔的优势—劣势”，到“稳定的优势—劣势”，再转化为一种固定的“位置优势—劣势”（或者更确切地说，是中心—边缘的“强势—弱势”），至此，中心—边缘结

① ［日］富永健一：《社会结构与社会变迁——现代化理论》，董兴华译，昆明：云南人民出版社 1988 年版，第 8 页。作者明确区分了有关结构的静态的和动态的分析，并将二者分别称为“社会结构”分析和“社会变迁论”。

② 因此，在初稿中，本节标题后还加上了“一个可能的解释”。

构得以产生。具体而言,首先,各个单元之间存在着许多差异;“偶然”地某些差异被放大,部分单元(以后的中心)也因此具备了某种优势,这些偶尔的优势逐渐成为某种标准;随着偶尔优势的不断积累,标准得到了更普遍的认同,于是所有单元都以这一标准为指南,而排斥或忽略其他标准,稳定的优势得以确立;最后,所有单元都遵循这一标准行动,并在这一标准的感召下向标准或中心看齐。当所有边缘都主要以中心作为他们对未来的想象时,边缘的向心性就固定了下来,边缘之间的互动不再重要,边缘之间的割裂越来越深,一个简单的中心—边缘结构也就此成形。

### 差异的放大与偶尔的优势

当然,仅仅就差异本身而言,人类从一开始就存在差异,甚至在生产还未产生剩余的原始阶段,自然的差异也存在,甚至成为(自然)分工的某种依据。虽然这种表述看来没有什么错,但过于强调这些差异也没有什么实际的意义。在农业社会,差异也是存在的,尤其是不同等级占有的资源和权力存在着巨大的差异。但是在每个等级内部,这种差异则小了许多,而且更为重要的是,人们对这些差异并没有形成自觉的意识。当农业社会的立体结构被摧毁时,个体的自觉意识逐渐生成,差异被意识到了。从农业社会的崩塌到工业社会的确立这段漫长的时期里,某些差异被历史偶然地放大了,在这些偶然维度上占上风的单元就具备了某种暂时的优势。我们说“偶然”,仅仅是为了强调某些被称为“革命”或“变革”的活动所具有的偶然性,并不是说这些变化纯属偶然。然而,为什么是这些差异上升为一种(暂时的)优势,而不是其他的差异,或者说,为什么是这些差异造成的不均成为众人的羡慕对象和向往,而不是其他的差异,这样的问题仍然有待进一步的考察。

### 稳定的优势:重复互动与单一标准

接下来的一个阶段是,一种暂时的优势通过不断积累成为一种稳定的优势。其中,重复是一种可能的解释。任何行为或思维的重复都会产生累积效应直至产生一种固定的模式。对于政府与社会的关系而言,政府起初被赋予了一些特别的功能,而且政府实际上是“垄断”了(尽管起初“垄断”可能还不意味着固定的权力)这些专门的功能,这种“垄断”意味着社会成员(无论不同的人还是同一个人)在任何有需要的时候都只能向政府寻求帮助，于是社会与政府在特定事项上进行重复的互动。正是在这个过程中，政府的权威和权力不断增加。尽管社会一直努力限制政府的扩张，但随着复杂性的不断增加，政府还是不可避免地承担了越来越多的事务，并肩负起越来越多的责任，这就使得社会成员在更多的事务上重复地与同样的政府产生互动，长此以往，重复的行为不仅赋予了政府权力，也强化了社会的弱势心理。而在社会关系中，我们已经看到，也正是少数人之间的交往的不断重复最终塑造了一个中心圈，因为在信任普遍缺失的工业社会，个体之间的交往除了依赖最终契约的裁决，只能寄希望于重复的交往行为，即选择与曾经交往过的人进行重复的交往，这对于个体的理性决策而言可以降低成本和风险。对于边缘者同样如此，边缘者偶尔与中心取得某种暂时的联系并尝到甜头后，希望重复这一过程，于是他们逐渐被结构化进了中心—边缘结构之中。同样，边缘要向中心进发，也需要重复上次与中心的联络，每一次重复与中心的互动都是对中心与边缘的又一次强化。①

伴随重复互动的是单一标准。有学者指出，“单一标准与基于这一标准形成的可被普遍接受的排序激发了联络的偏好，这是中心—边缘网络生成的一种可能的解释”②。我们已经在价值部分讨论了单一标准的问题。简单地讲，在某个标准的衡量下，一些单元比另一些单元得分更高，当人们普遍认可标准时，人们自然会选择与那些得分高的人交往。由于标准通常由中心建立，而且这是他们选择交往对象的方法之一，中心也就拥有了权力。在社会交往中，人们通常发现，那些中心者不仅建立标准，而且通常在这些标准上得分较高，成了这些高标准的代表。于是边缘者不仅以客观标准为参照，而且以中心者作为学习和模仿的目标，不断向他们靠近，中心的权力也就得到了增加。

正如罗伯特·诺齐克在其对正义理论的阐述中所指出的那样，大部分关于分

---

① 回顾我们在第 5 章关于社会关系的讨论，福克纳在分析好莱坞电影制作行业的中心—边缘结构时就指出“将作曲家和电影制片人结合在一起组成一个稳固的社会结构就是如下模式的重复”，参见 Faulkner, Robert R. *Music on Demand: Composers and Careers in the Hollywood Film Industry*. New Brunswick; London: Transaction Books, 1987. p. 169。

② Persitz, Dotan. “Power and Core-Periphery Networks.” 2010. Accessed January 17, 2016. http://dx.doi.org/10.2139/ssrn.1579634.

配正义的理论都基于一种“模式化(patterned)的原则”，也就是说，它们总是按照某个或某些确定不变的标准(例如“道德价值、需求、边际产品、努力程度”等)测量，并根据一种事先确定好的理想图示(即基于这一标准的测量结果，什么层次的人应当得到多少)做出一种模式化的分配①，这种分配也就成了一种关于分配的权力。另外，模式化原则本身就包含着目的原则，因此也可以被称为“目的/结果原则”(end-result/end-state principles)，这样一来，在当前目的与手段二分而且手段通常代替了目的的情况下，一些人就会(非正义地)不择手段地去追求某种分配。这里的“模式化”概念——正如“结构”或“结构化力量”一样——总是依据某种看来被大家公认的单一标准(即使是某个由许多不同维度构成并按特定方式加总的指标体系，仍然可以被视为单一标准)做出的，这种分配的正义就不可能在本质上和结果上是正义的，而只有可能在形式上是正义的。正如诺齐克批评的，它侵犯了个人权利和自由，但这并不是最关键的。最关键的是，这种基于确定标准的分配以及任何基于确定单一维度的选择和行为，都可能形成并强化某些人的权力，他们更加稳定地占据着某种权力和优势。

**位置优势的确立：中心与边缘**

至此，工业社会治理结构中的少数单元获得了稳定的优势，显然，它已经不同于农业社会治理结构中统治阶级的获得方式了。但是更为重要的是，这种优势是一种“位置”优势，一种在同一个平面展开居于“中心”的位置优势，而不是纵向的处在上层的优势。

位于一个平面的中心位置具有多方面优势，例如监视的方便和行动的便利，而无论哪一种都增加了中心的控制能力。因为在这种布局中，中心能清晰地看到所有边缘的一举一动，而且也能最快地通向各个边缘。对于边缘而言，这种布局赋予了他们形式上的平等，他们每个人通向中心的距离都是相近的，因此他们也认可甚至热烈拥抱这种结构(关于中心—边缘结构的“位置”不平等性，我们将在下一节借

① [美] 罗伯特·诺齐克：《无政府、国家与乌托邦》，何怀宏等译，北京：中国社会科学出版社 1991 年版，第 161—162 页。

助图 14 和图 15 加以说明）。

关于中心的位置优势，其最集中、最典型——可能也是最极端[①]——的体现就是边沁的“全景式监狱”设计。[②] 在这一布局中，中心对边缘实现了最为充分的割裂，那就是对每一个边缘者的完全割裂，任何两个边缘之间都没有任何交往的可能。尽管这种理想化模式在社会现实中难以找到，但它极具隐喻的意义，在现实中与这一理想模型相似的设置处处可见。在许多组织中，核心管理者都将自己的办公地点设置在办公区域的中心位置，以便监视所有工作人员的行为。监视意味着中心对边缘的防范，即将边缘视为不确定的因素，因此监视的目的在于快速地找出不确定因素，并能及时采取措施加以控制，而中心的位置（无论地理的还是心理的）恰恰为这种监视提供了优势。在许多城市，政府往往处在一个城市的中心位置，这种设置的理由很简单，那就是便于所有的社会成员与政府进行互动，同时政府可以快速地对所有社会事务进行回应，而不会因为地理距离的不同进行差别化对待。这也是中心—边缘结构制造的平等性或者作为其成立基础的平等性的一个表现。

当然，空间分布或地理意义上的分析仅仅是一个方面，中心—边缘结构并不仅仅在现实存在的空间布局中如此，正如我们已经看到的，在工业社会的几乎所有层面都表现出了这种结构，甚至在人们的思维模式和文化观念中也是如此。因此，希尔斯说：“中心圈不是一个简单的空间区位现象，尽管它在社会中总是有一定的位置。”[③]

---

① 事实上，这种看似“极端”的案例仅仅是将工业社会的某些特征发挥到极致而已，正如鲍曼在《现代性与大屠杀》中对犹太人被大规模屠杀的案例进行分析时所指出的那样，这并不是反人类反现代的，它存在于现代，也就是对现代的极致反映。因此，这种看似“极端”的案例并不意味着它不具有任何代表性。

② 不仅是边沁的这一设计案例，工业社会的任何建筑设计本身都是出于“控制”目的而设计的工程，就像是整个官僚制乃至现代性都可以被看作一项工程那样。正如维基房屋（Wikihouse）创始人弗兰克·加瑞（Frank Gehry）所言，今天几乎所有可以被称为建筑的东西都只是为世界上 1%的人（富有的个体、企业和政府）设计的，参见“Architecture (and the other 98%).” December 4, 2014. Assessed October 10, 2016, http://www.alastairparvin.com/#! Architecture-and-the-other-98/c112t/A40E068B-DA80 - 4060 - 9F5F-A572B710B7E2。

③ ［英］爱德华·希尔斯：《中心和边陲》，沈青译，《国外社会学》1988 年第 1 期。

### 6.4.2　中心—边缘结构的巩固

对于一个结构而言，生成并不是最重要的，最重要的是要在结构中内嵌一种自我稳固的机制。在从前工业社会向工业社会的过渡中，旧世界被摧毁后，在新世界逐渐建立的过程中，中心—边缘结构的诞生显然存在某种必然和偶然。对于结构中的单元而言，那些此后占据了中心位置的单元也是因为某些必然和偶然因素得以占据中心。一旦中心—边缘结构被确立起来，当社会总体上对这种结构怀有期待或至少没有实质性的反对时，尤其当那些占据中心的单元对这种结构表示满意时，下一个问题就是如何对这一结构进行巩固和强化。当然，所有我们已经讨论过的价值（例如秩序追求、规则和单一标准）、机制（例如对边缘的割裂、边缘间的竞争、中心间的媾和等），以及在关于中心—边缘结构生成的分析中所提到的因素（例如重复互动）都会强化中心—边缘结构。我们在这里讨论的是以上叙述中未曾提及的巩固机制。

**更新换代**

一个结构更新换代的问题对于其本身的维护是至关重要的。在农业社会中，社会治理中的权贵主要是通过血缘纽带的传递实现的，当然，在一定意义上也包括笼络一个为自己服务的代理人阶层。到了工业社会，不可能再继续以血缘关系为基础进行更新换代了，尽管这种情况在工业社会中依然发挥着作用，但起作用的方式也已发生了变化，即不再是基于血统而直接赋予某人"合法性"。因为血缘关系，某些人更容易获取某些资源，也就是说血缘关系是通过转换为资源这种相对公平或被普遍接受的形式发挥影响的。但总体而言，血缘的影响力确实大幅下降了。工业社会的中心—边缘结构允许边缘向中心有限跃迁，即有限度地吸纳少数边缘进入中心圈，这为边缘带来了希望，进而维护了整个结构。但是这种吸纳一定是有限度的，必须保证那些刚刚进入中心圈的新人被中心圈既有的观念和利益同化，这样才能进一步维护整个结构，而不是给中心圈带来（致命的）破坏。正如研究好莱坞人际互动的福克纳指出的，一些机制"让集体行动的范围变窄，参与被永久限制在少数人中（a chosen few）。形成这一核心网的人也许会随时间而变化，但是中心化的社会结构自身一直维持着”①。沃纳等人在讨论圈层式分布的小圈子时也说道:“这种结构有很强的稳定性。尽管确实会发生一些改变,但这些改变并不迅速,也不会一次性将所有成员都卷入其中。尽管改变会影响部分成员之间的关系,但小圈子的总体结构能持续很长时间。”②这就明显地颠覆了前工业社会那种统治阶级与特定的身份群体长期连在一起并主要通过血缘关系进行代际传播的情形,中心—边缘结构的更新换代多了几分自由与平等的色彩。看来任何人都有机会和自由向中心进发,并且所有外在的制度和规则都确证所有人的这种权利,尽管社会结构没能给每个人真正平等的自由、机会和能力。

在这个意义上,华尔兹这个极端的结构主义者也显得略有不足。华尔兹指出,单元的属性及其互动不会改变结构,只有单元的排列方式才能改变结构本身。事实上,不仅单元及其关系这两个层次的变化不会改变结构,而且即使单元的排列方式(有限地)改变了,结构也可能保持不变。对于中心—边缘结构而言,这就是说,不仅中心或边缘的孤立变化以及中心与边缘间互动关系的改变不会改变结构本身,而且即使当中心与边缘发生了(有限的)倒置或位移,即某些边缘者进入了中心圈,而某些中心者可能没落到边缘,结构也能够保存下来,这也是中心—边缘结构之结构化力量的一个表现。

**对创新的垄断**

要使中心—边缘结构得到巩固,不仅要考虑结构中单元的更新换代,也应当考虑其所依赖的要素的更新换代问题。相比较,前者是中心在短期内的考虑,后者则是在更长的时间跨度内应当考虑的问题;前者涉及的是单元的变动,后者涉及的是要素的变动。

在中心—边缘结构的生成中,我们指出,少数单元在某些偶然的要素上占据优势,并通过不断提升这些要素的重要性来维护自身的中心地位;而中心地位稳固

---

① Faulkner, Robert R. *Music on Demand: Composers and Careers in the Hollywood Film Industry*. New Brunswick; London: Transaction Books, 1987. p. 170.

② Davis, Allison, Burleigh B. Gardner, Mary R. Gardner, and W. Lloyd Warner. *Deep South: A Social Anthropological Study of Caste and Class*. Chicago: University of Chicago Press, 1948. p. 168.

后,中心者甚至可以定义或开发新的要素,并利用已有的优势在新要素上重新占据中心地位。[①] 中心—边缘结构要得到持续的维护,就必须找到某种机制对社会中出现的新要素进行掌控,我们可以称之为对创新的垄断。也就是说,创新因素不仅成为我们解释中心—边缘结构之生成的一个重要要素,也是中心—边缘结构进行"自我强化"的重要机制。[②] 具体而言,这种创新垄断至少包括以下几个方面:首先,中心具有更强的创新需求,创新是中心不断发现新的增长点的基础,当中心从对旧要素的剥削中获利不多,也就是说无法实现可持续的剥削的时候,他们必须找到新的增长点,并以此为基础开展一次新的结构扩张运动;其次,中心也具有鼓励创新或者说对创新有利的社会机制,这部分是他们的需求导致的,同时也是中心内部更一致的利益和更紧密的互动导致的,因为他们吸纳了多种多样的优势资源,而"这种文化的异质性通常而言都会促进革新以及冒险活动"[③]。

然而,这两点并不能解释中心对创新的垄断,中心可能更容易产出创新,但是边缘也具有产出创新的优势,尤其当这一结构出现弱化时。因此我们需要更多的解释,那就是,即使边缘产出了创新,也不能支持创新的进一步发展,只有中心才具备定义创新的权威,才具备实力选择性地支持某些创新并将其转化为实实在在的收益。如果源于边缘的某一创新可能会对既有的中心利益产生影响,尤其是如果会破坏整个结构,这种创新是不会被中心定义为"创新"的,而只被嘲讽为胡话或是天方夜谭。缺乏中心的认可和有力支持,任何创新都不会长久。

中心权威地定义了某项创新通常意味着中心已经占据了以此创新为维度/标

---

① 在分析国际关系中的中心国与边缘国关系时,阿明就指出,20 世纪 80 年代以后,中心国把持的标准不再是工业生产上的优势,而是在"金融全球化、技术创新、取得世界资源、通信与信息手段、大规模毁灭性武器"等方面的优势,见[埃及] 萨米尔·阿明:《不平等的发展》,高铦译,北京:商务印书馆 2000 年版,序言第 4 页。即使我们将 20 世纪 80 年代后视为中心—边缘结构逐渐弱化并走向消解的后工业化时期,阿明的论述也表明,旧的工业化中心仍然可能在后工业化时期通过确立新标准继续保持中心地位。

② 弗里德曼在关于区域发展的中心—边缘结构探讨中提出了六种强化中心与边缘不平等的机制,而其中五种机制都指向了创新:人口与资源的大量进入所引发的相互之间的紧密互动增加了创新的几率(信息效应),因此人们更愿意到中心去创新。在中心创新的预期风险小且成功率高(心理效应),中心在社会价值、制度和行为等方面都有利于创新(现代化效应),创新又必然产生连锁反应(连锁效应),中心会吸引更多的创新型产业在此落地(生产效应),相关讨论可参见 Gore, Charles. *Regions in Question: Space, Development Theory and Regional Policy*. London: Routledge, 2012. p. 125。

③ 参见 Friedmann, John. *Regional Development Policy: A Case Study of Venezuela*. Cambridge, Mass: M. I. T. Press, 1966. p. 16。

准的优势或领先地位，紧接着就是垄断这一创新并从中获利，随后才开始将创新向边缘扩散。由于整个社会认可这一创新及其代表的评价体系，扩散创新技术的过程也就成了一个扩散权威的过程，它不仅像任何一次利益从中心向边缘的分配一样让边缘感受到了实在的利益所得，而且创新总是被等同于“先进”，这有助于作为“先进”化身或代言人的中心赢得边缘的好感。边缘会继续争取在新的标准下得到利益，因此仍然会以中心的模式为目标。面对新标准，当前的边缘仍然被困于两种主要的选择之中：要么不理会新标准，被抛弃到（以新标准构建起的新结构的）外围，要么努力适应并追求之，却因此处于边缘的位置。

对于政府与社会的关系而言，当社会中的某种新要素出现时，政府有相当的权力去肯定或否定这些要素。例如中央政府会颁发所谓“管理创新奖”，号召其他地方向某一标杆看齐，这就是对创新的垄断。由于政府已经垄断了许多涉及公共事务的权力，它也自然可以垄断对创新的认可和定义的权力。在官僚制组织中，边缘者没有创新的空间，一切都是被规定好的，即使所谓自由裁量权也是被提前设置好并受到严格限定的，边缘者也没有创新的动力。任何具体的情况，都可以找到或者都必须找到与之相对应的由组织预先设定的规则和程序。在社会关系中，例如知识界，研究者的共识是，任何理论和学说只有在一个所谓“一流”学术期刊或评价机制上发表和公开才被认为是“先进的”甚至是“科学的”，而这些期刊总是被既有的中心者把持，那些不符合他们癖好的思想和观念很难获得进一步的发展。

### 6.4.3 中心—边缘结构的扩散

到目前为止，我们只是偶尔提及了“外围”的问题，而没有认真讨论过。一方面，如果我们将工业社会中的某个子系统视为一个具有中心—边缘结构的体系，那么就必然存在着系统的外部环境，也就必然存在着某些处于该结构之外的单元；另一方面，既然中心—边缘结构像其他任何结构一样必然经历了一个从小到大的扩张过程（正如世界的某些先发国家向全世界扩张的过程一样），并最终才形成了一个总体上可以被称为中心—边缘结构的体系，那么，在结构的“外围”与结构内的

“边缘”之间做区分就是有必要的。[①] 这样一来,我们就可以说,在中心—边缘结构形成之初,它只是一个在较小范围内存在的结构,在结构之外还存在许多单元(“外围”),而结构的扩张过程就是不断地将“外围”纳入结构的过程。

正如“边缘”的概念是以结构本身作为参照系的一样,“外围”的概念也是以结构作为参照系的[②],在这个意义上,中心—边缘结构不仅包括其内部的中心与边缘,也影响甚至决定着外围的命运。在强大的中心—边缘结构面前,在图 13 中,对于一个外围(E)而言,他们可能处于某种矛盾的境地:要么像 E2 那样继续处在结构之外,要么像 E1 那样被结构化进入结构却被置于边缘的位置(处于 Cp1 的位置)。在互相依赖性极强的工业社会中,前者几乎不可能;相比之下,后者却具有一定的吸引力,因为外围也怀揣着有朝一日变成中心的梦想,而要实现这一理想,在线性的中心—边缘结构中,首先就要从“外围”变成“边缘”。也就是说,由中心营造并被普遍接受和认可的 E1—Cp1—C 的线性发展道路(当然,考虑到中心—边缘结构的多层复合特征,这一发展路径要更长)是“外围”获得发展的唯一路径,那么变成 Cp1 这样的边缘就是 E1 最终成为 C 的必由之路。正如有学者指出的,“不接受”这一结构“是一种失败”,但“接受它也是一种失败,因为这就默认了自己永久的边缘位置。两害相权取其轻,所以边缘国家纷纷加入了这个体系,为了‘边缘’生存而永远服侍着‘中心’”。[③] 也就是说,事实上,大部分外围并不受这种选择的困扰,他们总是选择后者,他们为自己设定的目标首先是进入中心—边缘结构,其次才能像边缘那样努力挤进中心。正如我们在图 10 中看到的那样,尽管结构中的边缘由于距离中心更近,距离挤进中心的梦想更近了一步,因而拥有了更多(四种)的选择,但事实上,边缘不会选择脱离结构而成为“外围”,“两害相权取其轻”。与工业社会中被外在规则确证的其他形式化权利类似,所有单元都拥有选择权,至少制度

---

① 沃勒斯坦在其世界体系论中就对二者进行了区分,他将体系之外的单元所处的位置称为“外围区域”(external arena),参见[美] 伊曼纽尔·沃勒斯坦:《现代世界体系》第一卷,罗荣渠等译,北京:高等教育出版社 1998 年版,第 6 章。

② 需要指出的是,对于“core/center-periphery”,中文有时也译为“中心—外围”,但这一词组更为准确的译法应当是“中心—边缘”,这一方面是考虑到“边缘”与“外围”的重要区分,另一方面也是因为“外围”一词并不具有“边缘”概念那样的丰富内涵(例如“边缘化”的延伸意义),对此的讨论可参见张康之、张桐:《论世界体系中观察视角的“中心—边缘”概念》,《北京行政学院学报》2014 年第 2 期。

③ 柴文静:《颠覆“中心—边缘”结构》,《21 世纪商业评论》2008 年第 2 期。

不会否定这种权利，但从现实情况看，某个选项因为付出的代价可能过高早就被排除了，因此，无论外围还是边缘，表面上具有选择权，但事实上别无选择！①

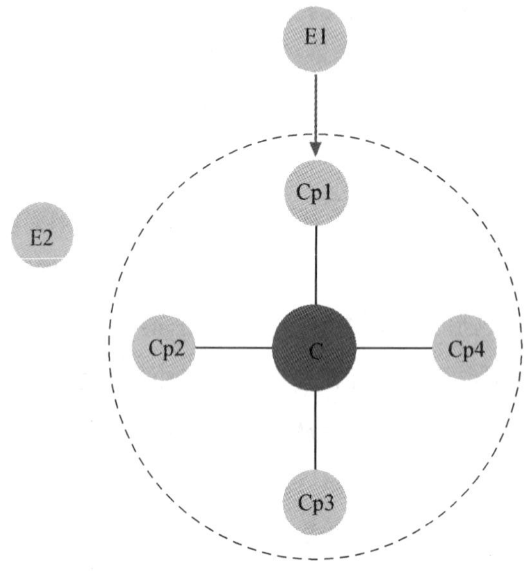


**图 13　中心—边缘结构之“外围”的选择**

而中心—边缘结构，尤其是中心的目标则是逐渐将外围纳入结构并将其锁定在边缘的位置，这也是在为结构的长远发展补充新的能量来源。这样，随着外围不断被纳入，从总体上看，中心—边缘结构就处于不断扩张之中，其边界围绕中心不断向外延伸，直到将所有单元纳入其中。然而，由于地球表面总是有限的，中心国家对外殖民的扩张也必然存在极限；类似的，中心—边缘结构的扩张也必然会达到它的极限，但这并不意味着扩张结束之时就是中心—边缘结构达到顶点并开始走向衰落之时。首先，中心—边缘结构的内在机制保持了结构本身的活力，它能够保持边缘的利益源源不断地流向中心，而且中心占据了大部分的利益；其次，正如上面看到的，即使中心的龙椅可以易主，但结构本身并没有改变。除了以上两点，中心—边缘结构得以维持还因为一个更重要的机制，那就是中心对创新的垄断。中心通常能够发起、定义或支持一项新的发明或某种新要素，他们通常可以在这些新

① 我们在关于社会关系的讨论中也涉及了选择权的表面化平等以及实质不平等的问题，见 5.3.3。

领域中占据有利位置,并由此开启一场新的结构扩散的运动,即将大量外围不断纳入结构并将其维持在边缘位置。

## 6.5　中心—边缘结构的总体特征:一种分析视角

任何观察、分析或研究视角都只能窥探到事物的局部,而非全貌。那么我们在尝试构建一种新的视角时,也应当明确指出该视角所关注的特殊面向,即通过本视角去观察对象会凸显对象的哪个(些)维度。这一视角特性决定了,当观察者或研究者采用该视角时可能获得的观察结果。另外,它也构成了该视角区别于其他视角的独特性所在。

正如我们一直提及的,中心—边缘结构不仅是对工业社会治理体系的一种描述,也是观察工业社会的一个分析视角。作为一种分析视角,它具有哪些特征?“特征”一词可能产生误解,在本章第二节讨论中心—边缘结构的结构化“特征”时,我们讨论的是作为一种结构,其内部单元是如何排列的,进而使得单元之间表现出什么关系,以及决定了单元何种属性(华尔兹的划分),但在本节,我们要着重讨论的是中心—边缘结构的总体性特征,或者说是中心—边缘结构这一透镜的“特征”。当我们试图透过这一视角来观察某个对象时,透镜本身的哪些特性决定了观察结果?正如透过显微镜、哈哈镜、望远镜、三棱镜或反光镜观察同一个对象却会看到不同的图像一样,我们需要指明中心—边缘结构的透镜会帮助我们看到怎样的图景。

### 6.5.1　形式平等与实质不平等

正如我们一直以来强调的,这是中心—边缘结构的首要特性,也是我们使用中心—边缘结构这对语词的首要原因,因为它同时反映了形式平等与实质不平等,这两个对于理解现代社会缺一不可的要素。

首先,当说形式平等或表面平等的时候,我们是说工业社会的许多社会设置掩盖了许多不平等,让大多数工业人将很多东西视为自然的、理所当然的(就像农业社会的人们看待他们生活于其中的那个世界一样),而忽略了或忘记了某些不平等,也就不再思考或批判这些不平等;我们当然不是彻底否定工业社会较之前工业社会在平等方面所取得的成就,也不是说工业社会的治理在所有方面都是虚假的、表面的或形式化的。相反,我们必须同时正视现代社会的平等之维与不平等之维。而"中心—边缘结构"的概念与其中所蕴含的解释力与批判力则准确地反映了这一点。或者说,正因为必须正确对待这些所谓人类"进步"或"成就",我们就更应该采用中心—边缘结构来认识和理解这个社会,而非等级结构——这个在一定程度上可以被用来描述农业社会结构,并且也被许多人用来强调工业社会的不平等问题。其次,对于不平等而言,工业社会中心—边缘结构中的不平等是各个单元处在结构的不同位置(中心或边缘)造成的不平等,或者采用华尔兹的"排列方式"来表述,就是单元排列成中心以及围绕着中心的边缘导致的不平等。因此,关于工业社会的治理结构,我们拒绝在描述政府与社会关系时仍然采用类似"统治阶级"等过度强调纵向不平等的理论,拒绝在描述官僚制时采用"层级节制"的简单化处理或金字塔的比喻,拒绝在描述社会关系时依然采用等级制等"纵向分层"的做法,而是指出,工业社会的结构应当是一种中心—边缘结构!

在平等与不平等之间做出区分是必要的,这不仅意味着在哲学和人类思维方式的意义上在形式和实质之间做出区分①,而且能够帮助我们理解工业社会的治理结构得以形成和维系以及在后工业化时期又难以继续维系的原因。在这个方面,加尔通所做的垂直互动关系(vertical interaction relationship)与封建互动结构(feudal interaction structure)的区分是重要的。对于加尔通而言,垂直互动造成了纵向不平等,"是这个世界不平等的主要源头,无论采取的是掠夺、极不平等的交换,还是加工水平的差距所导致的相当不同的附带效应的形式",而相应的,"第二个机制——封建互动结构——则通过保护它维持并巩固着这种不平等",也就是说后者显然具有了温和的特点,隐藏着但事实上促进着不平等关系。当然,仅就垂直互动而言,工业社会采取的主要形式也不再是赤裸裸的掠夺,而是通过所谓平等交换的方式进行的,但加尔通提醒我们,这些平等交换在交换发生时看似是平等的

① 例如,卢梭对公意和众意的区分,对公共利益的呼吁,从根本上讲仅仅是形式的,而非实质的。"正是这种形式化的理解影响了其后整个近代社会的思想家们,以至于在公共领域的建构方面,陷入了形式合理性的追求之中去了",参见张康之:《在领域分离与融合中看制度》,《探索》2006 年第 1 期。

(但也有一些明显的不平等),但交换完成之后所产生的长远的附带效应是极不平等的。[①]

形式平等意味着,一切制度和方案的设计都要在同一个平面上平铺开来。这是工业社会一切社会设置的基本出发点,它也构成了工业人行动的基本(形式化的)框架。法律所强调的"法律面前人人平等",政治所赋予每个人统一的"公民"身份,民主机制强调"一人一票",市场交易宣扬交易双方的平等性,这些都是形式化平等的反映,而一切的不平等也都只有在这种形式平等的前提下或基础上才能展开。由此确立起来的社会结构也就只能以同一个平面上的圈层式分布作为其结构了,而不能再以立体的不同层级作为其结构。或者说,农业社会的立体结构被摧毁之后,一切旧有的上下层级理论上都落在了同一个平面,此后为了秩序等而建立起来的一切结构工程也必须在这个平铺的废墟上确立起来,而不能再搭建起另一个纵向层级的立体结构。然而,正如形式平等并未带来真正的实质平等一样,在这个平面上的所有单元也并不是以随机的状态散落于一个平面之上(这种分布意味着他们具有事实上平等的机会),而是最终以圈层式的分布被结构化了,其中的少数单元成为中心,其他多数则围绕中心被放置。从表面上看,少数中心和多数边缘仍然在一个平面上,但实际上,少数中心具有了另一种形态的优势或强势,他们制定、解释和把持表面上看来是由全社会参与的、为全社会服务的制度,长期而稳定地占据整个社会的某些重要资源(财富、信息、权力等),并利用这些资源与某些边缘的中心媾和在一起,而将其他大部分的单元排斥在边缘化的位置。

在这里,我们需要再次回到在导论中提出的一个问题,即为什么要使用"中心—边缘结构"这个词组来指称工业社会的治理结构,或者说这个结构名称的优越性在什么地方? 对这个问题的回答是至关重要的,它关系到我们提出一个"新的"(事实上一点也不新)结构名称的必要性。如果它和我们所有通常听到的结构名称以及这些名称所包含的理论解释没有什么重大或本质不同,那么我们的研究根本就是多余的。我们也要再次回到华尔兹关于结构的论述中,尽管在关于体系之结

---

① 参见 Galtung, Johan. "A Structural Theory of Imperialism." *Journal of Peace Research* (1971): 81 - 117。

构的探讨中剔除体系内的单元和单元间关系这两个分析层次的做法很容易被他人攻击，在实际论述中任何（包括华尔兹以及本研究）关于体系结构的讨论都不可避免地会谈到单元以及单元间关系，但是这三个层次的区分仍然是十分必要的。在作为一个研究起点的导论部分，我们对此只是做了简单的讨论，在完成主要部分的基本论述后，回到这个问题是十分必要的。为了回答这个问题——当然也是在总结中心—边缘结构的总体特征或者这一结构视角的特征——我们可以从下面几个方面进行阐述。

### 6.5.2 整体性与差异性

如果说形式平等与实质不平等是中心—边缘结构关注的第一组矛盾，那另一组看似矛盾的特征则是整体性与差异性。有学者曾将普雷维什的“中心—边缘”思想总结为三个主要的特征：整体性、差异性和不平等性。[①] 简单地说，在普雷维什看来，资本主义世界经济体系首先是一个体系（即“整体性”），但其内部的“中心”和“边缘”又是有着本质性不同的两类主体（即“差异性”），而这种差异是一种不平等的差异（即“不平等性”）。事实上，这三个特征不仅适用于分析资本主义的世界经济体系的中心—边缘结构，对工业社会总体上的中心—边缘结构及其视角同样适用，这些特征也是采用中心—边缘结构视角来观察和理解工业社会现实的优势所在。

事实上，整体性与差异性并不矛盾，而且二者同等重要。整体性意味着我们必须同时在一个整体的结构中去考虑中心与边缘的问题，否则如果我们分开考察二者（当然，此时我们采取的分析概念也就不是“中心”与“边缘”，而是其他诸如“上司”和“下属”、“富人”和“穷人”、“发达”和“欠发达”等仅仅具有比较意义的概念），就会认为边缘处于边缘，责任在于自己，而中心在中心也要归功于自己。类似“发达—不（欠）发达”的词组显示了二者之间的差异，却可能忽视了后者之所以落后（至少部分）是因为前者以及整个结构。因此，只有采取整体性思维才可能分析出不平等现象背后的结构性问题，即中心与边缘在结构中所处的位置，而不是其自身

---

① 董国辉：《劳尔·普雷维什经济思想研究》，天津：南开大学出版社 2003 年版，第 55—59 页。

的某些特质,甚至也不是二者互动的方式影响了他们各自的发展。中心—边缘的词组不仅具有比较的含义,而且还包含了更为丰富的内涵,甚至比较的含义并不是中心—边缘的首要内涵,这一词组首先指向的是结构,也就注定要采用一种真正的结构视角。①

但与此同时,整体性并不意味着整体结构中的各个单元之间是同质的,或者说它们之间没有本质差异,而仅仅是量上的差别。如果不考虑中心与边缘的本质性差异,这种思维方式的结论自然就是,边缘只要在既定框架内,按照既有的标准努力,就可以实现对边缘位置的摆脱,就可以实现发展。“发达—不(欠)发达”等词组就是如此,这些概念为人类未来规划的神话或蓝图就是,所有国家都能成为发达国家,这就掩盖了一些单元支配另一些单元的本质。这类神话背后的逻辑就是,众多单元在本质上都是相同的,不(欠)发达国家只要以发达国家为榜样,参照共同的标准(事实上是发达国家建立的标准),实现发展就只是时间早晚的问题。相反,从中心—边缘结构的视角看,只要这一结构存在,所有单元都成为中心就是不可能的(但所有国家都成为发达国家的神话在理论上是成立的),那时这个结构也就不存在了;只要这一结构存在,中心与边缘的本质差异就存在,纵使时间再绵长,就仍然存在着中心与边缘的不平等(但发达—不发达的神话认为不发达国家总有一天会成为发达国家的)。简言之,中心—边缘结构这一表达的优势就在于,当我们言说中心和边缘时,它首先指向了结构(由中心和边缘构成的),也因此具有了整体性;同时,它又指出了结构中单元的本质差异性,而且正如我们将在下面看到的,这是一种关乎位置的本质差异,而不是基于某个测量标准的简单化差异。

### 6.5.3　位置的不平等性

显然,整体性与差异性并不是中心—边缘结构最为关键的特征。一定意义上,农业社会的立体结构也可以说具有某种整体性与差异性,尽管这两种结构在这两个维度上也存在明显的不同。那么将农业社会的立体结构区别于工业社会的中

① 回顾导论中关于中心—边缘词组的优越性的讨论,见 1.3.3。

心—边缘结构的另一个重要特征就是位置的不平等，也就是说前两个特性虽然都指向了一些单元与另一些单元之间的不平等，但没有说明这是一种什么样的不平等。而中心与边缘的描述则明确地指出，这是一种在结构中处于不同位置的不平等关系。

我们要特别强调"位置"一词，因为它几乎是结构视角最为重要的一个词，它也必须与单元以及单元间关系或互动相区分。华尔兹认为，真正的结构包括三个要素：单元的"排列原则"（ordering principles），"单元的差异及其功能的规定"（the differentiation of units and the specification of their functions）和单元间的"能力的分配"（distribution of capabilities）。[①] 事实上，华尔兹使用的"排列"这个词也并不恰当[②]，相比之下，"位置"一词则更为合适，因为"排列"的概念似乎仍然着眼于单元间的关系，而"位置"则首先强调它在整个结构中的地位，单元间的关系则是其后的事情，从结构视角来看，单元间的关系是因为他们处于不同的位置，进而才形成了特定的关系。华尔兹所使用的其他两个概念具有类似的特点，功能差异也首先指向了整个体系（即某单元对于体系而言的功能），然后才是彼此的差异；同样，实力分布也强调单元能力在结构中的位置，尽管在对结构的强调方面，比前者有所弱化。

"中心—边缘结构"这一概念首先并不是要强调中心与边缘间的关系，而是指他们对于整个体系的结构而言所处的不同位置。正是位置决定了单元间的关系以及单元各自的属性。在中心—边缘结构中，单元间的关系是中心与边缘的位置不同而导致的不平等关系，单元各自的不同境遇也是中心与边缘在结构中的位置所

---

① 中译本参见[英] 肯尼思·华尔兹：《国际政治理论》，信强译，上海：上海人民出版社 2003 年版，第 118－132 页。英文版见 Waltz, Kenneth N. *Theory of International Politics*. Reading, Mass: Addison-Wesley Pub. Co., 1979. pp. 88－99。该定义的第二个要素被华尔兹在一个小标题上不恰当地命名为"单元的特性"（the character of the units），这种小标题式的总结显然没有凸显出他对"结构"的强调。因此，人们一般将第二个要素表述为"单元的功能差异"。

② 中译本将"arrangement"译为"排列"并不恰当，而且中译本把华尔兹的"organized"和"ordered"等词也译为"排列"。事实上，我们更应关注华尔兹所使用的被动语态，因为它真正显示了一种结构的力量。"定义一个结构必须忽略单元是如何联系的（relate）[即如何互动（interact）]，而要关注它们在彼此的联系中所处的地位（how they stand in relation to one another）[即如何被安置/安排（arranged）和定位（positioned）]。"参见[英] 肯尼思·华尔兹：《国际政治理论》，信强译，上海：上海人民出版社 2003 年版，第 107 页。相比之下，"定位"或"位置"比"排列"的译法更为恰当，或者说，这种译法更加符合华尔兹对结构的强调。

导致的。这才是一个结构视角或方法应有的分析逻辑！因此,中心—边缘的概念是对结构视角最忠实的反映和表达。

我们在讨论中心—边缘结构的生成时已经谈到了中心或边缘由于其在结构中的不同位置所形成的不同优势或劣势,在这里,我们可以继续用图示的方法做更为清晰的说明。[①] 如图 14 所示,C 由于居于中心位置至少具有如下特点或优势:首先,C 由于居于中心,能够有效地监视所有边缘,监视意味着中心能够及时发现不确定因素,并对其加以控制;其次,C 到每个边缘的距离是相似的,这让它能够快速地到达每个边缘,这符合工业社会的效率原则;再次,C 到每个边缘的距离相似也为所有边缘提供了表面的平等,对每个边缘而言,他们到达中心 C 的距离也是相近的,这种(形式化)平等让他们更容易认可这一结构;最后,中心位置让 C 能够轻易地吸纳来自边缘的各种资源和利益。相比之下,对于边缘而言,如图 15 所示,首先,他们只能被动地接受从中心释放出来的有限利益;其次,在危机面前,众多边缘则形成了一条对危机的缓冲带或对中心的保护带。这就是中心与边缘在结构中的位置所带来的差异。不过,这里显示的仅仅是一个简化了的中心—边缘结构,我们已经看到,真正的中心—边缘结构布局要更加精细和巧妙,其所带来的位置不平等也更多。而这也仅仅是对地理空间或区位意义上的位置的简要描绘,在中心—边缘的引申意义上,其位置同样带来了诸多不平等,正如希尔斯所言,中心还是"一个价值观念的王国,是主宰社会的符号中心和价值观念中心"[②]。

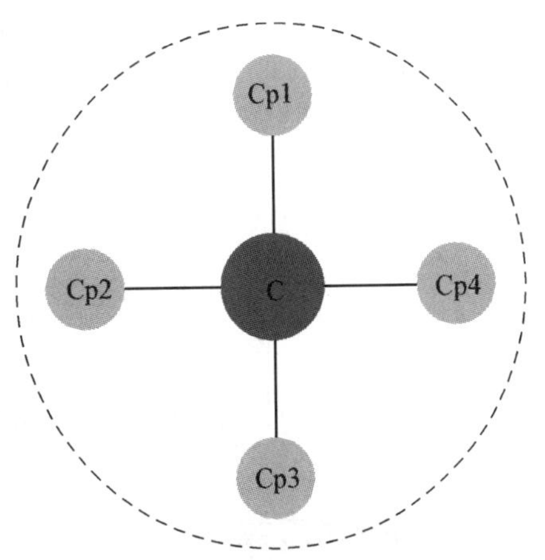

**图 14　中心—边缘结构中的"位置":中心**

① 关于位置的不平等性,也可以参考图 11 和图 12。不同的是,图 11 和图 12 这两幅图是以我们构建的理想形态为基础的,而图 14 和图 15 这两幅图是以简化的中心—边缘图为基础的,后者能更清晰地反映中心与边缘由于位置的不同表现出的差异。

② [英] 爱德华·希尔斯:《中心和边陲》,载苏国勋、刘小枫主编《社会理论的诸理论》,上海:上海三联书店 2005 年版,第 215 页。

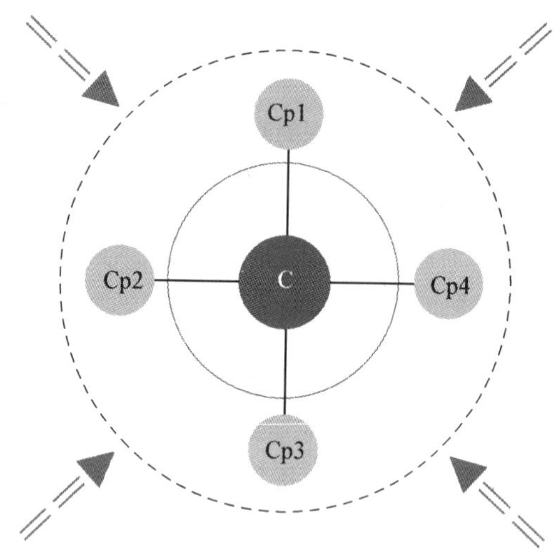


**图 15 中心—边缘结构中的“位置”：边缘**

## 6.5.4 结构化力量

结构视角关注的是结构力量，而非结构中单元的力量或单元间关系的力量。首先，从单元对结构的影响来看，结构化力量的强大之处在于，正如华尔兹所言，单元的特质及其变化无法改变结构，单元间的互动及其变化也无法改变结构，甚至我们已经指出，华尔兹所提出的单元间排列方式的变动能够改变结构的主张也是值得怀疑的。在中心—边缘结构中，我们经常会看到，少数边缘跃迁进入了中心圈，或者少数中心沦为了边缘，但是，这些位置变化并不能触及整个结构，反而在一定程度上巩固了中心—边缘结构。其次，从相反的方向，即结构对单元的影响来看，结构——即单元的位置分布——对单元及单元间关系有着重要甚至决定性的影响。正是某个单元在结构中的位置——而不是它本身的特质，甚至也不是它与其他单元的关系——决定了它的行为模式。

在这个意义上，尽管农业社会也存在结构，后工业社会也会呈现出某种“结构”（也许更确切的用词是“构型”或“形态”），但工业社会不同，它有结构，更重要的则在于其强大的结构化力量。尤其当我们采用“结构（化）不平等”或“结构（化）暴力”这样的语词时，它意味着结构化力量让不平等和暴力显得温和而隐蔽，那些被剥削的边缘者往往无法找到直接憎恨的对象，也就很难找到反抗的对象。正如赖特·

米尔斯所言,“人们一般不是根据历史的变迁与制度的冲突来确定他们所遭受的困扰。他们一般不将自己享受的幸福生活归因于他们所处社会的大规模起伏变动……他们通常不能通过诸如控制通常在其身后发生的结构性变迁的方式,处理好那些个人的困扰”①。这是工业社会之中心—边缘结构得以维持的另一个重要原因。在工业社会的中心—边缘结构中,那些促成这一结构的诸多主流价值(例如秩序、效率、规则、单一标准等)是被(包括中心和边缘)普遍认同的,进而整个结构也是被普遍认同的,边缘认可中心确立的价值和标准,认可中心是优秀和先进的代表或典型,认可那些看似公平的法律制度、交易模式、竞争机制等。甚至将自己的边缘境地也合理化了,认为这归咎于自己的不努力,而不是中心或结构的问题,因此边缘很难提出打破这一结构的要求。关于社会中的弱势者,莫斯卡曾说道:“没有法律和世袭特权禁止他们进入这一世界。他们被一条最细的纤维纺的丝线围在这个世界外面,这种纤维就是教育、礼貌习惯和社会习俗上的不同。只有费很大力气,这条线才能被打破。”②“纤维”的比喻可以说恰当地反映了工业社会的结构化力量的隐秘性特征。工业社会在政治与法律上赋予了人形式化的平等,它不再——也不可能再——明确地反对人们进入某个小圈子,但是,人们在几乎所有社会经济方面都存在着严重的不平等,因而被无形地隐秘地拦在小圈子的外面。这些在社会经济方面的不平等不仅无法在操作化的意义上被法律制度所消除,在观念上,也被整个社会认为是合理的,而且教育等标准为社会中的边缘者确定了一生努力的方向,那就是以这些标准为参照向上攀登。

中心正是通过这些形式上的平等机制和看似客观公正的结构来实现对边缘的控制和剥削的,而不是通过直接的暴力方式。仅就这一点而言,我们也无法满足于用类似“层级”或“等级结构”的模糊名称去同时称呼农业社会与工业社会的治理结构,如果结构没有发生本质变化,就不可能出现这种暴力形式的不同。对于结构中的中心而言,我们也必须承认,有时他们并没有特别的主观恶意,而只是在做结构

---

① [美] 赖特·米尔斯:《社会学的想象力》,陈强、张永强译,北京:生活·读书·新知三联书店 2001 年版,第 1—2 页。

② [意] 加塔诺·莫斯卡:《统治阶级(政治科学原理)》,贾鹤鹏译,南京:译林出版社 2002 年版,第 169 页。

(中的位置)赋予他该做的事情,但是他们在结构中所处的位置已经预先决定了,他们的行为事实上以隐秘的方式造成了一种利于自己而贬低他人的结果。这与一些通常的批判不同,尽管部分中心确实存在主观恶意,但我们不能忽视另一种可能。正如我们在政府—社会关系的论述中指出的,政府有些时候确实出于善意,但它在社会治理中的中心位置决定了,这种善意导致政府希望承担更多事务和责任的内在冲动,而社会对政府的长期依赖与批判又促进了政府的进一步傲慢,认为自己有能力也有责任做好所有事情,由此,政府的中心位置与社会的边缘位置都得到了进一步的强化。

### 6.5.5 中心—边缘结构视角的适用性

既然中心—边缘结构是一种分析视角,我们就需要为这一视角的适用范围做出必要的限定,正如望远镜和显微镜适用的观察对象并不相同。尽管对于某个特定的观察对象,我们仍然可以使用“错误”的透镜对其加以观察,但是这种错误的使用并不会为我们呈现出清晰的图像,有时反而会扭曲对象。我们认为,中心—边缘结构的分析视角仅仅适用于对工业社会的分析,而无法适用于前工业社会与后工业社会。本研究指出,农业社会的(治理)结构可以被称为一种立体(等级)结构;到了工业社会,立体结构崩塌,逐渐发展为一种中心—边缘结构,总体来说,中心—边缘结构在很多方面表现优异,或者说与工业社会相辅相成,其自身也维持了很长时间;但是,这一结构也包含许多矛盾和问题,尤其在人类进入后工业化进程以来,这一结构的许多方面并不能适应后工业社会的要求,人类社会在许多方面已经表现出了去中心化的迹象和趋势。后工业社会也将呈现出一种新的结构形态。因此,我们有必要在“中心—边缘结构”之前加上“工业社会”的限定语,否则,将这一视角强行置于不恰当的分析对象就可能带来不恰当的结果。

尽管我们在结论上已经指出农业社会是立体结构,而工业社会是中心—边缘结构,但是,就两种社会阶段(农业社会与工业社会)与两种结构(立体结构与中心—边缘结构)之间的对应关系而言,我们至少还可以提出两个疑问:工业社会为什么不是立体结构?农业社会为什么不是中心—边缘结构?对于前者,整个研究都在试图做出回答,简单地说,因为这个结构称呼抹杀了工业社会的平等性这一重要特征和基础，而且未能指出工业社会治理结构更为精细的结构化力量和机制。我们在这里将简要讨论后一个问题，即中心—边缘结构为什么不适用于农业社会。其目的也许主要在于提请研究者们注意研究视角的适用性这一议题。

首先，正如我们在分析中力图证明的那样，中心—边缘的结构以其精密的结构力量见长，这种精密性在前工业社会那种领域尚未分化的时期是不可能具备的。我们看到，中心—边缘结构适用于工业社会的许多分析单位，包括个体、群体、组织、区域、国家等，然而在农业社会中，首先并不存在哲学意义上有着自我意识的个体，任何生物意义上的个体都是作为某个群体的成员而存在的，个体不仅被氏族、部落等"家"的血亲关系决定，也被狭窄的地域严格限定着，总体来说，这是一种相对于工业社会的混沌状态，这就决定了不可能产生中心—边缘这种精细的结构。其次，在思维和分析的意义上，我们已经多次指出，现代人习以为常的许多概念和分析逻辑都是现代人所特有的，将它们用于农业社会的"现实"总是应当谨慎的。当我们说农业社会是某种立体结构时，我们同时强调了农业社会的两个特征，即混沌未分化和等级特征。混沌未分化就意味着，我们不应当用结构中的某个/些单元(例如中心或边缘)来命名结构，而只能就农业社会的某种总体性的特征来命名。最后，正如我们一直强调的，中心—边缘结构最基本的特征即形式平等而实质不平等，然而这在前工业社会并不适用。前工业社会的个体由于没有自主意识，不能提出平等的诉求，而工业社会不仅在近代革命中以此作为革命的感召，平等也在工业社会定型后成为整个社会最为基本的社会基础和一切制度设置的起点。

提出类似的问题，一方面是为了界定这一视角或理论的适用边界，另一方面也是为了回应一些随意使用"中心—边缘"语词的情况，或者说提醒我们在使用这一词组时应谨慎。例如，麦克卢汉就曾谈论古代帝国的中心—边缘结构问题；卢曼在分析农业社会的分层现象时也提到了中心与边缘的关系，而未能在纵向的"上—下"与横向的"中心—边缘"结构之间做出区分；尤金·卡门卡(Eugene Kamenka)部分受到希尔斯中心—边缘论的影响，在介绍韦伯关于官僚制的论述时也说道，古代官僚"体系有着碎片化的风险。官僚中心(bureaucratic centre)，尤其是统治者，失去了对边缘(periphery)的控制”[①]。我们认为,用中心—边缘结构的透镜去观察农业社会,不仅无法正确认识农业社会,反而会扭曲农业社会给现代人呈现出的景象。当然,任何一种现代性的语言,由于其在现代人意识中的不言自明与根深蒂固,被随意应用于任何历史阶段的做法一点也不新奇。因此,将“中心—边缘结构”的词组应用于前工业社会也就不奇怪了,同样,用于后工业社会也就是可以想见的。我们将在后一章着重讨论中心—边缘结构为何无法适应后工业社会的现实,它是如何走向衰弱并逐渐让位于一种新的构成形态的。

① 参见 Kamenka, Eugene. *Bureaucracy*. Oxford; Cambridge: Basil Blackwell, 1989. p. 2。作者还指出,这是一个集政治、文化和宗教为一体的中心,一切权威都是从这一中心流出,而且中心也成了整个社会凝聚力的来源(Ibid., p. 6)。类似的,作者在论述古代官僚制问题时也未加说明地大量使用了“公共”“民主”等现代分析概念。

# 第 7 章 “处处是中心，无处是边缘”：后工业化进程中的社会治理变革思考

有关任何一种现实结构的讨论，除了描述和解释其生成与巩固，还不得不面对结构的未来变动这一问题，否则该讨论就是不完整的。而作为一种分析视角的中心—边缘结构的独特性还反映在众多领域中有关中心—边缘结构的讨论都表现出了一个共同点，即大部分研究者都将其视为一种批判工具。或者说，中心—边缘结构之所以在诸多领域中都得到了广泛探讨，一方面是因为其内在较强的解释力，另一方面是因为其明显的批判性。这就意味着，相关分析最终都要指向未来。治理的中心—边缘结构讨论同样如此。我们还必须回答，中心—边缘结构的分析视角为未来的治理变革——尤其是治理结构的变革——提供了哪些有益的思考，尽管这不是本研究的重点所在。

## 7.1 中心—边缘结构的弱化

### 7.1.1 中心—边缘结构的内在矛盾

尽管中心—边缘结构有着强大的自我巩固机制，但其内部存在着难以调和的矛盾，甚至那些曾经促进中心—边缘结构生成和巩固的要素和机制也为这一结构在后工业社会的崩溃埋下了种子。

中心—边缘结构的内在矛盾首先就在于中心与边缘的斗争。在我们讨论中心—边缘结构的竞争机制时就指出，工业社会的竞争是一种全面化的竞争，包括中

心与中心、中心与边缘、边缘与边缘之间的竞争，尽管我们说，对于结构的稳固而言，最重要的机制是边缘与边缘之间的竞争，但是随着中心与边缘差距的不断拉大，边缘的诉求不断增加，中心与边缘间的冲突就会不断加剧，它就可能成为消解这一结构的一个重要因素。苏瓦科维奇明确指出，今天人类社会的主要矛盾就在于"中心与边缘的冲突，这种冲突存在于一个社会或地区内，在文化中，也在公共、私人的交往中，在全球政治中，也在全球和区域经济中，在我们日常的权力分配中，也在价值的输出、交换和消费中"①。更为重要的是，苏瓦科维奇对于时间的判断应当是合理的，他指出中心与边缘的冲突作为主要内容的历史阶段就是20世纪末，即我们认为人类进入后工业化进程的阶段。而在此之前，"19世纪和20世纪初"主要是"阶级斗争"，"20世纪中叶"主要是"东西方竞争"。因此，我们可以说，在整个工业社会，中心与边缘的竞争或冲突并不是主要内容，而边缘之间的竞争才是主要内容，它让整个结构得以不断强化，这使得结构的和谐与稳固才是工业社会的主旋律；但是，到了后工业化时期，中心—边缘结构的问题不断凸显出来，中心与边缘的冲突也不断加剧。正如农业社会的下等民众逐渐有了自我意识并提出反抗旧的统治一样，边缘也逐渐意识到他们的境遇是在结构中所处的边缘位置导致的，也就会逐渐将矛头指向整个结构以及结构的主导者——中心。

具体而言，这些矛盾的原因有很多种。我们看到，中心—边缘结构的大部分机制都是要在各种矛盾或冲突的趋势之间寻求平衡。中心要将边缘维持在边缘位置，既不让他们脱离结构，也不让他们集体反抗中心或完全取代中心；中心既要通过剥削边缘维持自身利益，又要给边缘留下少部分利益以安抚边缘；中心既要对众多边缘实施分而治之，又允许边缘的适度联合；正如官僚制组织既允许非正式交往的存在，又努力将其限制在可控范围内。任何一种平衡术都可能走向失衡的状态。另外，"一种类型的政治组织在恰当时机应用时，可能产生好的结果，但是在其普遍化和系统化之后，就变得无法实行，坏处颇多"②。事实上，对于中心—边缘结构而

① Šuvaković, Miško. "The Transgressive Policy of Parasitism." Accessed July 19, 2015. http://www.parasite-pogacar.si/theorymisko.htm.

② [意]加塔诺·莫斯卡：《统治阶级(政治科学原理)》，贾鹤鹏译，南京：译林出版社2002年版，第136页。

言，普遍化不是主要的问题，主要的问题是，普遍化通常意味着对其他形式的排斥，对其他价值观念和行为模式的排斥，这种排斥最终也可能引发危机。

以创新为例，我们说，创新是中心—边缘结构得以生成和巩固的一个重要因素，然而在中心—边缘结构中的创新是被中心垄断的创新，是为了巩固既有的中心—边缘结构，甚至是为了维护中心地位的创新，因此中心会抵制来自边缘却对自己不利的创新。也就是说，中心—边缘结构在本质上是排斥真正的创新的，它进行的只是在既有思维框架内的有限创新。而当后工业社会来临时，发生在或谋求在既有中心—边缘结构内的创新很难再为结构的发展提供新的动力，反而只会加大中心与边缘的差距进而加剧结构的冲突和矛盾。弗里德曼在阐述区域发展的中心—边缘结构的动态变化时就讨论了创新的问题。他指出，中心在实施对边缘控制的过程中事实上也将革新或革新的冲动(impulses of innovation)——在弗里德曼看来，这是中心成为中心最为关键的因素——传递给了边缘，这就会导致一种中心未曾预料到的副产品或副作用，也就会产生中心精英与边缘精英之间的冲突。①

弗里德曼的这一论述事实上涉及两个重要的矛盾。第一个矛盾点，它指向中心的中心与边缘的中心之间的冲突，是总体中心与边缘冲突中的一种独特形式。我们说，中心的中心与边缘的中心之间的媾和是中心—边缘结构的一个重要的结构化特征，有利于利益由最边缘经由边缘的中心流向中心圈及其中心，也有利于中心圈及其中心对最边缘的控制，但是，如果中心的中心与边缘的中心之间的冲突加剧，这一最重要的结构特征就会被挫伤。尽管总体上，边缘的中心从整个结构的利益分配中获得的要比最边缘获得的东西多得多，但仍少于中心的中心，这种分配的持久性是值得怀疑的，这也为整个结构的崩溃埋下了伏笔。

第二个矛盾点在于，当边缘逐渐获得了创新的意识和能力时，即使未能得到中心的认可和支持，边缘也会继续创新并寻求支持，边缘可能联合起来与既得利益者抗争。如果旧的中心在新要素面前不再占据中心位置，中心—边缘结构得以维持的基础就会被撼动。弗里德曼进一步指出，中心与边缘的持续互动会让边缘逐渐

① Friedmann, John. *A General Theory of Polarized Development*. Ford Foundation, Urban and Regional Advisory Program in Chile, 1967. p. 53.

意识到他们也应当过上另一种生活以及他们现在未能如此的原因，这种欲望与沮丧会让边缘要求更多的自主性，并导致与中心的长期冲突。[①] 当然，必须说明的是，边缘者因为处于一个结构的边缘位置而体会到的边缘化感受是一直存在的，它本身并不是冲突的原因，相反，在稳定的中心—边缘结构中，边缘摆脱边缘地位的愿望实际上转化成了向中心和标准靠拢的行动，因此边缘化感受有助于整个结构的巩固而不是起相反作用，弗里德曼所言的梦想与现实的对比并不是冲突的最重要原因。但是，随着越来越多的边缘者意识到这种摆脱边缘的方式并不奏效，并将矛头直指中心，他们就会提出打破这一结构的要求。长期来看，要么整个结构被完全摧毁，要么导致现行中心区的扩散，即在边缘地带不断出现新的中心，越来越多的边缘被整合进更多个中心的体系，整个体系的不平等程度也就逐渐降低。

### 7.1.2 中心—边缘结构弱化的现实与趋势

正如我们在建构一个理想形态的中心—边缘结构时所说的，一个现实的中心—边缘结构可能只具备理想结构的部分而非所有特征，当它具备更多的理想特征时，我们说它更接近于这个理想形态；而自人类进入后工业社会以来，中心—边缘结构的许多特征开始弱化，它将离那个理想形态越来越远，并最终走向衰落。这些处在弱化趋势中的特征至少包括中心的弱化、多中心的出现、边缘的联合与抗争、边缘的上升、中心与边缘的位移等。

今天，中心—边缘的这一总体结构在各个方面都已经表现出了一定的弱化趋势，尽管在程度上不尽相同。在政府与社会的中心—边缘结构中，“中心的弱化”意味着政府的中心功能不断弱化，政府被要求将许多职能交给社会，同时在许多方面，政府也不再处于垄断地位。“多中心”意味着政府的竞争者增多，不仅那些可以提供相同服务的社会组织成为竞争者，其他政府——由于公众用脚投票——也存在一定的(尽管十分有限)竞争关系。社会与政府的冲突由来已久，社会在现代政府确立之初就对其抱有深度的怀疑和提防，这种情况只会随着政府的低效和无能

① Friedmann, John. *A General Theory of Polarized Development*. Ford Foundation, Urban and Regional Advisory Program in Chile, 1967. p. 55 - 56.

（无论事实上的无能，还是社会成员因为自己境遇的恶化而将矛头全部指向政府）不断恶化，处于边缘的社会成员之间的联合已经相当普遍，他们作为一个集体而不是孤立的边缘向政府提出各种要求。在官僚制组织的中心—边缘结构中，规则的中心特征有所松动，许多新型组织提出“元制度”，要求组织只在抽象的范畴内做出规定；高层雇员的中心性也在下降，组织被要求将更多的权力下放给边缘雇员；许多新型的组织形态出现，它们不会再给予少数人特定的持续的权威，任务型组织就在完成特定任务后随即解散；甚至出现了中心与边缘的位移，即在一些组织中，大量决策权被直接交予基层雇员；就工作场所而言，被官僚组织挤压的家庭已经开始替代工作单位的部分功能，随着家庭办公的不断流行，一些组织员工的大部分时间是在家中而非工作单位度过，工作单位反过来在一定程度上成了那些长居于家中办公的员工“逃避家庭”、享受社交的“俱乐部”。[①] 在社会关系的中心—边缘结构中，这种弱化的程度可能最低。直到今天，社会交往中的边缘者仍然崇拜中心者，并没有对这个习以为常的交往结构提出太多的质疑和批评，他们深受成功学的鼓动和麻痹，在那些被中心者把控的标准和机制的指引下向中心学习，努力模仿中心，希望挺进中心圈。

当然，同时需要强调的是，这一结构仅仅处于弱化趋势之中，还没有完全衰落，更没有崩溃。既然弱化的趋势是显著的，那么结构及其中心自然感受到了这些趋势。中心需要寻找新的增长点，并尽快以之为核心展开新一轮的结构扩张运动。因此，结构的弱化与旧结构的抵抗显然是并行的，而且这一斗争的过程将持续一段时间。旧的中心显然在新领域中占据中心地位上具有更明显的优势。正如有学者在讨论区域均衡化发展问题时指出的，虽然人们一再强调，由于新技术的发展，后工业社会将是一个去除空间地理要素的时代，但是那些旧的中心显然会将新的虚拟空间与既有的现实空间相结合并再次创造出新的地理特征，以维持自己的中心位置。[②]

---

① 参见［英］查尔斯·汉迪：《非理性的时代：掌握未来的组织》，王凯丽译，北京：华夏出版社2000年版，第100—102页。

② 参见甄峰：《信息时代的区域空间结构》，北京：商务印书馆2004年版，第26、50页。

## 7.2 后工业化进程中治理变革的理论尝试及其批判

20世纪后期，人类进入向后工业社会过渡的时期，社会在复杂性和不确定性方面都迅速增长，人们也开始重新评估工业社会的治理问题并提出了各种有关社会治理变革的理论。然而，在中心—边缘的结构视角下，大部分关于治理变革的既有理论都没有清晰地认识到工业社会治理体系的中心—边缘结构，也就没能提出打破中心—边缘结构的要求，依然是在既有结构框架内做出思考。

### 7.2.1 结构内的理论尝试：参与治理

在20世纪七八十年代以前流行的民主理论（即代议制民主或精英民主）本质上是反对公众参与的，或者更准确地说，反对实质的广泛的公众参与，而仅仅支持有限的形式化的参与，那就是公众周期性地参与对治理精英的选举。除此之外，更广泛的公众参与（例如在政策议程的设置、政策决议的形成、政策的执行等过程中）并没有成为理论与实践的主要部分，以至于熊彼特说“民主政治并不意味着人民真正在统治。民主政治的意思只能是：人民有接受或拒绝将要来统治他们的人的机会”①。传统的民主理论忽略参与，甚至刻意地排斥公众参与，因为在这种理论看来，广泛的真正的公众参与对民主进而对整个社会都是危险的。到了20世纪后期，西方社会正是在对传统民主理论中这些虚伪面向的批判中产生了以强调公众参与为核心的“参与民主”或“参与治理”理论。

就“参与”的概念而言，以中心—边缘结构的视角来看，我们在将所有单元都称为“参与者”的时候，似乎表明了某一决策或行动的所有参与者之间的平等性，然而事实是，这种称呼仅仅掩盖了而不是消除了其中的不平等性。在一定意义上，参与者的概念与公民的概念类似，都强调了其在权利上的平等性（不同的是，参与更强调行动的特征，而公民则强调权利本身）。这也是我们在导论部分谈到的，我们拒绝将结构内的各个组成部分称为“参与者”，而采用没有任何倾向的“单元”一词。

---

① ［美］约瑟夫·熊彼特：《资本主义、社会主义与民主》，吴良健译，商务印书馆1999年版，第415页。

也就是说，这一理论首先通过赋予所有单元“参与者”的概念来遮蔽单元之间的不平等事实。从治理的中心—边缘结构来看，这些参与者之间仍然存在着“中心”与“边缘”之分，这种不平等的差异是不可能通过统一名称的方式被消除的。更严格地讲，当我们考虑到治理的中心—边缘结构时，我们就会发现，参与的概念及其理论实际上主要指向的是那些原本根本无法参与决策和行动的“外围”，也就是说，只有“外围”才有参与与否的问题。当某个“外围”以某种方式参与一个原本被中心把持的决策圈时，他从“外围”进入了结构，但是仅仅以“边缘”而存在。简言之，“外围”通过参与的方式实现了从“外围”到“边缘”的跃迁，这种角色的升迁显然是受外围欢迎的。而作为中心，他们原本就是决策者，根本不在乎参与的问题。因此，参与治理理论的传播并没有受到过多阻碍，对于既有的中心—边缘结构而言，包括中心、边缘和外围的所有单元都欢迎这一理论。①

西方参与治理的提出是相当自然的，是遵循线性思维的简单逻辑的。正如麦克卢汉指出的，工业化过程中兴起的拼音文字、印刷和电影等“热媒介”由于已经提供给了人们足够多的内容，剥夺了人们的参与，或者说让人们参与的欲望和能力都退化了。同样，民主在设计之初实际上是排斥公民对政府实际运行的参与的，因为民主被认为已经足以实现人民对国家的统治了。也就是说，在工业社会初期，许多单元完全没有参与具体的治理事务，他们是作为“外围”而存在的，而到了工业社会后期，人们意识到了这一问题，于是很自然地提出了参与的问题。正如我们在关于外围的讨论中指出的，如果外围面临脱离结构与进入结构的选择，那么他们也会选择后者，即使是后者，也不是他们自主选择的结果，而是被卷入的结果，因为中心要保证将他们维持在结构之边缘的位置，中心就必须规划参与的整个过程。从权利的角度来看，由于公民的权利是工业社会得以确立的一个重要基础，对各种权利的

① 例如，李欣在考察中国外交决策时曾提出了一个三层（核心与第一层、第二层、第三层）的分析框架，第三层包括大众传媒和非政府组织。“他们缺乏与核心圈之间的官方、半官方联系，属于真正的来自公民社会的力量。这些边缘化的外交决策参与者”只能通过汇聚舆论和“社会运动”等方式“间接引起高层的关注”。这些就是边缘化的参与者，他们是参与者，但他们的声音十分微弱。参见李欣：《中国外交三级决策框架：利益集团的视角》，《湖北大学学报（哲学社会科学版）》2012年第6期。类似的，王存刚直接“借用沃勒斯坦”的概念，界定了“核心、半边缘和边缘”三种影响外交决策的力量，参见王存刚：《当今中国的外交政策：谁在制定？谁在影响？》，《外交评论》2012年第2期。但很显然，这些学者仅仅借鉴了“中心”与“边缘”的语词，而没有建立起关于中心—边缘的理论。

不断强调也成为人们思考和解决一切问题的出发点。这样一来，当人们发现民众在政策制定中的缺失的时候，自然而然地就产生了赋予民众参与权的方案，尤其是当参与的技术性难题由于技术的发展得到解决的时候，参与就呼之欲出了。

即使对于麦克卢汉这样已经认识到中心—边缘结构问题的学者，在思考未来的时候依旧回到了对参与的强调中。“参与”是麦克卢汉关于未来设想——“地球村”——的一个重要方面，“在电力时代，我们的中枢神经系统靠技术得到了延伸。它既使我们和全人类密切相关，又使全人类包容于我们身上。我们必然要深度参与自己每一个行动所产生的后果。我们再也不能扮演读书识字的西方人那种超然物外和脱离社会的角色了”①。罗尔斯在谈到参与原则时也说道：“既然宪法是社会结构的基础，并且是用来调整和控制其他制度的最高层次的规范体系，那么每个人便都有同样的途径进入宪法所建立的政治程序中。当参与原则被满足时，所有人就都具有平等公民的相同地位。”②相反，加尔通的表述则明确揭示了参与的虚伪性（尽管他没有着重讨论这一问题），对于中心与边缘而言，“一边为了参与(participate)行动者之间的互动而被迫采取一定的行动者内部发展模式；另一边却截然不同，他们无需如此，他们能够自由决策，而不受整个社会机制的胁迫”③。这就是在既有的中心—边缘结构内呼吁“参与”的实质或结果！外围要么参与结构成为边缘，要么完全游离于结构之外，在这两种“选择”中，外围单元通常会选择前者，但接受前者也就意味着要接受整个结构，意味着“被迫采取一定的”发展模式。而中心没有参与的问题，他们本身就可以自由决策。因此，我们不能简单地将公众参与视为政府对社会大众诉求的被动回应，或者是为了缓和社会矛盾的无奈之举。一定意义上，这也是政府主动选择的结果，或者说，居于治理中心位置的政府有能力“消化”治理中的新要素，允许外围参与进来成为边缘（且只能是边缘）。允许边缘参与治理会给边缘带来良好的心理感受，这就会减轻政府在执行政策时可能遇

① ［加］马歇尔·麦克卢汉：《理解媒介——论人的延伸》（增订评注本），何道宽译，南京：译林出版社2011年版，第5页。麦克卢汉这里所谓电力时代就是人类于20世纪中后期进入的后工业时期。

② ［美］约翰·罗尔斯：《正义论》，何怀宏等译，北京：中国社会科学院出版社1988年版，第217页。

③ 见 Galtung, Johan. “A Structural Theory of Imperialism.” *Journal of Peace Research* (1971): 81-117.

到的阻力，让管理变得更容易，因为中心会说（边缘也认可）：已经给了你参与和表达的机会，这是你们共同决定的结果。

在既有的中心—边缘结构中，参与只能成为形式化的参与，即使制度设计者怀着良好的心愿，也会被整个结构改造为被中心控制的形式上的参与。参与的形式化反映在，参与者、参与条件、参与形式与过程甚至参与结果都是被中心严格设计和把控的，因为中心显然不希望参与成为决策中的一个不确定因素，他们希望将一切可能的不确定性因素都纳入可控的范围。即使承认和呼吁所有主体的参与权利，所有主体也并非都有参与的能力和欲望；即使确实参与了，他们的声音是否被认真地倾听，是否真正被反映到了决策当中都是值得怀疑的；纵使参与者的某些声音汇聚成了某种来势汹汹的声浪而使中心决策者不得不认真考虑，中心也有能力只在形式上对此表示尊重和回应。① 同其他利益一样，这是结构出现危机时中心给边缘的有限恩赐，为的是缓解结构内中心与边缘的冲突，而不会对结构本身产生什么影响。这些问题在不打破中心—边缘结构的情况下都是值得怀疑的。也就是说，从参与权到平等参与的实质之间存在巨大的鸿沟，在中心—边缘结构面前，这种参与往往无法实现其预期的目标，反而让赤裸的暴力的中心—边缘结构变得更加温和与隐蔽，让边缘麻痹，认为自己已经可以参与决策了。不仅在一国中心—边缘结构治理中的公众参与如此，在全球中心—边缘结构中的国际参与也是如此，只要不打破这一治理结构，再多的参与就只能是徒劳的。

简言之，在没有改变中心—边缘结构的情况下，任何参与都只会是形式上的，而实质上仍然是中心与边缘的不平等。事实上，从参与民主理论遭受的境遇就可以看出这一点，正如在中心—边缘结构内谋求参与最终导致的只是再一次的结构化（将外围卷入结构使其成为边缘）一样，在代议制民主仍然是国家实现治理的主流模式的情况下，谋求参与民主的理论和实践的结果就只能是“向代议制民主妥协”，最好的情况也只能是，“不是对代议民主的取代，而是补充”。②

① 关于中心—边缘结构中的“参与”的形式化，一个形象的比喻是广播的发展及广播中听众的参与，参见张康之、张桐：《世界中心—边缘结构与线性思维的关系》，《学习与探索》2016年第1期。

② 参见胡伟：《民主反对参与：现代民主理论的张力与逻辑》，《天津社会科学》2015年第1期。

### 7.2.2 结构外的理论尝试:多中心治理

在20世纪后期出现的几乎所有有关治理问题的思考中,对传统治理模式的一个共同的批判都指向了对某种单一权威的批判,而这种批判在建构未来治理理论方面则指向了治理主体的多元化。其中,西方的“多中心治理”理论对这一点做出了最突出的强调,甚至在一些学者看来,所有指向治理主体多元化的理论或者包含这一观点的新的治理理论,在形式上,都可以被纳入“多中心治理”的理论谱系,或者说,“多中心治理成为这场新的治理的‘革命纲领’”。①

与诸如参与治理理论这些没能意识到中心—边缘结构,进而也只能在既有结构内进行小修小补的理论努力相比,西方的“多中心治理”(至少其中部分学者)则是在认识到了中心—边缘结构的前提下进行理论思考的,同时也在一些层面上提出了打破这一结构的要求。但总体来说,这一理论的问题,一方面在于其不全面性和不彻底性,即对于中心—边缘结构的认识不全面,以及在提出打破中心—边缘结构的行动要求时所表现出的不彻底性;另一方面,在建构打破中心—边缘结构的方案时通常又不自觉地回到了中心—边缘的思维模式。因此在一定意义上,我们可以将其称为中心—边缘结构外的理论尝试。

迈克尔·博兰尼(Michael Polany)在《自由的逻辑》中的相关论述通常被认为是多中心(poly-centricity)概念的源头。博兰尼首先阐述了科学共同体的组织问题,他认为科学和学术得以发展的重要原因就在于它们是一种多中心的相互协作的组织,而不是由某个单一权威加以统合和支配的结构,也不同于个体追求个人利益(但不妨碍他人同样权利)的功利主义。“将选择及探求各自问题的机会给予那些成熟的科学家,被设定为在公共的事业当中,所有科学家协同努力之最佳利用的结果……而任何靠上级权威的指令来进行配合的企图,都必定会破坏他们之间合作的有效性。”②由于多中心共享着同一种价值和理想,无需单一权威加以协调,他们就可以自发地形成合作的状态。显然,博兰尼所描绘的并不是现实的科学共同

① 孔繁斌:《公共性的再生产——多中心治理的合作机制建构》,南京:江苏人民出版社2008年版,第4页。

② [英]迈克尔·博兰尼:《自由的逻辑》,冯银江等译,长春:吉林人民出版社2002年版,第37页。

体,而是他关于这一共同体的想象。在现实中,科学共同体内部也明显分化为少数人控制的核心圈层和数量众多的边缘者,中心圈定义着整个科学圈的出版标准、创新标准和评价机制,而边缘者只能努力在这些标准下行动。更重要的是,在工业社会中,所谓科学家只是科学从业者罢了,科学共同体不可能是全社会中一个独立的有着某种共享价值的“象牙塔”,社会中权威的力量显然会辐射到社会的每一个角落,包括科学从业者中间。在那里,同样存在着单一权威协调的事实,少数人掌握权威,多数人膜拜权威。

这样一来,博兰尼以科学共同体的观点引申到其他社会现象所做的阐释也就站不住脚了。事实上,这可能是他所选取的论述目的所决定的,那就是否定“唯一中心的计划化”的计划经济,而宣扬资本主义的自由市场。将工业社会生产体系中的多个工厂称为多个生产中心①,这种“多中心”无论如何都不是我们在中心—边缘结构的意义上所讨论的多中心。博兰尼声称,每个生产中心根据市场上其他主体的行为调整自己的行为,就像每个科学研究者在其他研究者的理论的基础上进行借鉴与批判所做的调整一样,总体的自由秩序就是这样形成的。为此,他还构建了著名的“负重六边形”的多中心结构对此加以说明。如果将这种观念视为多中心,认为放弃了所谓计划经济而接受资本主义的利润获取机制就是多中心的话,那么我们说它仍然是在既有中心—边缘结构内的挣扎。首先,这种观念并没有将资本主义与社会主义都放在工业社会的大概念下进行解读,当我们尝试寻找二者的共同点时,所有的经济组织形式都包含了一定的计划因素和市场机制。类似的,如果我们采用抽象的总体视角去观察一个社会,也就不会将其中的科学共同体视为某种特殊的存在物了。其次,资本主义世界体系本身就是中心—边缘结构的。当考虑到诸如普雷维什、依附论学派,以及加尔通等人关于资本主义世界体系的中心—边缘结构的讨论时,我们就会看到,博兰尼的多中心根本就是虚假的,甚至可能导向对中心—边缘结构的维护。再次,博兰尼的多中心仅仅是从经济视角出发的,而中心—边缘的结构视角显然寻求的是对经济、政治和社会的综合分析。后人在试图从他的理论中寻找闪光点去思考公共领域中的问题时必须谨慎,这种多中

① [英] 迈克尔·博兰尼:《自由的逻辑》,冯银江等译,长春:吉林人民出版社 2002 年版,第 164 页。

心“无法脱去其价值背后利润获取的‘固有记忆’，这是与公共领域治理基本原则不相符合的”①。

文森特·奥斯特罗姆的多中心同样如此，尽管奥斯特罗姆将经济多中心的观念用来思考公共领域的问题，但是，他所谓多中心同样只是将那种单一权威的集权体系作为批判对象。在他看来，美国的宪法和联邦体系就是多中心的，甚至按照他的理解，任何现代的存在权力分立与制衡的政治体制也都可以被称为多中心的，因为能合法使用强制性权力的不再是某一个人，权力——具体地说，决策的权力——是分散的。“如果一个政治体系具有许多相互独立的决策中心，那么我们就称它是一个多中心(polycentric)的政治体系。”②在这个意义上，奥斯特罗姆指出，多中心与单一中心之间是紧密关联的，一个单一中心的体系并不完全排斥多中心的存在。在他的定义中，似乎单中心与多中心只是具有决策权的人数与服从权力的人数之间的比例关系的问题，“在任何政治体系中都必然存在着决策能力的不均衡分布现象……在单一中心(monocentric)的政治体系中，享有‘最终权威’的人与那些服从于这一权威的人在决策能力上是极度不平等的。而一个多中心政治体系的本质特征在于……‘治者’与‘被治者’之间在权威上的不平等是被特别限制的，以至于‘治者’也要服从于法‘治’，并且被要求服务于‘被治者’”③。显然，这样的多中心仍然是中心—边缘构型的，工业社会的任何一个治理结构都明确规定了治者应当受制于法律，而且治者不遗余力地宣称自己是服务于人民的。但是，这些规定丝毫没有改变中心与边缘之间的不平等格局。反过来说，也正是因为他们没能意识到中心—边缘结构的存在，他们甚至认为单中心和多中心之间是相通的。

个别学者已经意识到，多中心治理并不能被视为治理的理想状态，而应当被视为或建构为一种从“中心”到“无中心”的过渡形态。正如弗里德曼在讨论区域发展的中心—边缘结构的变动时指出的那样，当中心与边缘之间出现许多次级中心时，

---

① 孔繁斌：《公共性的再生产——多中心治理的合作机制建构》，南京：江苏人民出版社2008年版，第28页。

② Ostrom, Vincent. “Polycentricity (Part 1).” In *Polycentricity and Local Public Economies: Readings from the Workshop in Political Theory and Policy Analysis*, edited by Michael D. McGinnis. Ann Arbor: The University of Michigan Press, 1999. p. 52.

③ Ibid., p. 55.

这些次级区域分解了部分原本由中心垄断的功能，这时就是一个多中心(multinuclear)的情况。这种情形延续下去，将最终导致整个区域的发展一体化，即没有中心的一体化。在弗里德曼看来，多中心就是向一体化过渡(transitional)的阶段。①

总而言之，无论“多中心”的概念或理论阐释多么复杂和混乱，它们都有一个共同点，即以对单一中心的批判和反抗为其发展的起点。在这个意义上，对于所有在“多中心”标签下的理论，可能更合理的称呼不是“多中心”而是“反对单一中心”，甚至也不是反对“中心—边缘结构”②，其中许多论者并没能恰当地理解中心—边缘结构。因此，我们有必要在“多中心”与“无中心”之间做出区分，也有必要在“反对单一中心”和反对“中心—边缘结构”之间做出区分。

### 7.2.3　不是“多中心”，而是“无中心”

我们认为，在批判传统治理理论与传统治理模式方面，我们要做的是对工业社会的“中心—边缘结构”的反抗，而不仅仅是对某种“单一中心”的反抗，因为只有前者才是对工业社会的治理结构的恰当描绘；而在后工业社会治理理论的建构方面，我们需要的并不是所谓的“多中心”，而是“无中心”。或者说，朝向无中心的真正平等的未来应当以中心—边缘结构为反抗的对象，而不是反对单一中心，这不仅是因为单一中心在概念上就无视边缘，更是因为在实践中，单一中心往往存在着诸多为边缘考虑的现实，但实际上仍然是中心—边缘结构的。

正如我们在中心—边缘结构的理想形态中阐述的那样，中心—边缘是个多层次的复合系统，在某个层级，我们一定会看到许多个中心的存在，从整个社会来看，也就有更多的中心。如果这就是所谓“多中心”的话，那么显然，它仍然是在中心—边缘结构之内的。中心—边缘的分析视角也不是要我们从外层边缘不断向内追

---

① Friedmann, John. *Regional Development Policy: A Case Study of Venezuela*. Cambridge, Mass: M. I. T. Press, 1966. p. 37.

② 作为例外，孔繁斌明确提出了这一点，参见孔繁斌：《公共性的再生产——多中心治理的合作机制建构》，南京：江苏人民出版社 2008 年版。作者赋予了多中心治理更丰富的内涵，例如作者指出，多中心治理“不仅是公共物品的物质再生产，同时也是公民社会权利的再生产及公共责任的再生产”。(同上，第 11 页)

溯，直到最核心的中心。中心—边缘视角强调的是，在工业社会的具体方面，存在着固定占有权力的少数人组成的中心，而多数人则被置于边缘地位，围绕在中心周围。如果像一些学者讲的那样，“多中心”仅仅强调数量上的“多”，那么它仍然是中心—边缘结构的。因为就单个中心而言，它仍然是在自己特定的领域中持续占有权力和权威并凭此支配整个结构。和博兰尼等人一样，大多讨论“多中心”议题的人，根本没有讨论边缘的问题，自然也就不会讨论中心与边缘的关系、边缘的地位等问题。他们的“多中心”里的“中心”，不是“中心—边缘结构”中的“中心”，而是指多个（具有一定自主性的）决策或行为主体（例如博兰尼笔下的工厂和科学研究者、富勒笔下的司法审判的决策中心等[①]）。因此我们看到了这样的论述逻辑：他们仅仅看到旧模式的单一中心的问题，在批判旧模式时也就只会强调反对单一中心，而在寻求解决方案时就自然走向了“多”中心——“单一”中心的对立面。更简化地说，他们在对“一”的反对中走向了“多”，而并没有真正关注中心与边缘以及整个结构的问题。相反，如果认识到工业社会的旧模式是“中心—边缘结构”的，那我们在构建后工业社会的治理理论时就自然会提出打破“中心—边缘结构”的要求，而在未来建构方面，就要指向“无中心”，而非“多中心”。

因此，借鉴弗里德曼等人的观念，我们有必要在“多中心”与“无中心”之间做出区分，尤其考虑到“多中心”概念被滥用的事实。也许我们更应该将“多中心”视为向“无中心”过渡的某种形态，而且这种过渡形态的“多中心”并不特别强调数量上的“多”，而更多地指向某个中心（无论唯一的，还是多个中的一个）在权力垄断、位置占有的稳定性和对边缘的支配方面的不断弱化。纠正概念的目的在于纠正认识视角和方法，我们必须记住，有中心必有边缘！正如我们在中心—边缘结构的生成中看到的，中心与边缘在整个不平等结构的生成与运作中都发挥了作用，甚至可以说都负有责任，无论过分强调哪一方的责任都有违这一结构的事实。仅仅强调中心的责任，强调如何反抗中心是不可能真正打破这一结构的，因为与中心斗争的结果要么是让边缘者更边缘，要么是让少数边缘替代中心，无论哪种结果，中心—边

---

① 参见 Aligica, Paul D. and Vlad Tarko. “Polycentricity: From Polanyi to Ostrom, and Beyond.” *Governance: An International Journal of Policy, Administration, and Institutions* 25, No. 2 (2012): 237-262。

缘的结构都得到了维护。而在建构一种新的治理模式时也不应当仅仅强调中心的多元，而应当全面消解所有的中心与边缘的关系，这样一来，就其结构而言则应是诸如“网络结构”之类的形态与称呼，这种形态与称呼中不再有中心与边缘的区分，或者说“处处是中心”，也就“无处是边缘”了。

## 7.3　后工业化进程中治理变革的再思考

最后，让我们重新回到三个历史阶段的分析框架中。如果我们认同前工业社会—工业社会—后工业社会的三阶段划分，那么后工业社会就不可能是也不应该是工业社会的某种延续，而是一种完全不同的社会形态。就我们讨论的治理结构而言，同样，后工业社会的治理结构也将是不同于工业社会治理体系的中心—边缘结构；就治理理论而言，正如工业社会的管理型治理会代替统治型治理一样，后工业社会也需要一种治理模式来代替管理型治理。

### 7.3.1　迫切要求：打破“中心—边缘结构”

现在，我们已经明确提出了打破中心—边缘结构的要求。从工业社会治理向一种全新的后工业社会治理转型的第一要务就是打破旧的结构，但需要首先说明的是，所谓“打破”，并不是完全消灭这一结构。必须承认，中心—边缘结构仍然会存在，但就存在的范围而言，只是在个别领域内存在，而不是作为工业社会的总体性结构存在；就存在的时间来说，只是临时性的存在，而不是某一中心位置长期地稳定地被某个(些)单元占据。正如，人类努力消除不平等的目的是指向一个真正平等的社会，但这并不意味着完全消灭层级结构。这种结构会与组织的其他结构一道存于社会中，并在必要的时候仍然发挥它的功能，而在其他更多的时候，则由其他结构发挥作用。后工业社会的治理体系将具有一种更为灵活的构成，尽管我们已经提及工业社会中心—边缘结构的灵活性与开放性问题，但此时的灵活性与开放性是十分有限的。后工业社会治理结构的灵活性在于，“它同时兼备两种或多种不同的结构形式，根据不同的条件随时进行改变……”[①]因此，打破中心—边缘结构不是说完全消灭这种形态，而是说，这种形态会作为众多形态中的一种继续存在，但仅仅是暂时性地表现为中心—边缘结构。在更多的时候，社会将使用其他形态来开展行动。

在思维层面，这就意味着，我们必须突破中心—边缘式的线性思维方式，或者说，意识到并努力跳出中心—边缘结构的束缚，否则，在既有的中心—边缘框架下，外围确实只有两种选择：要么与结构保持某种脱钩的距离，要么努力被卷入结构并成为边缘。边缘在线性的标准下比外围的地位有所上升，距离中心更近，也因此可能有更多的选择：努力挤进中心、呆在边缘却与中心互动并从中获利、心甘情愿处在被边缘的位置、脱离结构变成外围。表面看来，外围与边缘都有多种选择，但这些选择是相当有限的，尤其与中心的权力相比就显得微乎其微。更为重要的是，无论哪种选择，由于它们都发生于结构之中，也就难以改变被结构边缘的状态，相反只会巩固既有的不平等结构。如果跳出这一结构，我们就会看到，无论边缘还是外围，甚至对于中心而言，都存在另一种可能，那就是打破中心—边缘结构，至少在思维上明确提出打破这一结构的要求。

在讨论中心—边缘结构的弱化时，我们指出，边缘向中心的跃进、边缘代替中心、边缘的联合、多中心等迹象都可以被视为这一结构弱化的表现与反映，也为我们突破这一结构进而实现未来的结构转型提供了支持与动力。但是正如我们一直强调的，如果不尝试跳出整个结构，而仅仅在结构内谋求小的改变，那么所有这些结构特征的变动都可能最终被强大的中心—边缘结构所消解，都无法触及结构自身。在这个意义上，我们可以说，华尔兹关于结构的论述是颇有几分道理的，那就是单元的变动和单元间关系的变动都不会改变结构，甚至连单元排列方式的变动都很难触动结构。这样一来，只有谋求结构本身的突破才可能迎来真正的结构转型。因此，我们必须明确提出打破中心—边缘结构的要求，一切试图变革的行动都应当首先以此作为目标。

后工业社会治理的结构将不再是某种确定的稳固的具体的结构形态，这就意

① ［美］阿尔温·托夫勒：《第三次浪潮》，朱志焱等译，北京：新华出版社1996年版，第290页。

味着我们不应再以一种对抗性的思维去建构后工业社会治理的结构，不能在我们建立起某种新的结构时将其他结构（包括中心—边缘结构）置于死地，而是应当以一种开放的包容的心态建构未来。这对于思考如何打破中心—边缘结构同样适用，我们并不是单纯强调中心的罪恶，也指出了某些中心的善意；不是单纯强调中心的责任，也指出了边缘对于结构生成与巩固的作用。因此，我们并不是强调边缘对中心的抗争，或者说鼓吹二者之间的冲突。在这个方面，小说家乔丽在虚构文本中所暗示的观点是值得我们认真考虑的，尽管她的作品致力于让人类认识和理解边缘，她强烈谴责中心，但在思考未来时，她并“不谋求以边缘的力量实施对他人的同样统治与控制，而是以富有创造性和肯定生命的态度解决中心与边缘的冲突，拆解中心与边缘的界限”[①]。在思考未来时，过分强调中心与边缘的冲突并不能将我们引向正确的方向，我们必须以一种整体性的合作思维，而不是以二分的对抗性思维，来认识这一结构的消解。

### 7.3.2 现实任务：关注“边缘”的价值

面对工业社会的中心—边缘结构去思考后工业化进程中的治理变革，我们必须认真重估边缘的重要性和价值。我们在这里所说的“边缘的重要性”显然不是从中心出发所做的承认，在中心—边缘结构中，中心对边缘的承认和有限照顾的目的只是实现结构的可持续发展和自我利益的可持续获取，或者说防止边缘遭受过大的伤害而伤及整个结构。对边缘价值的真正关切意味着，在思考如何建构未来的过程中，要注意发掘边缘所带给我们的价值和启示。这与我们要采取的整体思维并不矛盾，在一定程度上是对工业社会中心—边缘结构的批判与矫正。我们指出，在中心—边缘结构中，边缘的价值长期以来都被结构及其中心所压制，长期处于边缘的位置。为了破解中心—边缘结构，就必须重新关注边缘的价值，是真正关注边缘本身，而不是将边缘塑造为服务于其他利益的工具。例如，非正式交往虽然在工业社会的治理结构中被边缘化了，然而，它所代表的对组织成员个体情感的关注是

① 梁中贤：《边缘与中心之间——对伊丽莎白·乔丽作品的符号学研究》，华东师范大学博士学位论文，2006 年，论文摘要第 vi 页。

需要认真思考的。这种思考要以如何实现组织成员的自我成长为基本出发点和最终目标，而不是以正式组织如何限制和利用非正式交往为目标。

在理论建构方面同样如此，我们应当给予那些被边缘化的和游离于结构之外的却仍然保持自己独立思考能力的人以特别关注。在萨义德看来，这些“边缘者”或“流浪者”拥有特别的优势，那就是“时时维持着警觉状态，永远不让似是而非的事物或约定俗成的观念带着走”①。显然，这样的边缘者是极少数的，因为大部分的边缘者都已沦为向中心献媚者，他们希望通过宣传中心的思想博得中心的欢喜并从中获益。对于边缘而言，“不是怀着沮丧的无力感面对边缘地位，就是选择加入体制、集团或政府的行列，成为为数不多的圈内人，这些圈内人不负责任、自行其是地作重要的决定”②。显然，大部分边缘者都会选择后者，只有少数边缘者会甘愿呆在边缘的位置甚至游走在多个结构的边缘位置并进行着自我的独立思考。而这些少数人的观点正是我们应当给予特别关注的。正如早在20世纪50年代就提出中心—边缘思想的普雷维什和依附论学派，尽管这些理论在当今的学术界仍然处于某种被边缘的地位，但这些思想中所蕴含的洞察力和批判性为我们理解现代世界提供了有用的视角和重要的价值。

M. 格拉诺维特(M. Granovetter)等人关于“弱关系的强度”的阐述就指出了边缘在创新方面的优势所在。③ 尽管在理想形态的中心—边缘结构中，边缘之间由于被深度割裂，而缺乏有效的互动，边缘中产生创新的可能性也较小。然而，一旦边缘间的联合成为常态，边缘间互动的增强就会产生创新，尤其当这种创新不去考虑向既有结构及其中心谄媚的问题时，就会对整个结构产生重要的冲击。另外，从空间上的位置布局来看，边缘与外界环境的距离更近，他们因此更容易感受到环境的变迁。④ 例如，在官僚制组织的中心—边缘结构中，基层官僚最直接地与其服

---

① ［美］爱德华·萨义德：《知识分子论》，单德兴译，北京：生活·读书·新知三联书店2002年版，第26页。

② 同上，第24页。

③ ［美］约翰·斯科特：《社会网络分析法》，刘军译，重庆：重庆大学出版社2007年版，第29页。

④ Cattani, Gino and Simone Ferriani. “A Core/Periphery Perspective on Individual Creative Performance: Social Networks and Cinematic Achievements in the Hollywood Film Industry.” *Organization Science* 19, No. 6 (2008): 824 - 844.

务对象产生互动，他们对服务对象的诉求有着更为直观和明确的了解与感受。尽管现有的中心—边缘结构让边缘通常没有创新的意愿，也无法将创新转化为政策或其他产出，但仅就边缘来看，他们确实在创新方面享有某些独特的优势。

但是，重新关注边缘价值的目的是要用它去解决现有结构的问题，而不是用它完全替代进而消灭工业社会的主流价值，正如打破中心—边缘结构并不是片面强调边缘对中心的反抗，甚至边缘取代旧的中心而成为新的中心，类似的对抗思维在我们思考未来时并不可取，它很可能会再次演变为一种中心—边缘结构。约瑟夫·奈在提出自己的理论时写道，“我们并没有摒弃现实主义，但我们认为，在某些情况下，现实主义观点所认为的‘边缘’事务可能成为新解释的核心”①。同样，在一个多元化社会中，我们应当给予这些边缘者及其话语与中心同等的——如果不是更重要的——关注，因为他们很可能为我们思考现实问题提供新解释，并为我们解决问题提供新方案。总之，在思考未来的社会治理问题时，重新评估被整个中心—边缘结构长期贬斥的边缘的价值将有助于我们更完整地理解整个社会；而不是仅仅屈从于中心的观念和价值，这将有助于我们建构一种真正不同于工业社会治理的新的治理。

### 7.3.3 概念基础：让“社会治理”回归“社会”

当批判政府—社会的中心—边缘结构时，我们并不是要抛弃政府与社会的关系这一议题，这一概念框架对于思考社会治理问题仍然是有效的，尤其当我们可能被其他概念所蒙蔽时。例如，关于公私产品——作为公私领域分离或公私部门分离的产物——的讨论已然成为工业社会治理中的一个主要争议，但是，当非政府组织等新的治理主体出现时，这种界分就需要被重新考量，此时，“如果回归到‘政府’与‘社会’这一原初的、简单的区分中的话，显然更能准确地把握它们之间的关系的合理形式”②。

但是，重新认识政府与(广义)社会的关系，并不是要回归政府—(狭义)社会二

① [美] 约瑟夫·奈：《硬权力与软权力》，门洪华译，北京：北京大学出版社 2005 年版，引论第 5 页。
② 张康之：《公共行政的行动主义》，南京：江苏人民出版社 2014 年版，第 197 页。

元对立的狭隘框架中，而是要在思考政府与（广义）社会的关系时重新定义政府的位置。我们不止一次地提到，（广义）社会的概念意味着政府与其他主体一样都处于社会之中，或者说政府是生成于社会之中的，而不是在社会之外或之上。我们说，在工业社会的治理体系中，政府—社会的关系是一种政府居于中心、（狭义）社会被边缘化的中心—边缘结构，这并不意味着政府已经实现了“政府处于社会之中”的理想。表面上看，在中心—边缘结构中，政府也在社会之“中”，但事实上造成了政府处在“中心”的优势地位，而将社会挤压在边缘化的位置；正如，在表面上，“中心—边缘”是一个平面空间的概念，即预示着中心与边缘似乎实现了平等，但实际上中心占据了一种特殊的位置对边缘进行支配。总而言之，工业社会的政府依旧游离于（狭义）社会之外，而没有融于（广义）社会之中。[①]

我们认为，在思考后工业社会的治理变革时，关于政府与社会的讨论需要回到政府应当融于社会之中的分析视角。事实上，早期的启蒙思想家在这个方面已经做出了努力。例如约翰·洛克等人关于社会先于政府的论述就表明，政府是生成于社会的，这是思考政府与社会问题的基点所在。只是在此之后，尤其作为国家对立面的市民社会的观念流行之后，社会的概念缩小了，缩小到了一个与政府相对立的面向。而今天，我们要做的就是让（广义）“社会治理”回归“社会”，让政府回到（广义）社会之中，并在此背景下展开理论探索。让政府重归社会，同时意味着让政府雇员回归社会成员的身份，而不是政府雇员的角色扮演。后者意味着，政府雇员只会努力完成自己的角色扮演，这种角色是官僚制组织赋予的和驯化的，而当他成功扮演了这一角色时，由于政府及其官僚制组织是脱离于甚至对立于社会的，他也就与社会（及其成员）相对立了，至少在他扮演这个角色时是对立的。而前者意味着，“政府雇员”只是他在组织中的一个标签，他最本质的身份仍然是一名社会成员。在这种观念下，某个“政府雇员”的行动“无非是他作为社会成员身份的具体表现”[②]而已，他的所有思考和行动都是以社会成员的身份作为出发点，他最本质的

---

① 简言之，为了避免表述的混乱，我们需要在“中心”与“之中”间做区分。在工业社会，政府处于中心—边缘结构的“中心”位置，这是一种固定的不平等的位置分布；而到了后工业社会，政府应当融于社会“之中”，这是一种平等的关系。

② 张康之：《公共行政的行动主义》，南京：江苏人民出版社 2014 年版，第 43 页。

生活就是作为社会成员的生活，在某个组织中的活动无非是其社会成员生活的一种具体体现而已。

今天，人们普遍认同，政府应以服务社会作为根本，或者说，“以公民为中心的治理才算是一份真正的公共生活”①。然而，当我们这样说时，同样需要强调的是，这并不意味着一种对抗性思维，而是合作性思维。如果说在工业社会的治理中，政府在中心，而社会在边缘，回归社会并不意味着要让社会在中心，而让政府在边缘。一方面，这种思维仍然是一种对抗性思维，对抗性思维很可能将我们再度引向无政府主义的结论；另一方面，在后工业社会，中心与边缘的区分将不再适用。

对于第一个方面，任何在政府与社会对立框架中的思考，尤其是对政府的激烈批判，甚至也包括本研究阐述的政府—社会的中心—边缘结构以及对政府中心地位的批判，评论者只需稍稍再往前一步，就能得出无政府主义的主张。尤其考虑到我们试图在不同政体中寻求政府处于中心位置的共性时所采取的方法，与无政府主义者无论政府的具体形式如何都表现出对政府的极端不信任所采取的方法具有相当的相似性，评论者就很可能将我们的理论推向一种无政府主义。但必须强调的是，当我们批判政府的中心地位所造成的问题时，不是说政府本身是个应当被完全抛弃的制度，而是说政府不应当稳固地居于这一中心位置上，而应当融于社会之中。

对于第二个方面，在语言表述上，中心与边缘的区分将不再适用。在工业社会，人们通常会说“政府及其社会”，在英文中也有“government and its society”②的类似表达，这种称呼恰当地反映了人们在思维背后所持有的一种观念，那就是政府处于中心，而社会只是这一政府的社会。罗伯特·罗茨在考察“治理”的概念时也说道，治理是“指一种新的统治（governing）过程；或者一种改变了的有序统治

① ［美］卡尔·博格斯：《政治的终结》，陈家刚译，北京：社会科学文献出版社 2001 年版，第 10 页。

② Peters, B. Guy, Martin O. Heisler. “Thinking about Public Sector Growth: Conceptual, Operational, Theoretical and Policy Considerations.” In *Why Governments Grow: Measuring Public Sector Size*, edited by Charles Lewis Taylor. Beverly Hills: Sage Publications, 1983. p. 184. 作者说：“就其根本而言，政府就是通过各种集体决策的方式向它的社会传输指令并落实国家的权威。”

(ordered rule)的状态;或者一种新的社会被统治(society is governed)的方式"①。"社会被统治"的表达,以及他将控制、成本—收益、效率等仍属于传统的工业社会治理体系的思维概念都一股脑纳入被他称为不同于政府管理的新治理的概念之中,这些做法表明他依旧是在传统的政府管理的大框架下思考问题的。后工业社会的政府—社会关系将不再是一种中心与边缘的关系,政府仅仅是治理的一个部分。在某个方面的某个时刻,也许政府仍然可能作为某种暂时的中心而存在,但就整个结构和长时段而言,中心与边缘的区分被消解了。因为所有单元都是一种"共生共在"②的状态,不再有哪些单元长期固定地依附于少数单元,也不再有少数单元长期固定地支配其他单元。

### 7.3.4 未来想象:"处处是中心,无处是边缘"

工业社会的中心—边缘结构是中心稳定地持久地占有某种权力,而广大边缘只能被这种权力所支配。打破中心—边缘结构就是要打破这种特定权力被少数人固定占有的格局,因此,后工业社会的结构形态应当是一种各个单元在总体上均等化分布的结构,将是一种没有固定中心和固定边缘的结构。但必须强调的是,这种结构并不意味着单元之间没有差异,不仅单元自身的差异,单元之于整体结构的差异(或者说功能差异)也依旧存在,甚至也不意味着权力的消失。在某些方面的某个时间点,仍然会存在权力关系,甚至我们可以说,存在临时性的中心与边缘的划分,但是这种划分并不会形成稳定的权力,也不会跨越某一特别的领域而成为一种更为普遍的权力。后工业社会中,如图 16 所示,在此时此处位于中心位置的单元在彼时彼处将会处于边缘的位置,同样在此时此处位于边缘的单元在彼时彼处将处于中心的位置。因此,总体来看,谁都可以(有权利),谁都能(有能力),而且最关键的是,谁都在事实上成为此时此处的中心和彼时彼处的边缘。如此一来,就是麦

① Rhodes, Roderick Arthur William. "The New Governance: Governing Without Government." *Political Studies* 44, No. 4 (1996): 652-667;中译本参见[英] 罗伯特·罗茨:《新的治理》,木易编译,载俞可平主编《治理与善治》,北京:社会科学文献出版社 2000 年版,第 86—87 页。

② 参见张康之:《为了人的共生共在》,北京:人民出版社 2016 年版。

克卢汉所说的"处处是中心，无处是边缘"[①]的状态了，或者更准确地说，处处是中心，也就无处是中心了，处处是边缘，也就无处是边缘了。这就是后工业社会及其治理体系将呈现出的构成形态。[②]

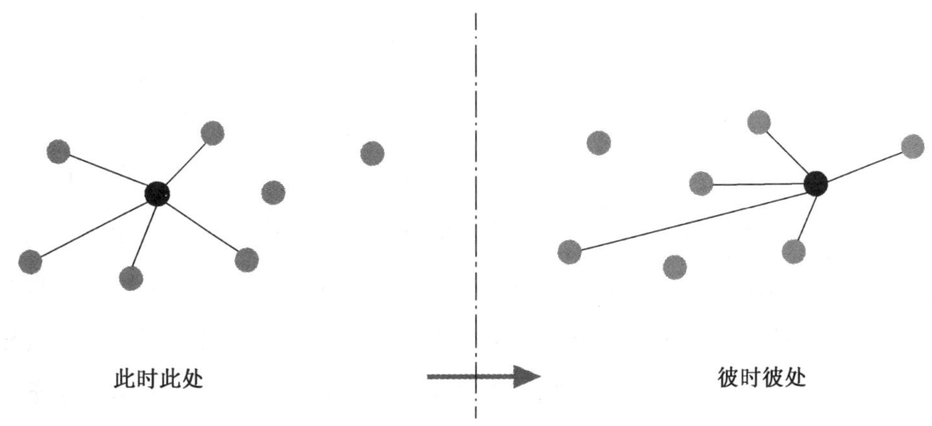


**图 16 流变中的中心与边缘**

严格地讲，我们并没有简单地将这种未来形态称为"无中心"或"均衡"状态，因为类似的称呼很容易产生某种可能被斥为乌托邦的主张。直至今天，许多人关于"去中心化"的想象仍然停留在对任何单一中心的简单反抗中，即在任何时刻任何地点都不需要任何中心的存在。他们认为这才是"无中心"的未来，即各个单元"之间彼此高度连接，但并非连到一个中央枢纽上。它们组成了一个对等网络。由于没有控制中心，人们就说这类系统的管理和中枢是去中心化分布在系统中的"[③]，

① 麦克卢汉说："声觉空间的基本特征就在于，这一空间的焦点或中心随处可见，其边缘却无处可寻。"参见 Mcluhan，Marshall and Bruce R. Powers. *The Global Village*：*Transformations in World Life and Media in the 21st Century*. New York：Oxford University Press，1992. p. 55。

② 事实上，费孝通先生关于差序格局的比喻也许更适合后工业社会的人际关系形态，那时，人们真正地实现了平等，每个人都有能力充当临时的中心，并由它激起一圈圈的波纹，而且这一能力不会被工业社会那样强大的总体性结构抑制，每个人又同时可以被他人激起的波纹所影响。

③ [美] 凯文·凯利：《失控》，东西网编译，北京：新星出版社 2011 年版，第 34 页。

但这种完全无中心的系统仅仅是未来众多结构形态中的一种，而不会是全部。①在后工业社会的某时某刻，我们依旧会看到多个单元“连到一个中央枢纽上”的情形，即短暂的中心—边缘分布，只是这种分布在后工业社会不会持久存在。因此，我们接受“处处是中心，无处是边缘”的比喻，它准确地反映了这种处于流变中的结构形态。或者说，当我们说“无中心”的时候，所指的是由于中心与边缘处在流变中而形成的在总体上的无中心，而不是彻底反对任何中心与边缘的存在。

对于许多人来说，这种形态可能是难以想象的，但是，在 20 世纪后期发展起来的网络技术及其形态在为未来的社会治理提供技术基础的同时，也可能为我们构想未来的治理结构提供某种结构的隐喻或想象。也就是说，后工业社会的治理结构也许就是一种网络结构。在理想的网络结构中，任何节点的重要性总体上是相同的，因为它们处在变动之中。如图 16，在某个时间截面上，这一节点发挥了更为重要的作用，因此以它为中心可以向外传递信息甚至发布命令；在随之而来的另一个时间截面上，另一个节点可能充当了中心的角色，先前的中心节点则成为信息甚至命令的接收者。这种中心与边缘的区分在某个瞬间截面上也许是成立的，但就整个结构而言，中心与边缘不复存在了，每个节点都随时可能成为中心或边缘。当人们无法准确预测谁在何时占有中心的权力时，就不再存在向中心谄媚的问题了，而且人们不会对这种复杂性与不可预测性感到任何的恐慌。在工业社会的中心—边缘结构中，边缘者的声音之所以得不到真正的尊重与倾听，或者最多只能在形式上被重视，一部分是因为，在这种结构中，存在着持久的重要性排序。中心认识到了这一点，他相信在其他时间或地点，他仍然处于中心地位，这就进一步增加了他在此时此地发号施令的傲慢，他也就不可能真正倾听边缘的声音。然而在网络结构中，每个节点的重要性是变动的，因此每个单元就不可能仅仅以自我为中心认识

---

① 今天，比特币被一些人赞扬为“去中心化”的典型，因为它没有来自中央的控制和管理，但也有人批评它仅仅是人类的一种美好幻想。无论如何，这种完全的无中心都不可能是后工业社会的整个图景，而仅仅是众多图景中的一种。对此，埃里克·沃里斯(Erik Voorhees)的观点是值得关注的，他指出，比特币所代表的去中心化特征的关键点在于，它允许单元的自动退出（不仅是退出的权利，更是退出的能力与事实），而这才是判断中心化的本质所在，参见 Voorhees, Erik. “Is Bitcoin Truly Decentralized?” January 22, 2015. Accessed October 3, 2016, https://bitcoinmagazine.com/articles/bitcoin-truly-decentralized-yes-important-1421967133。

这个世界,因为他与其他单元是共生共在的。与此同时,每个人都对自己的位置充满信心(不是支配别人的信心),不会有任何被边缘化的感受,正如保罗·莱文森(Paul Levinson)所言,“每当我能够坐在联网的电脑前面时,我就置身于一个中心。我这个电脑上的数据行星,可能要超过宇宙中环绕任何恒星运行的行星”①,因此每个人也不再以卑微的心态向其他人靠拢。与此同时,任何新进入的节点都不会被既有节点视为不确定因素而被排斥,相反,新节点能够增加整个结构的活力。因此,整个网络结构也就是完全开放的,新的节点可以源源不断地进入既有的体系中。

张康之教授在阐述行政管理的模式转变时说道,工业社会向后工业社会的转变将是“从以政府为中心向以社会和公众的需求为中心的转变,从以行政效率为中心向以社会和公众的根本利益的最大程度的实现为中心,从权力支配的行为模式向服务的行为模式的转变。如果实现了这种转变的话,那其实是一个不再有中心的社会治理过程,是一个不再需要在静态的视角中去加以考察的社会治理过程,而是一个动态的行动过程”②。也就是说,在语言表达上,尽管我们仍然可以使用中心或边缘这样的词汇,但这仅仅是为表达社会治理所要实现的转变而不得不采取的表达技巧。重要的是,我们不能再以一种静态的狭窄的视角去考察治理结构,而应当采取动态的总体的视角。那时,尽管中心依然存在,但那仅仅是暂时的处在流变中的中心,而不再像工业社会之中心—边缘结构那样是静止的稳定的自我巩固的排他的中心。此时,我们才可以说,这是一个“不再有中心的社会治理”。

关于后工业社会这种“处处是中心,无处是边缘”的形态,除了想象深深嵌入其中的网络技术及其结构,也许我们还可以抬头看一看头顶的星空:“无数的星星本身就是太阳,各自带着绕行的行星。因此,每一个星星都是独立的中心,无数中心的宇宙当然就是一个无中心的宇宙。”③

---

① [美]保罗·莱文森:《数字麦克卢汉——信息化新纪元指南》,何道宽译,北京:社会科学文献出版社2001年版,第118页。

② 张康之:《公共行政的行动主义》,南京:江苏人民出版社2014年版,第134页。

③ [美]保罗·莱文森:《数字麦克卢汉——信息化新纪元指南》,何道宽译,北京:社会科学文献出版社2001年版,第118页。

# 参考文献

## 中文文献

[美] 阿尔温·托夫勒:《第三次浪潮》,朱志焱等译,北京:新华出版社 1996 年版。

[美] 爱德华·萨义德:《知识分子论》,单德兴译,北京:生活·读书·新知三联书店 2002 年版。

[英] 爱德华·希尔斯:《中心和边陲》,沈青译,《国外社会学》1988 年第 1 期。

[法] 埃德加·莫兰:《复杂思想:自觉的科学》,陈一壮译,北京:北京大学出版社 2001 年版。

[英] 安东尼·吉登斯:《现代性的后果》,曲禾译,南京:译林出版社 2000 年版。

[美] 安东尼·唐斯:《官僚制内幕》,郭小聪等译,北京:中国人民大学出版社 2006 年版。

[美] 保罗·克鲁格曼:《地理和贸易》,张兆杰译,北京:北京大学出版社 2002 年版。

[美] 保罗·莱文森:《数字麦克卢汉——信息化新纪元指南》,何道宽译,北京:社会科学文献出版社 2001 年版。

[美] 伯纳德·巴伯:《科学与社会秩序》,顾昕、郏斌祥、赵雷进译,北京:生活·读书·新知三联书店 1991 年版。

[美] 彼得·布劳、马歇尔·梅耶:《现代社会中的科层制》,马戎等译,上海:学林出版社 2001 年版。

[英] 查尔斯·汉迪:《非理性的时代:掌握未来的组织》,王凯丽译,北京:华夏出版

社 2000 年版。

［美］查尔斯・T. 葛德塞尔:《为官僚制正名——一场公共行政的辩论》,张怡译,上海:复旦大学出版社 2007 年版。

柴文静:《颠覆“中心—边缘”结构》,《21 世纪商业评论》2008 年第 2 期。

陈成文、赵杏梓:《社会治理:一个概念的社会学考评及其意义》,《湖南师范大学社会科学学报》2014 年第 5 期。

陈建军、姚先国:《论上海和浙江的区域经济关系——一个关于“中心—边缘”理论和“极化—扩散”效应的实证研究》,《中国工业经济》2003 年第 5 期。

陈小鼎、刘丰:《肯尼思・华尔兹的理论品性及其启示》,《世界经济与政治》2013 年第 7 期。

陈一军:《文学的“中心与边缘”义理探究》,《广西社会科学》2018 年第 10 期。

［英］戴维・米勒、韦农・波格丹诺主编:《布莱克维尔政治学百科全书》,北京:中国政法大学出版社 1992 年版。

［美］戴维・约翰・法默尔:《公共行政的语言:官僚制、现代性和后现代性》,吴琼译,北京:中国人民大学出版社 2005 年版。

［美］丹尼尔・贝尔:《后工业社会的来临——对社会预测的一项探索》,高铦等译,北京:新华出版社 1997 年版。

邓正来:《关于“国家与市民社会”框架的反思与批判》,《吉林大学社会科学学报》2006 年第 3 期。

邓正来、［英］J. C. 亚历山大主编:《国家与市民社会——一种社会理论的研究路径》,北京:中央编译出版社 1999 年版。

丁志刚:《如何理解国家治理与国家治理体系》,《学术界》2014 年第 2 期。

［英］弗里德里希・哈耶克:《经济、科学与政治——哈耶克思想精粹》,冯克利译,南京:江苏人民出版社 2000 年版。

［日］富永健一:《社会结构与社会变迁——现代化理论》,董兴华译,昆明:云南人民出版社 1988 年版。

傅正:《颠倒了的中心与边缘——地缘政治学的善恶之辨》,《开放时代》2018 年第 6 期。

［英］G·E·R·劳埃德:《古代世界的现代思考——透视希腊、中国的科学与文化》,钮卫星译,上海:上海科技教育出版社2008年版。

高铦:《第三世界发展理论探讨》,北京:社会科学文献出版社1992年版。

葛桂录:《边缘对中心的解构——伍尔夫〈到灯塔去〉的另一种阐释视角》,《当代外国文学》1997年第2期。

郭夏娟、杨麒君:《从边缘到中心:社会治理中"三位一体"的道德调控》,《浙江社会科学》2017年第1期。

韩庆祥:《面向"中国问题"的马克思主义哲学》,武汉:武汉大学出版社2010年版。

［美］赫伯特·马尔库塞:《单向度的人》,张峰、吕世平译,重庆:重庆出版社1988年版。

何大韧、刘宗华、汪秉宏编著:《复杂系统与复杂网络》,北京:高等教育出版社2009年版。

［英］赫德利·布尔:《无政府社会——世界政治秩序研究》,张小明译,北京:世界知识出版社2003年版。

何增科:《理解国家治理及其现代化》,《马克思主义与现实》2014年第1期。

［英］亨利·詹姆斯·萨姆那·梅因:《古代法》,沈景一译,北京:商务印书馆1996年版。

胡伟:《民主反对参与:现代民主理论的张力与逻辑》,《天津社会科学》2015年第1期。

黄显中、何音:《公共治理的基本结构:模型的建构与应用》,《上海行政学院学报》2010年第2期。

［意］加塔诺·莫斯卡:《统治阶级(政治科学原理)》,贾鹤鹏译,南京:译林出版社2002年版。

金太军:《从"边缘"治理到"多中心"治理:边缘社区治理体制创新研究》,《中共中央党校学报》2018年第2期。

［美］卡尔·博格斯:《政治的终结》,陈家刚译,北京:社会科学文献出版社2001年版。

［德］卡尔·马克思、弗里德里希·冯·恩格斯:《马克思恩格斯全集》第一卷,北

京:人民出版社 1956 年版。

[德] 卡尔·马克思、弗里德里希·冯·恩格斯:《马克思恩格斯选集》第一卷,北京:人民出版社 1995 年版。

[美] 凯文·凯利:《失控》,东西网编译,北京:新星出版社 2011 年版。

康晓光、韩恒:《分类控制:当前中国大陆国家与社会关系研究》,《社会学研究》2005 年第 6 期。

康晓光、韩恒、卢宪英:《行政吸纳社会——当代中国大陆国家与社会关系研究》,新加坡:世界科技出版公司 2010 版。

[英] 肯尼思·华尔兹:《国际政治理论》,信强译,上海:上海人民出版社 2003 年版。

孔繁斌:《公共性的再生产——多中心治理的合作机制建构》,南京:江苏人民出版社 2008 年版。

[英] 莱斯利·贝瑟尔主编:《剑桥拉丁美洲史》第六卷(上),高晋元等译,北京:当代世界出版社 2000 年版。

[美] 赖特·米尔斯:《社会学的想象力》,陈强、张永强译,北京:生活·读书·新知三联书店 2001 年版。

[美] 莱茵霍尔德·尼布尔:《道德的人与不道德的社会》,蒋庆等译,贵阳:贵州人民出版社 1998 年版。

[阿根廷] 劳尔·普雷维什:《外围资本主义:危机与改造》,苏振兴、袁兴昌译,北京:商务印书馆 1990 年版。

[阿根廷] 劳尔·普雷维什:《我的经济发展思想的五个阶段》,吴国平译,《国外社会科学》1983 年第 12 期。

[法] 雷蒙·阿隆:《阶级斗争——工业社会新讲》,周以光译,南京:译林出版社 2003 年版。

李庚:《解构"中心—边缘"结构——在引导型政府职能模式下的中国道路》,《经贸实践》2018 年第 10 期。

李淼:《质性研究方法本土化:反思与建构——从方法论的"中心—边缘"困境谈起》,《中央民族大学学报(哲学社会科学版)》2017 年第 5 期。

李强:《“丁字形”社会结构与“结构紧张”》,《社会学研究》2005 年第 2 期。

李强:《社会分层十讲》,北京:社会科学文献出版社 2011 年版。

李欣:《中国外交三级决策框架:利益集团的视角》,《湖北大学学报(哲学社会科学版)》2012 年第 6 期。

梁中贤:《边缘与中心之间——伊丽莎白·乔利作品的符号意义》,上海:上海外语教育出版社 2009 年版。

[美] 林顿·弗里曼:《社会网络分析发展史》,张文宏、刘军、王卫东译,北京:中国人民大学出版社 2008 年版。

刘凤山、郭继德:《边缘与中心的对话:托马斯·品钦小说中的殖民话语解读》,《外国文学研究》2014 年第 1 期。

[英] M. J. C. 维尔:《宪政与分权》,苏力译,北京:生活·读书·新知三联书店 1997 年版。

[英] 马丁·阿尔布罗:《官僚制》,阎步克译,北京:知识出版社 1990 年版。

[德] 马克斯·韦伯:《经济与社会》第一卷,阎克文译,上海:上海人民出版社 2010 年版。

马戎编:《西方民族社会学的理论与方法》,天津:天津人民出版社 1997 年版。

[加] 马歇尔·麦克卢汉:《理解媒介——论人的延伸(增订评注本)》,何道宽译,南京:译林出版社 2011 年版。

[英] 迈克尔·博兰尼:《自由的逻辑》,冯银江等译,长春:吉林人民出版社 2002 年版。

[法] 米歇尔·克罗齐耶:《法令不能改变社会》,张月译,上海:格致出版社、上海人民出版社 2007 年版。

聂亚宁:《Beyond 的中心—边缘意象图式和空间概念隐喻意义初探》,《外语与外语教学》2001 年第 2 期。

[美] 乔纳森·哈斯:《史前国家的演进》,罗林平等译,北京:求实出版社 1988 年版。

[美] 乔治·萨拜因、托马斯·索尔森:《政治学说史》上卷,邓正来译,上海:上海人民出版社 2008 年版。

[美] 乔治·萨拜因、托马斯·索尔森:《政治学说史》下卷,邓正来译,上海:上海人民出版社 2009 年版。

饶义军:《发展中国家政治发展的挑战及应对策略——以艾森斯塔特政治发展理论的中心—边缘关系为视角》,《社会科学战线》2009 年第 2 期。

[埃及] 萨米尔·阿明:《不平等的发展》,高铦译,北京:商务印书馆 2000 年版。

[埃及] 萨米尔·阿明:《论脱钩》,高铦译,《国外社会科学》1988 年第 4 期。

[埃及] 萨米尔·阿明:《世界规模的积累》,杨明柱等译,北京:社会科学文献出版社 2008 年版。

施雪华:《论传统与现代治理体系及其结构转型》,《中国行政管理》2014 年第 1 期。

苏国勋、刘小枫主编:《社会理论的诸理论》,上海:上海三联书店 2005 年版。

孙柏瑛:《当代地方治理:面向 21 世纪的挑战》,北京:中国人民大学出版社 2004 年版。

孙柏瑛:《我国政府城市治理结构与制度创新》,《中国行政管理》2007 年第 8 期。

田野:《国际制度与国家自主性——一项研究框架》,《国际观察》2008 年第 2 期。

[美] 托马斯·戴伊:《理解公共政策》,谢明译,北京:中国人民大学出版社 2010 年版。

[英] 托马斯·潘恩:《常识》,曾尔恕、王铮译,西安:陕西人民出版社 2011 年版。

[挪威] 托马斯·许兰德·埃里克森:《全球化的关键概念》,周云水等译,南京:译林出版社 2012 年版。

[英] 托姆·博托莫尔:《现代资本主义理论》,顾海良、张雷声译,北京:北京经济学院出版社 1989 年版。

[美] W. 理查德·斯格特:《组织理论:理性、自然和开放系统》,黄洋等译,北京:华夏出版社 2001 年版。

王存刚:《当今中国的外交政策:谁在制定? 谁在影响?》,《外交评论》2012 年第 2 期。

王宁:《“非边缘化”和“重建中心”——后现代主义之后的西方理论与思潮》,《国外文学》1995 年第 3 期。

王浦劬:《国家治理、政府治理和社会治理的基本含义及其相互关系辨析》,《社会学评论》2014 年第 3 期。

王兴平、李迎成、周军:《创新潜力的中心—边缘效应探析》,《科技管理研究》2016 年第 11 期。

王旭:《美国城市发展模式》,北京:清华大学出版社 2006 年版。

吴彤:《复杂网络研究及其意义》,《哲学研究》2004 年第 8 期。

吴征宇:《肯尼思·华尔兹国际政治理论研究》,北京:当代世界出版社 2003 年版。

[美] 西达·斯考切波:《国家与社会革命:对法国、俄国和中国的比较分析》,何俊志、王学东译,上海:上海人民出版社 2007 年版。

向维:《双重中心—边缘空间结构:对当前城乡结构关系的一种理论建构》,山东大学硕士学位论文,2018 年。

向玉琼:《论城乡之间的"中心—边缘"结构及其消解》,《探索》2015 年第 4 期。

邢科:《世界历史上的中国和中心—边缘视角中的世界史——世界史学会第 20 届年会综述》,《史学理论研究》2012 年第 2 期。

[古希腊] 亚里士多德:《政治学》,吴寿彭译,北京:商务印书馆 1965 年版。

杨光斌:《国家结构理论的解释力与适用性问题》,《教学与研究》2007 年第 7 期。

杨雪冬:《治理:国外学者的归纳与解析》,《学习时报》2005 - 03 - 28。

杨艳:《服务型政府的概念、模式与构建路径》,《学习论坛》2014 年第 7 期。

[美] 伊曼纽尔·沃勒斯坦:《现代世界体系》第一卷,罗荣渠等译,北京:高等教育出版社 1998 年版。

[美] 伊曼纽尔·沃勒斯坦:《现代世界体系》第一卷,郭方等译,北京:社会科学文献出版社 2013 年版。

余军华、袁文艺:《公共治理:概念与内涵》,《中国行政管理》2013 年第 12 期。

俞可平:《推进国家治理体系和治理能力现代化》,《前线》2014 年第 1 期。

俞可平主编:《治理与善治》,北京:社会科学文献出版社 2000 年版。

[英] 约翰·洛克:《政府论》下篇,叶启芳、瞿菊农译,北京:商务印书馆 1996 年版。

[美] 约翰·罗尔斯:《正义论》,何怀宏等译,北京:中国社会科学出版社 1988 年版。

[美] 约翰·斯科特:《社会网络法分析法》,刘军译,重庆:重庆大学出版社 2007

年版。

［美］约瑟夫·奈:《硬权力与软权力》,门洪华译,北京:北京大学出版社 2005 年版。

曾正滋:《公共行政中的治理——公共治理的概念厘析》,《重庆社会科学》2006 年第 8 期。

［美］詹姆斯·N.罗西瑙主编:《没有政府的治理》,张胜军、刘小林等译,南昌:江西人民出版社 2001 年版。

张康之:《关注“中心—边缘”结构,发展“积极的政治学”》,《中国社会科学报》2010 年 10 月 7 日。

张康之:《社会治理的历史叙事》,北京:北京大学出版社 2006 年版。

张康之:《公共行政的行动主义》,南京:江苏人民出版社 2014 年版。

张康之、张乾友:《对“市民社会”和“公民国家”的历史考察》,《中国社会科学》2008 年第 3 期。

张康之、张乾友:《领域融合与公共生活的重建》,《中国人民大学学报》2008 年第 3 期。

张康之、张桐:《世界的中心—边缘结构》,北京:中国社会科学出版社 2016 年版。

张康之、张桐:《“世界体系论”的“中心—边缘”概念考察》,《中国人民大学学报》2015 年第 2 期。

张乾友:《公共行政的非正典化》,北京:中国社会科学出版社 2014 年版。

张乾友:《论政府在社会治理行动中的三项基本原则》,《中国行政管理》2014 年第 6 期。

张桐:《基于“中心—边缘”结构视角的区域协调发展研究》,《城市发展研究》2018 年第 8 期。

张桐:《“中心—边缘”结构及其消解:理解人类思维的新视角》,《西北大学学报(哲学社会科学版)》2017 年第 5 期。

甄峰:《信息时代的区域空间结构》,北京:商务印书馆 2004 年版。

郑长德、钟海燕:《现代西方城市经济理论》,北京:经济日报出版社 2007 年版。

周红云:《从社会管理走向社会治理:概念、逻辑、原则与路径》,《团结》2014 年第1期。
朱金春:《从"国家之边缘"到"边界为中心":全球化视野下边境研究的议题更新与范式转换》,《广西民族研究》2019年第1期。

**英文文献**

Agamben, Giorgio. *Means Without End: Notes on Politics*. Minneapolis: University of Minnesota Press, 2006.

Albrow, Martin. *Bureaucracy*. London: Pall Mall Press, 1970.

Alchian, Armen A., and Harold Demsetz. "Production, Information Costs and Economic Organization." *The American Economic Review* 62, No. 5 (1972): 777-795.

Aligica, Paul D., and Vlad Tarko. "Polycentricity: From Polanyi to Ostrom, and Beyond." *Governance: An International Journal of Policy, Administration, and Institutions* 25, No. 2 (2012): 237-262.

Andrew, Simon A., and Richard C. Feiock. "Core-Peripheral Structure and Regional Governance: Implications of Paul Krugman's New Economic Geography for Public Administration." *Public Administration Review* 70, No. 3 (2010): 494-499.

Aron, Raymond. *18 Lectures on Industrial Society*. London: Weidenfeld & Nicolson, 1961.

Bachrach, Peter, and Morton S. Baratz. "Two Faces of Power." *American Political Science Review* 56, No. 4 (1962): 947-952.

Barclay, Harold. *People Without Government*. London: Kahn & Averill, 1982.

Bath, C. Richard, and Dilmus D. James. "Dependency Analysis of Latin America: Some Criticisms, Some Suggestions." *Latin American Research Review* 11, No. 3 (1976): 3-54.

Bell, Daniel. *The Coming of Post-Industrial Society: A Venture in Social Forecasting*. New York: Basic Books, 1973.

Bensman, Joseph, and Bernard Rosenberg. "The Meaning of Work in Bureaucratic Society." In *Identity and Anxiety: Survival of the Person in Mass Society*, edited by Maurice Robert Stein, Arthur J. Vidich, and David Manning White. New York: The Free Press, 1960.

Borgatti, Stephen P., and Martin G. Everett. "Models of Core/Periphery Structures." *Social Networks* 21, No. 4 (2000): 375 - 395.

Cameron, David R. "The Expansion of the Public Economy: A Comparative Analysis." *American Political Science Review* 72, No. 4 (1978): 1243 - 1261.

Cappelli, Peter, and David Neumark. "External Churning and Internal Flexibility: Evidence on the Functional Flexibility and Core-Periphery Hypotheses." *Industrial Relations: A Journal of Economy and Society* 43, No. 1 (2004): 148 - 182.

Chase-Dunn, Christopher, ed. *Core/Periphery Relations in Precapitalist Worlds*. Routledge, 2019.

Collyer, F. "Sociology, Sociologists and Core-periphery Reflections." *Journal of Sociology* 50, No. 3 (2014):252 - 268.

Copus, Andrew K. "From Core-Periphery to Polycentric Development: Concepts of Spatial and Aspatial Peripherality." *European Planning Studies* 9, No. 4 (2001): 539 - 552.

Cortell, Andrew P., and James W. Davis. "How Do International Institutions Matter? The Domestic Impact of International Rules and Norms." *International Studies Quarterly* 40, No. 4 (1996): 451 - 478.

Dahrendorf, Ralf. *Class and Class Conflict in Industrial Society*. Stanford: Stanford University Press, 1959.

Davis, Allison, Burleigh B. Gardner, Mary R. Gardner, and W. Lloyd Warner. *Deep South: A Social Anthropological Study of Caste and Class*. Chicago: University of Chicago Press, 1948.

Demeter, Marton. "The Core-Periphery Problem in Communication Research: A Network Analysis of Leading Publication." *Publishing Research Quarterly* 33, No. 4 (2017): 402 - 420.

Doreian, Patrick. "Structural Equivalence in a Psychology Journal Network." *Journal of the American Society for Information Science* 36, No. 6 (1985): 411 - 417.

Eder, J. "Innovation in the Periphery: A Critical Survey and Research Agenda." *International Regional Science Review* 42, No. 2 (2019): 119 - 146.

Ettema, Wim. "The Centre-Periphery Perspective in Development Geography." *Tijdschrift voor economische en sociale geografie* 74, No. 2 (1983): 107 - 119.

Evans, Peter B., Dietrich Rueschemeyer, and Theda Skocpol eds. *Bringing the State Back In*. Cambridge: Cambridge University Press, 1985.

Faulkner, Robert R. *Music on Demand: Composers and Careers in the Hollywood Film Industry*. New Brunswick; London: Transaction Books, 1987.

Foster-Fishman, Pennie, and Christopher B. Keys. "The Inserted Pyramid: How a Well Meaning Attempt to Initiate Employee Empowerment Ran Afoul of the Culture of a Public Bureaucracy." *Academy of Management Journal* (1995): 364 - 368.

Friedmann, John. *A General Theory of Polarized Development*. Ford Foundation, Urban and Regional Advisory Program in Chile, 1967.

Friedmann, John. *Regional Development Policy: A Case Study of Venezuela*. Cambridge, Mass: M. I. T. Press, 1966.

Friedmann, John. *Urbanization, Planning and National Development*. London: Sage Publications, 1973.

Fyfe, Nicholas R., and Judith T. Kenny. *The Urban Geography Reader*. London and New York: Routledge, 2005.

Galtung, Johan. "A Structural Theory of Aggression." *Journal of Peace Research* (1964): 95 - 119.

Galtung, Johan. "A Structural Theory of Imperialism." *Journal of Peace Research* (1971): 81 - 117.

Galtung, Johan. "A Structural Theory of Integration." *Journal of Peace Research* 5, No. 4 (1968): 375 - 395.

Galtung, Johan. *A Structural Theory of Revolutions*. Rotterdam: Rotterdam University Press, 1974.

Galtung, Johan. "Foreign Policy Opinion as a Function of Social Position." *Journal of Peace Research* 1, No. 3 - 4 (1964): 206 - 230.

Galtung, Johan. "Social Position and Social Behavior: Center-Periphery Concepts and Theories." 1976. Accessed March 21, 2015. http://www.transcend.org/galtung/papers/Social%20Position%20and%20Social%20Behavior%20-%20Center-Periphery%20Concepts%20and%20Theories.pdf.

Galtung, Johan. "Violence, Peace, and Peace Research." *Journal of Peace Research* 6, No. 3 (1969): 167 - 191.

Giddens, Anthony. *The Consequences of Modernity*. Cambridge: Polity Press, 1991.

Gore, Charles. *Regions in Question: Space, Development Theory and Regional Policy*. London: Routledge, 2012.

Gutek, Barbara A. "Strategies for Studying Client Satisfaction." *Journal of Social Issues* 34, No. 4 (1978): 44 - 56.

Herring, Edward Pendleton. *Public Administration and the Public Interest*. New York: McGraw-Hill, 1936.

Holme, Petter. "Core-Periphery Organization of Complex Networks." *Physical Review* 72, No. 4 (2005): 1 - 6.

Humer, Alois. "Linking Polycentricity Concepts to Periphery: Implications for an Integrative Austrian Strategic Spatial Planning Practice." *European*

*Planning Studies* 26, No. 4 (2018): 635 – 652.

Jasay, Anthony de. *Against Politics: On Government, Anarchy, and Order*. London: Routledge, 1997.

Kalleberg, Arne L. "Organizing Flexibility: The Flexible Firm in a New Century." *British Journal of Industrial Relations* 39, No. 4 (2001): 479 – 504.

Kamenka, Eugene. *Bureaucracy*. Oxford; Cambridge: Basil Blackwell, 1989.

Kamenk, Eugene, and Martin Krygier. *Bureaucracy: The Career of a Concept*. London: Arnold, 1979.

Katzenstein, Peter J. "International Relations and Domestic Structures: Foreign Economic Policies of Advanced Industrial States." *International Organization* 30, No. 1 (December 1976): 1 – 45.

Langholm, S. "On the Concepts of Center and Periphery." *Journal of Peace Research* 8, No. 3 – 4 (1971):273 – 278.

Love, Joseph L. "Raul Prebisch and the Origins of the Doctrine of Unequal Exchange." *Latin American Research Review* 15, No. 3 (1980): 45 – 72.

Lu, Yingda, Param Vir Singh, and Baohong Sun. "Is Core-Periphery Network Good for Knowledge Sharing? A Structural Model of Endogenous Network Formation on a Crowdsourced Customer Support Forum." *A Structural Model of Endogenous Network Formation on a Crowdsourced Customer Support Forum* (August 3, 2015). 2015.

Luhmann, Niklas. *The Differentiation of Society*. New York: Columbia University Press, 1982.

Luhmann, Niklas. "The Paradox of System Differentiation and the Evolution of Society." In *Differentiation Theory and Social Change: Comparative and Historical Perspectives*, edited by Jeffrey C. Alexander, and Paul Burbank Colomy. New York: Columbia University Press, 1990.

Magone, José M., Brigid Laffan, and Christian Schweiger, eds. *Core-Periphery*

*Relations in the European Union: Power and Conflict in a Dualist Political Economy*. Routledge, 2016.

McGrath, Stephen Keith, and Stephen Jonathan Whitty. "Redefining Governance: From Confusion to Certainty and Clarity." *International Journal of Managing Projects in Business* 8, No. 4 (2015): 755 - 787.

McKENZIE, N. "Centre and Periphery: The Marriage of Two Minds." *Acta Sociologica* 20, No. 1 (1977): 55 - 74.

McLuhan, Marshall, and Bruce R. Powers. *The Global Village: Transformations in World Life and Media in the 21st Century*. New York: Oxford University Press, 1992.

Meny, Y. and V. Wright. *Centre-Periphery Relation in Western Europe*. London: Allen & Unwin, 1985.

Merton, Robert M. *Social Theory and Social Structure*. New York: New York: The Free Press of Glencoe, 1963.

Miller, Delbert C., and William H. Form. *Industrial Sociology*. New York: Harper and Brothers, 1951.

Mosca, Gaetano, Hannah D Kahn, and Arthur Livingston. *The Ruling Class*. New York: McGraw-Hill, 1939.

Müller, Karl H., and Niko Tos. "The Organization of Modern Societies: Core-Periphery or Vertically Stratified?" *Teorija in Praksa* 49, No. 3 (2012): 566 - 586.

Nadel, Siegfried Frederick. *The Theory of Social Structure*. London: Cohen and West, 1957.

Nayar, Vineet. "It's Time to Invert the Management Pyramid." *Harvard Business Review*, October 8, 2008, Accessed July 10, 2016. https://hbr.org/2008/10/its-time-to-invert-the-managem.

Ostrom, Vincent. "Polycentricity (Part 1)." In *Polycentricity and Local Public Economies: Readings from the Workshop in Political Theory and Policy*

Analysis, edited by Michael D. McGinnis. Ann Arbor: The University of Michigan Press, 1999.

Pain, Kathy. "Examining 'Core-Periphery' Relationships in a Global City-Region: The Case of London and South East England." *Regional Studies* 42, No. 8 (2008): 1161 - 1172.

Park, Robert E., and Ernest W. Burgess. *The City*. Chicago and London: University of Chicago Press, 2012.

Perrow, Charles. *Complex Organization*. Glenview: Scott-Foresman, 1979.

Prebisch, Raúl. "Commercial Policy in the Underdeveloped Countries." *The American Economic Review* 49, No. 2 (1959): 251 - 273.

Prebisch, Raúl. "The Economic Development of Latin America and its Principal Problems." *Economic Bulletin for Latin America* 7, No. 1 (1962).

Proudhon, Pierre-Joseph. *General Idea of the Revolution in the Nineteenth Century*, translated by John Beverly Robinson. London: Freedom Press, 1923.

Rayner, Steve, and Robin Cantor. "How Fair is Safe Enough? The Cultural Approach to Societal Technology Choice." *Risk Analysis* 7, No. 1 (1987): 3 - 9.

Rhodes, Roderick Arthur William. "The New Governance: Governing Without Government." *Political Studies* 44, No. 4 (1996): 652 - 667.

Riggs, Fred W. *The Ecology of Public Administration*. New Delhi: Asia Publishing House, 1961.

Risse-Kappen, Thomas. *Bringing Transnational Relations Back In: Non-State Actors, Domestic Structures and International Institutions*. Cambridge: Cambridge University Press, 1995.

Roethlisberger, Fritz Jules, and William J. Dickson. *Management and the Worker*. Cambridge, MA: Harvard University Press, 1946.

Rombach, Puck, et al. "Core-periphery Structure in Networks (revisited)."

*SIAM Review* 59, No. 3 (2017): 619 - 646.

Rosenberg, Hans. *Bureaucracy, Aristocracy and Autocracy: The Prussian Experience, 1660 - 1815*. Boston: Beacon Press, 1966.

Sabine, George H., and Thomas Landon Thorson. *A History of Political Theory*. Hinsdale, III.: Dryden Press, 1973.

Sanderson, Stephen K. *Macrosociology: An Introduction to Human Societies*. New York: Harper Collins, 1991.

Semple, Janet. *Bentham's Prison: A Study of the Panopticon Penitentiary*. Oxford: Clarendon Press, 1993.

Šuvakovic, Miško. "The Transgressive Policy of Parasitism." Accessed July 19, 2015. http://www.parasite-pogacar.si/theorymisko.htm.

Taylor, Charles. "Modes of Civil Society." *Public Culture* 3, No. 1 (1990): 95 - 118.

Taylor, Charles. "The Politics of Recognition." In *Multiculturalism: Examining the Politics of Recognition*, edited by Amy Gutmann. Princeton: Princeton University Press, 1994.

Taylor, Charles Lewis. *Why Governments Grow: Measuring Public Sector Size*. Beverly Hills: Sage Publications, 1983.

Verma, Trivik, et al. "Emergence of Core-peripheries in Networks." *Nature Communications* 7 (2016): 10441.

Wallerstein, Immanuel. *The Modern World System: Capitalist Agriculture and the Origins of the European World Economy in the Sixteenth Century*. New York: Academic Press, 1974.

Waltz, Kenneth N. *Theory of International Politics*. Reading, Mass: Addison-Wesley Pub. Co., 1979.

Ward, Lee. *The Politics of Liberty in England and Revolutionary America*. Cambridge: Cambridge University Press, 2004.

Weber, Max, Hans Gerth, and C. Wright Mills. *From Max Weber: Essays in*

Sociology. New York: Oxford University Press, 1946.

Weber, Max, Guenther Roth, and Claus Wittich. *Economy and Society: An Outline of Interpretive Sociology*. London: University of California Press, 1978.

Wellhofer, E. S. "Models of Core and Periphery Dynamics." *Comparative Political Studies*, 21, No. 2, (1988): 281 - 307.

Wendt, Alexander E. "The Agent-Structure Problem in International Relations Theory." *International Organization* 41, No. 03 (1987): 335 - 370.

Westphal, James D., and Poonam Khanna. "Keeping Directors in Line: Social Distancing as a Control Mechanism in the Corporate Elite." *Administrative Science Quarterly* 48, No. 3 (2003): 361 - 398.

# 后　记

深夜，斜倚在救护车的床上，透过后窗玻璃看着道路两旁的点点灯光，还有后面紧跟着的家人的车辆……

这一幕，大概，我会永远记着；那一刻，大概，给我上了重要一课。

我记得，当时的我竟然笑了……

笑世界的疯癫？笑现实的吊诡？笑自己的幼稚？还是有感于那一刻的轻松与释然？

来自家庭、生活和事业的种种因素终于诱发了心脏的又一次申诉与抵抗。不过，乐观一点，这也算是填入我的博士生涯乃至整部求学乐章的尾声的一小段异动和回响……

不过，仅就博士论文而言，它对我并没有构成太大的负担。（至于潜意识里的状况，谁知道呢？）选题的产生很自然："中心—边缘"对我有着一种特别的难以明述的吸引力，从硕士阶段起，我就开始关注这一概念和视角，当时所做的只是对"中心—边缘"进行远景拍照；此后就到各个板块中进行深度扫描，进入博士阶段，我首先选择了国际关系领域作为突破口，与师父合作发文并最终成书；到了博士论文的选题阶段，前期的积累加上本专业的特点使人自然选择了社会治理的"中心—边缘"这一主题；未来，我还将继续考察不同领域中的"中心—边缘"结构；在完成片段扫描后再一次将镜头拉远以观全貌，到那时，我想我就更有勇气提出一种总体性的分析框架了。很庆幸自己在学术生涯的伊始就找到了可以为之努力一生的兴奋点，如果说建构新理论与新框架的目标有点狂妄的话，至少也应该做到将自己的那种"难以明述"讲清楚，让人们了解和关注"中心—边缘"。

阅读、思考和写作博士论文的整个过程，总体上，就如杜尔特在描绘“哲学”(爱·智慧)时所说的，“有一种愉悦，甚至有一种诱惑”：当作者独到的见解引起我内心的某种共鸣，即使与我的通常认知有所冲突却显得颇有道理时，我总会点一点头或者会心一笑；灵感总是会在散步时突然迸发，一直以来都未能想通的某个问题瞬间变得明朗，此时，我会马上拿出手机对着录音软件自言自语①；而有时，某个暗藏已久的观念会瞬间汇成滔滔不绝的文字，跃然纸/屏上……这些刺激的瞬间是我选择学术道路的一个重要原因，也是我抵抗来自内心或外界的噪音的有力武器。

当然，坐冷板凳的生活状态并不总是让人愉悦。在英学习期间，即使被疾病困扰甚至被隔离的时候，我仍然要努力在课程学习、研究助理、科研项目和博士论文等多任务之间坚持与平衡。博士论文也是如此，有些段落自己颇为满意，但有些地方总是不尽人意，甚至会觉得有些“反胃”。曾听过一个笑话，一个颇有名气的教授②回忆自己的博士经历时打趣说，他的博士论文选题是对热带雨林的保护，但后来，他不仅想烧掉整个博士论文，还想烧掉整片热带雨林。我对自己的论文虽不至此，但内心偶尔的苦闷也与之有些相似。不过，换个角度看，这大概也是思考与学术的趣味所在：一方面，如果连自己的学术志业都不爱惜不满意，又怎能期望自己的成果影响他人和社会；另一方面，如果对自己的作品太过满意，又会让你变得目中无人，无法敞开胸怀面对这个世界。

此后的论文预答辩、论文外审、正式答辩都一一通过，并最终顺利拿到学位，每一次都是重要的节点，但一切都尘埃落定后，说实话，我并没有太多如释重负的感觉，也许是因为前面还有很长的路要走吧。“翻越了这座山，还会有更多的山”，这或许就是悲观主义者眼中的人生吧。

掐指算算，从2006年进入人大到博士毕业，足足十个年头了。感谢身边的每一个人和每一件事。师父对我的影响与恩情已不知从何谈起，从第一天起就交给我的“阅读、写作和学英语”三件事，我一直未敢间断；在对我的十余篇论文的修改

① 感谢微信，让我的这个动作并不显得那么另类。

② 可惜我忘了他的名字，或者讲故事的人压根就没有说他的名字。

中一以贯之的严谨和细心，督促我每次动笔都要更加认真和耐心；花甲之年仍坚持读书、思考和写作，这在当今浮躁的学术圈乃是一股清流……我知道，我能给予师父的最好的回报将是，沿袭他对学术的全部执着与信念，发扬他著作中的重要思想与洞见，在我挚爱的学术之路上坚定地走下去……感谢让我成长的母校，感谢给我惊喜的伦敦，感谢无条件支持我的亲人，感谢每一位老师和同学，当然，还有许许多多被这个社会边缘或遗忘的人们，那个负责任的校园送水小哥，那个充满热情的公交站志愿者，那个不辞辛劳的道路清洁工……只要用心感悟，所有的相遇都在滋养我的生命。

回到开头的故事：

自那以后，我开始有所畏惧：以前多少有些自命不凡，觉得自己无所畏惧，但现在，开始畏惧生死。心脏第一次抗议之后，我心想，这只是个偶然；但第二次之后着实害怕了，每次心跳稍快，脑袋稍有不适，就担心这会不会是第三次[①]……有人说，要以明天也许不会正常醒来的态度对待今天，现在看来，我具备了这个特质（哈哈）。

自那以后，我开始学会释怀：以前，我总是让自己的内心背负太多东西，希望周遭的所有人都好，想得太多，谨言慎行。现在，我必须学会放下，学会洒脱，对自己好一点。我知道，作为本书的一个部分，"后记"将被永久保存，甚至要在将来公开出版。向外界袒露自己的情绪和感受，尤其是脆弱的一面，不符合我通常的行事方式，甚至可以说与我的某些观念相冲突。也许是因为我不想让别人看到自己脆弱的一面，因为据说这个世界鄙视软弱与泪水……但是，我最后还是决定留下这个小的片段，就当是对我过去的求学之路的纪念，管他人怎么想怎么看。这大概也是这次经历带给我的转变吧。再说了，论文主体的条条框框已经让人很不爽了[②]，难道还不容我在这"后记"处为所欲为吗？说它是对本书写作的历程的简要回顾也好，是对博士生涯的简单总结也罢，这些都只不过是一位作者赋予"后记"的人为的意

---

① 人们都说，有些东西，你越是担心，就越可能发生。一年半以后，第三次还是到来了，而且比前两次更加让人难以忘记。2016 年的我看到这里，不知作何感想。

② 例如论证选题的意义、阐述论文的创新、说明研究的方法、做出系统的文献综述等被称为"学术规范"的东西。连"后记"也是按规定要有的组成部分，不过，其结构和内容没有被规定倒是件好事。

义，希望将之定义为生命中的重要时刻，其实想想，它也只不过是自己写过的千言万语中的一个小段而已。

来点展望吧，就当是结尾了：对生活的初衷不变，心怀感恩；对学术的热情不减，砥砺前行……

**2016 年初稿，2019 年修订**

**图书在版编目(CIP)数据**

治理的中心—边缘结构 / 张桐著. -- 南京 : 南京大学出版社，2019.12

(公共事务与国家治理研究丛书)

ISBN 978-7-305-22832-2

Ⅰ. ①治… Ⅱ. ①张… Ⅲ. ①社会管理—研究—中国 Ⅳ. ①D63

中国版本图书馆 CIP 数据核字(2019)第 298491 号

出版发行 南京大学出版社
社　　址 南京市汉口路 22 号　　邮　编 210093
出 版 人 金鑫荣

丛 书 名 公共事务与国家治理研究丛书
**书　　名 治理的中心—边缘结构**
著　　者 张　桐
责任编辑 梁承露　郭艳娟

照　　排 南京南琳图文制作有限公司
印　　刷 南京玉河印刷厂
开　　本 718×1000　1/16　印张 16　字数 251 千
版　　次 2019 年 12 月第 1 版　2019 年 12 月第 1 次印刷
ISBN 978-7-305-22832-2
定　　价 68.00 元

网址：http://www.njupco.com
官方微博：http://weibo.com/njupco
官方微信号：njupress
销售咨询热线：(025) 83594756